农业贸易研究

2014—2015

农业部农业贸易促进中心　编

中国农业出版社

统筹两个市场关键要确保
进口适度适当可靠

（代序）

农业部农业贸易促进中心主任　倪洪兴

今年的中央1号文件明确提出，要"统筹用好国际国内两个市场、两种资源"，"加快形成农业对外贸易与国内农业发展相互促进的政策体系，实现补充国内市场需求、促进结构调整、保护国内产业和农民利益的有机统一"。这一精神和要求需要我们结合当前农业实际和面临的突出问题、切实贯彻到对进出口贸易和国内生产的调控和改革上。

一、当前农产品过剩和卖难问题与过度进口密切相关

我国大宗农产品库存大量积压，各类粮油仓储企业储存的粮食数量之大"前所未有"，储存在露天和简易存储设施中的国家政策性粮食数量之多"前所未有"。棉花、食糖、油菜籽和奶粉库存积压都比较严重。这是当前我国农业发展面临的最突出的问题。

与以往不同，此次大宗农产品库存积压和"卖粮难"是在国内产需存在缺口、国内生产总量没有超过需求总量的背景下发生的。造成这一问题最重要的原因是进口过度，即超过正常产需缺口之上的"非必需进口"大量增加。2012—2014年我国粮食产需缺口每年在5 000万吨左右；而同期粮食净进口分别为8 043、8 837、10 429万吨，3年累计过度进口1亿多吨。棉花和食糖常年产需缺口在200万吨左

· 1 ·

右，但 2011—2014 年累计分别进口棉花和食糖 1 616 万吨和 1 470 万吨，分别超出正常产需缺口 800 万吨和 670 万吨。食用油籽和乳制品也存在进口过度问题。近年来收储加工的菜籽油大部分积压在库。2014 年乳制品进口折合鲜奶 1 000 多万吨，占国内原奶产量的 1/4。

2015 年，过度进口问题继续加剧。考虑可释放库存，就总量而言，2015 年我国粮食供需基本不存在缺口，但全年进口 1.24 亿吨。其中谷物进口 3 272 万吨，占粮食总进口量的 26%；谷物中高粱、大麦共进口 2 143 万吨。大豆进口 8 169 万吨，占粮食进口总量的 66%。木薯进口 938 万吨。另外，玉米酒糟（DDGs）进口 682 万吨，如将其纳入粮食范畴，粮食进口量达 1.3 亿吨。综合考虑品种调剂需要和具体产品存在的硬缺口以及粮食产品间的替代性，估计进口中有一半以上为非必需进口。在高库存水平下，2015 年食糖进口 485 万吨，增长 39%，占国内生产量的 46%。棉花进口 176 万吨，下降 34%；但作为棉花替代性产品的棉纱进口 235 万吨，增长 17%；棉花棉纱合计进口 411 万吨，占国内生产量的 70% 多。

当然，大宗农产品生产过剩具有结构性特征，在玉米大量过剩的同时，大豆产需缺口巨大。但大豆产需缺口的形成本身是过度进口影响的结果。大豆进口不仅占据了全部大豆需求新增市场，抑制了国内生产在资源承载能力以内的应有增长，而且挤占了国内生产的既有市场份额。受入世后市场开放影响，尽管实施了大豆振兴计划，我国大豆生产仍徘徊下滑，由最高 1 800 万吨减少到目前的 1 200万吨，大豆自给率不足 20%。

总的来看，此次农产品过剩问题的实质很大程度上主要是进口过度问题。

由于我国农产品进口主要来自于美国、澳大利亚、巴西、阿根廷等农业竞争力强的国家，其增产和出口潜力很大。如不能有效控制"非必需进口"，当前农业产业面临的问题难以根本缓解。

二、进口过度的根本原因是农业基础竞争力先天不足、保护调控手段后天缺乏、国际市场价格波动下行

过度进口的直接原因是内外价差扩大，而价差问题的本质是成本问题，根源在于我国基础竞争力先天不足。这是个基础性因素。农业特别是大宗农产品是高度依赖自然资源的产业，土地经营规模决定了农业的基础竞争力。我国大宗农产品进入了成本快速上涨时期，生产成本必然与瑞士、日本、韩国的水平日趋接近，与美国、加拿大、澳大利亚等主要出口国的差距不断拉大。基于成本之上的国内大宗农产品市场均衡价格与国际市场价格差距扩大的趋势不可逆。

就贸易而言，对进口动力有实质性影响的是国内价格与进口税后价之间的差距。由于缺乏瑞士、日本、韩国等国所具有的高关税等调控手段，国内均衡价格不仅高于国际市场，而且也高于进口税后价格，这是造成我国"非必需进口"不断增加的政策性因素。我国对三大主粮以及棉和糖实行关税配额管理。目前水稻、小麦国内价格还没有超过配额外进口税后价，玉米在特定时段国内价格已高于配额外进口税后价，棉花、食糖配额外进口税后价低于国内价已是常态。其他粮食产品、植物油和油籽以及肉奶产品实行单一关税，国内价格均已高于进口税后价。由于产品间具有替代性，进口带来的影响更为广泛复杂。国内市场均衡价格高于国际市场价格，特别是高于进口税后价格所带来的挑战，即成本决定的地板价高于天花板价格所带来的挑战，是未来国内农业产业发展需要破解的一

大难题。

除了基础性因素和政策性因素外，国际市场波动趋低是内外价差问题加剧、进口过度的周期性因素。需要注意的是，2008 年以来世界粮食生产能力得到了较大的提高，但需求增长因生物质能源发展放缓而减缓，预计未来 5 年国际农产品市场价格将继续保持低位。人民币升值对内外价差的扩大也有很大的影响，但在贸易整体顺差形势下，人民币缺乏持续贬值的基础。

内外价差扩大本质上是成本差距的扩大，与国内价格支持政策没有必然联系。最低保护价收购、临时收储这类价格支持政策是美欧西方国家普遍使用的政策，其运用有相当长的历史，与市场经济和发挥市场决定性作用并不矛盾。我国的最低保护价和临时收储价是根据国内"生产成本加合理利润"或"生产成本加基本收益"的原则确定的，实际上是保障农民种粮务农基本收益的托底价。但是在开放条件下，如果没有与内外成本差距相适应的关税政策来配套，基于顺价销售的最低保护价和临时收储价政策是不可持续的。

三、着力统筹，确保进口适度适当可靠

我国农产品贸易达到了相当规模，进口不再是限于品种调剂和余缺调节，而是供给的重要来源。2014 年，按播种面积当量计算，粮棉油糖肉和奶净进口相当于 9 亿亩播种面积的产出，相当于国内作物总播种面积36％。2015 年粮食净进口 1.3 亿吨（含玉米酒糟），占我国粮食总量的1/5。农业供给侧改革不能不考虑进口这一因素，无论总量平衡、结构调整、提升效益都必须考虑进口的影响和作用，必须着力两个市场两种资源的统筹，确保进口适度适当可靠、与国内生产和农民增收需要相协调。

（一）要建立和完善与生产、需求、进口三元平衡相适应的调控体制和机制，切实保障大宗农产品进出口与国内生产、农民就业增收相协调。要在综合考虑保障基本供给、确保农民就业增收、适应资源环境承载能力、满足气候生态多样性和合理农作制度需要四方面因素的基础上，确定大宗农产品生产目标。要在准确把握需求的基础上，明确进口的合理规模，确定进口调控目标，明确调控职能部门和职责。

（二）构建开放型农业支持和农产品价格政策体系，确保国内农业产业健康稳定。要保障农民种粮务农有收益有积极性，要保证生产的农产品在市场上具有价格竞争力。在缺乏欧盟、日本、韩国那样的高关税保护的情况下，加强我国财政支农力度具有更为重要的意义。要在练好内功的同时，从我国大宗农产品基础竞争力实际出发，从国内生产成本与世界主要出口国差距扩大的趋势出发，进一步加大对农业特别是粮食的支持力度，有效降低或弥补生产成本，确保国内生产的产品与进口产品在公平的基础上竞争。要完善农产品价格支持政策，在继续目标价格政策试点的同时，探索采取"稳定一头、放开一端"的思路调整最低保护价收购和临时收储政策。在适当完善的基础上继续对三大主粮进行最低保护价和临储价收购，以保障种粮收益；引入竞争机制适度扩大收储企业范围，放开收储企业收储粮销售；财政对收储企业进行价差补贴或市场价格损失保险补贴。

（三）健全贸易救济和产业损害补偿机制，确保农业产业安全。在产业受到损害和损害威胁时，采取贸易救济措施是 WTO 规则赋予的权利，是保障国内产业安全的法定手段。应坚持"两反一保"条例立法宗旨，更加积极利用好贸易救济手段，依法推进贸易救济制度化、常态化。应尽快研究建立农产品贸易损害补偿机制，对受到损害的农业产业、地区和农民提供必要补偿，帮助其调整结构和提升竞争力，增强国内农业产业参与国际竞争和应对风险的能力。

（四）扩大优势农产品出口，推进农业走出去和市场多元化战略实施，确保进口来源和渠道可靠。要加大对优势农产品出口促进的支持力度，着力提升优势农产品国际竞争力，充分发挥农产品出口增值增效作用，提升更大范围配置资源的能力和效率。要积极推进战略性农业国际合作，结合一带一路战略，务实稳步推动农业走出去，推进进口市场多元化。要把推进走出去与推进市场多元化战略有机结合，提高走出去目标国家和区域生产和进出口能力，促进建立多元稳定可靠的进口渠道，减少进口依存度提高带来的风险。

目　　录

WTO 多哈农业谈判与中国参与研究

自多哈回合启动以来，经过所有成员艰苦不懈的努力，农业谈判在曲折中取得了阶段性进展，特别是 2013 年在巴厘岛会议上达成了早期收获成果。中国作为 WTO 新成员和发展中成员，对 WTO 农业谈判始终持积极和建设性态度。中国全方位参与了谈判过程，为推动谈判达成共识发挥了重要作用。在后巴厘农业谈判中，中国将继续发挥积极作用，确保多哈回合成为真正的发展回合并早日取得圆满成功。

一、WTO 多哈农业谈判回顾与展望

WTO 多哈回合谈判于 2001 年启动，目的是要建立一个"公平的和以市场为导向的世界农业贸易体制"。农业对于发展成员粮食安全、农民生计安全和农村发展具有特殊的重要性，对于发达成员而言具有很强的政治敏锐性，因此，农业谈判始终是多哈回合的难点、焦点和核心。《多哈宣言》规定了农业谈判授权，明确提出要"实质性改善市场准入；削减并以期逐步取消所有形式的出口补贴；实质性削减具有贸易扭曲作用的国内支持"；同时还明确"发展中成员的特殊和差别待遇应成为谈判所有要素的组成部分，并应包含在具体减让和承诺表中，及酌情包含在有待谈判的规则和纪律中，以便发展中成员能有效运用并能够有效考虑他们的发展需要，包括粮食安全和农村发展的需要"；"非贸易关注将在《农业协定》所规定的谈判中加以考虑"。

多哈回合是发展回合。农业谈判的目标就是要促进发展中成员的农业发展，关键就是要为具有出口利益的发展中成员提供更好的市场准入，为拥有大量小规模、生计型小农的发展中成员提供充分灵活性来应对贸易竞争带来的挑战。农业的特殊性使得农业谈判比其他任何部门的谈判更为复杂，难以协调和平衡。但是经过 14 年来所有成员的艰苦努力，经过多次反复和挫折，多哈回合农业谈判从最基本的问题和理念讨论开始，不断深入扩展，缩小分歧、扩大共识，并在达成共识的基础上取得了重要的阶段

性成果。阶段性成果主要包括 2004 年 7 月达成的谈判《框架协议》，2005 年达成的《香港宣言》、2008 年形成的模式案文，以及 2013 年在 WTO 巴厘岛部长会议上达成的早期收获成果。早期收获成果的取得为多哈谈判注入了活力，开启了 WTO 后巴厘谈判进程。

（一）《框架协议》达成的主要原则

2004 年 7 月达成的农业谈判《框架协议》重申了多哈农业谈判授权以及建立公平和以市场为导向的贸易体制的长期目标，强调"有待制定的模式需要包含给予发展中成员的、可以有效运用和具有意义的特殊和差别待遇条款。农业对于发展中成员的经济发展至关重要，它们必须能够实行支持其发展目标、扶贫战略、粮食安全以及生计关注的农业政策"。要求"以一种具有抱负水平、迅速和有针对性的方式"解决棉花问题。框架协议就市场准入、国内支持和出口竞争三大支柱等方面的谈判达成了基本共识。

在国内支持方面，明确按照分层公式削减扭曲贸易的国内支持总量（黄箱、微量允许和蓝箱措施之和），支持水平越高削减幅度越大；同时对黄箱、微量允许和蓝箱按照待定的公式进行分项削减或封顶；对特定产品的黄箱支持量将通过一定的方法进行限定；对蓝箱标准进行审议；明确主要用于生计和资源匮乏农民的发展中成员的微量允许免于削减承诺。

在出口竞争方面，明确规定将为最终取消出口补贴确定具体日期，同时将平行取消出口信贷、出口国营贸易和粮食援助等措施中的补贴和贸易扭曲成分，并制定有效的纪律约束加以规范。

在市场准入方面，规定使用分层公式削减关税，高关税多减，通过公式解决关税升级问题；在同意给予"敏感产品"一定灵活性的同时，要求通过削减关税与扩大关税配额相结合的方式改善这些产品的市场准入水平。给予发展中成员的特殊和差别待遇将是谈判所有要素的组成部分。发展中成员可以根据粮食安全、生计安全和农村发展需要的标准，指定适当数量的产品作为特殊产品，这些产品将可以获得更多的灵活待遇。将制定特殊保障措施机制供发展中成员使用。

在新成员待遇方面，明确新加入成员的特别关切将通过具体的灵活性条款给予有效解决。

尽管农业谈判框架协议回避了分歧较大的实质性问题，将其推迟到模式谈判阶段来解决，也没有明确减让公式和具体参数，但框架协议确定的较为具体的原则和基本内容有助于消除当前世界农产品贸易中最为突出的问题，其内容较好地平衡和兼顾了发达成员与发展中成员的利益关切。

（二）《香港宣言》达成的主要共识

2005 年 WTO 第 6 届部长会议通过的《香港宣言》在《框架协议》的基础上就多哈农业谈判取得了进一步的实质性进展，深化和扩大了成员在一些重要问题的共识。

在国内支持层面，《香港宣言》明确分三层削减黄箱综合支持量（AMS）最终约束水平和扭曲贸易的国内支持总量，层数越高线性削减幅度越大。位于较低层的总 AMS 最终约束水平相对（产值）较高的发达成员将在 AMS 削减方面做出额外努力。无黄箱综合支持量（AMS）承诺的发展中成员将免于对微量允许进行削减和对扭曲贸易的国内支持总量进行削减。棉花生产方面扭曲贸易的国内补贴的取消比任何议定的总体公式更快且更具抱负水平，且实施期短于普遍适用的实施期。

在出口补贴方面，明确提出在 2013 年底前平行取消所有形式的出口补贴。还款期等于或少于 180 天的出口信贷、出口信用担保或保险计划应符合以商业为导向的纪律。

在市场准入方面，明确分 4 层安排关税削减，相关的分层界点有待谈判。发展中成员享有灵活性，根据基于粮食安全标准、生计安全和农村发展方面的指标自主指定适当数量的税目作为特殊产品；发展中成员将有权使用基于进口量和价格触发的特殊保障机制。特殊产品和特殊保障机制应成为农业谈判模式和谈判结果的组成部分。

《香港宣言》进一步细化了国内支持和关税的分层削减原则，提出了取消出口补贴的具体时间，对出口信贷进行了规范，明确了基于指标自主指定特殊产品的原则。

（三）2008 年模式案文的主要内容

在《框架协议》和《香港宣言》的基础上，2008 年 WTO 农业谈判形成了较为成熟的模式案文。案文在关税削减公式、敏感产品的数量和待遇、国内支持总体削减及纪律等核心议题方面都提出了较为具体的建议。

在国内支持方面，对于扭曲贸易支持总量（OTDS）削减和黄箱综合支持量（AMS）削减明确了层数、各层的分层界点、削减幅度和实施期；发展中成员享有较小的削减幅度和较长的实施期，无黄箱综合支持量（AMS）的发展中成员、粮食净进口发展中成员、新加入成员和低收入转型小经济体免于削减；对特定产品综合支持量进行封顶，对蓝箱实行总量封顶和特定产品封顶。

在市场准入方面，规定发达成员农产品关税平均削减幅度不得低于54％，约束关税分四层进行削减，关税越高削减幅度越大，约束关税在75％以上的削减70％，实施期为5年，分6次平均削减；发展中成员平均削减幅度最高不超过36％，分五层进行削减，实施期为10年，分11次平均削减。发展中新成员各层的关税少减8个百分点，低于10％的关税免于削减，实施期比发展中成员长两年，与入世承诺重叠部分可于入世实施期结束后1年开始执行。敏感产品数量一般不超过总税目数的4％，特殊情况可略有增加，但需额外扩大配额加以补偿。发展中成员根据粮食安全、生计安全和农村发展三方面的指标自主指定特殊产品，数量最多不超过税目总数的12％，其中最多5％免于关税削减，总体平均削减幅度为11％；发展中新成员特殊产品数量最多不超过税目总数的13％，总体平均削减幅度为10％。发达成员自实施期第一天起将可以使用特殊保障措施的产品数量削减到占税目总数的1％，最晚在实施期的第7年末完全取消特殊保障措施。发展中成员自实施期第一天起削减到税目总数的2.5％。为发展中成员制定特殊保障机制。

2008年模式案文是在既有共识的基础上，较好地平衡了各方的利益，尽管各方对模式案文都有不满的地方，但作为一种脆弱的平衡，模式案文为绝大多数成员所接受。模式案文基本体现了多哈发展授权和业已达成的共识，虽然没有最终签署，但为下一步谈判奠定了基础。

（四）后巴厘农业谈判形势与面临的挑战

2013年，WTO巴厘岛部长会议就贸易便利化、粮食安全收储补贴以及关税配额管理3个议题达成了早期收获成果。这一成果的取得无疑为多哈回合谈判注入了新的活力，但巴厘早期收获成果的达成并没有实质性减少农业谈判既有的分歧和面临的困难，还有可能削弱一些成员推进多哈谈判的动力和政治意愿。因此，能否在既有共识和进展的基础上解决剩余问题，达成平衡的一揽子协议，尽快结束多哈回合谈判，还存在很大的不确定性，面临许多挑战。

就巴厘岛会议前后各方的谈判主张看，未来农业谈判面临三大挑战。一是能否坚持WTO多哈回合谈判授权面临挑战。多哈回合启动以来已经14年，国际农产品市场由总体上的结构性过剩，转为波动性风险性加剧的态势，发生了较大的变化。但应该看到，发展中成员存在大量小规模、生计型农业的情况没有改变，在确保粮食安全和农民生计方面面临的挑战没有改变，多哈发展议程需要解决的基本问题没有改变，多哈发展授权的现实意义没有改变。尽管如此，一些成员认为多哈启动以来的形势发生了很大变化，提出了多哈授权是否继续有效、是否需要调整的问题。二是如何坚持既有谈判共识面临挑战。14 年谈判不懈努力达成的共识来之不易。目前选择的关税削减分层公式，是经过了瑞士公式与乌拉圭公式之争、哈宾森减让公式的提出与放弃、其他减让公式的模拟和讨论之后，最终选定的。特殊产品具体灵活性条款的确定，经历了最初概念的提出、粮食安全/生计安全/农村发展基本标准的规范、基于三大标准的指标体系的完善以及大量相关研究和磋商。《框架协议》和《香港宣言》是所有成员达成一致的共识，2008 年模式案文虽没有签署，但基本体现了既有的共识。坚持既有共识、在 2008 年模式案文基础上推进谈判是唯一现实可行的选择。但一些成员提出 2008 年模式案文没有最终签署，不是共识，只能作为谈判的参考，不能作为谈判的基础，这给如何坚持既有谈判共识带来了挑战。三是如何确保谈判重点聚焦面临挑战。2008 年模式案文 90％的内容已经达成一致，尽管成员都不满意，但为绝大多数成员所接受。后巴厘谈判应将没有达成一致的问题作为未来谈判重点，着力在一揽子协议平衡中有效解决。但一些成员提出新兴成员应作更多的减让承诺、发展中成员生计型农业支持应受到更严格约束和减让的主张，这将使农业谈判更加复杂、困难。

二、中国参与 WTO 多哈农业谈判情况

中国作为 WTO 新成员和发展中成员，对 WTO 农业谈判始终持积极和建设性的态度。中国全方位参与了谈判的全过程，为推动谈判达成共识发挥了重要作用。

(一)对多哈回合农业谈判授权的理解和把握

谈判授权是谈判的出发点和归宿点。对谈判授权和谈判目标的理解和把握是参与谈判的前提和基础。WTO 多哈回合农业谈判是乌拉圭回合农业谈判的继续，目的是要建立一个"公平的和以市场为导向的世界农业贸易体制"。乌拉圭回合谈判首次将农产品贸易全面纳入世界多边贸易体制的有效管理之中，达成了《农业协定》。但是，乌拉圭回合《农业协定》

从实质意义上来讲主要是明确了世界农产品贸易体制的改革方向，对建立真正意义上的"公平和以市场为导向的贸易体制"作用非常有限。一是乌拉圭回合《农业协定》对农产品关税削减作用有限，仍然允许存在大量高关税和关税高峰。二是对国内支持和出口补贴的削减相当有限，仍然允许部分成员使用大量的扭曲贸易的国内支持和出口补贴。三是发展中成员与发达成员间在国内支持、出口补贴等方面存在严重的不平衡，对发展中成员生计型小农的特殊性和需要也没有充分考虑。

多哈回合是发展回合，多哈回合谈判授权决定了农业谈判的目标就是要促进发展中成员的农业发展。当然，发展中成员数量众多、情况多样、对于发展的诉求各不相同。总体看可以分为两大类：一是具有农产品出口利益的发展中成员。这些成员的农产品出口面临着国际市场高关税乃至禁止性关税以及不断增加的技术壁垒的约束，面临着发达成员高额补贴支持以及数十年、近百年补贴支持累积的竞争优势所带来的不公平竞争。二是拥有大量小规模、生计型小农的发展中成员。这些成员因土地资源、人口等客观因素限制，农业生产成本高、基础竞争力弱，存在大量饥饿和营养不良人口，在确保粮食安全、农民生计和农村发展方面面临着越来越严峻的挑战，在贸易自由化进程中面临巨大的竞争压力，需要拥有足够的政策空间来加强对小农的支持保护、来应对日趋加剧的国际市场的波动。

因此，履行多哈农业谈判授权、实现农业谈判目标、建立公平的和以市场为导向的世界农业贸易体制，最重要、最核心的任务：一是要实质性削减高关税特别是禁止性关税，实质性削减乃至消除扭曲贸易的国内支持补贴；二是要给予发展中成员充分有效的灵活性，加强对生计型农业的合理支持和保护，促进其粮食安全、农民生计安全、农村发展目标的实现，增强其应对国际市场波动的能力。

（二）中国关于 WTO 农业谈判的基本立场和主张

多哈农业谈判是中国作为 WTO 成员首次参与的规则制定谈判。中国高度重视多哈农业谈判，在谈判之初就建立了专门的农业谈判机构和谈判机制，对谈判涉及的议题进行了专门的研究。在深入系统全面研究的基础上，在广泛听取国内农业产业、企业、农户意见后，明确提出了中国参与WTO 多哈回合农业谈判的基本立场和基本主张。中国的基本立场和基本主张集中体现在 2009 年 9 月中国正式向 WTO 提交的"WTO 农业谈判中国提案"以及此后提交的"WTO 农业谈判中国立场"等文件中。

基于对多哈谈判授权的把握，中国主张 WTO 农业谈判"要按照公平竞争的原则，重点限制并削减具有贸易扭曲作用的国内支持，削减并取消出口补贴，削减关税高峰"；"要充分考虑发展中成员的农业发展实际和需要，在开放的程度和速度上给以特殊对待；要保证谈判结果在体现各方利益的基础上实现总体平衡，特别是有利于发展中成员的农业发展"；"对发展中成员有关粮食安全、农村发展、消除贫困等非贸易关注问题给予充分考虑，同时应防止将非贸易关注作为实施贸易保护主义的理由"。

关于市场准入，中国认为"高关税、关税高峰、关税升级不仅削弱了乌拉圭回合推动农产品贸易自由化进程的作用，而且成为当前扩大农产品市场准入机会的最突出问题"。"必须大幅度削减关税高峰、减少关税升级、简化关税形式、缩小约束税率与实施税率的差距，最大限度减少贸易壁垒"。"考虑到发展中成员农业在粮食安全、农村就业、消除贫困等方面的特殊重要性及其宏观调控能力有限等情况，应给予发展中成员特殊差别待遇，享有一定比例或一定数量的产品例外"。"中国支持特殊产品概念的提出并建立相应的机制，支持制定特殊保障措施机制供发展中成员使用"；"应充分考虑新加入成员的实际情况，给予新加入成员相应的特殊差别待遇"。

关于出口竞争和国内支持，中国主张"要消除发达成员和发展中成员间的严重不平衡，大幅度削减乃至取消黄箱和蓝箱等扭曲贸易的国内支持以及各种形式的出口补贴，规范和约束出口信贷，减少发达成员微量许可，限定发达成员的国内支持总水平"。

（三）中国对 WTO 农业谈判的积极参与

WTO 多哈农业谈判已启动 14 年，经历了成员提交总体谈判提案、就谈判涉及的基本问题和理念进行讨论磋商、开展三大支柱议题减让原则和框架模式谈判，以及开展减让模式案文谈判等多个阶段，谈判有进展也有挫折，有失望、失败也取得了阶段性重要成果。作为 WTO 新成员和发展中农业大国，中国对 WTO 农业谈判始终持积极和建设性的态度，有效参与了谈判的全过程，全面参加了不同层面的基础性磋商和不同层级实质性谈判，阐述了中国在各个议题上的立场和主张，发挥了重要作用。2003 年坎昆会议以后，中国加入了由巴西、印度等主要发展中成员组成的 20 国集团（G20）以及由印度、印度尼西亚等主要发展中成员组成的 33 国集团（G33）"特殊产品"联盟，成为 G20 和 G33 的核心成员。G20 和 G33 围绕多哈授权开展了大量的技术性工作，为平衡发达成员和发展中成员以及发展中成员之间的利益做出了不懈的努力，就三大支柱议题以及特殊产品和特殊保障机制等具体议题提交了大量的提案和分析材料，为达成共识、推动谈判取得进展并最终取得平衡的结果发挥了重要作用。除了积极参与 G20 和 G33 的工作外，中国还特别注意加强与其他发展中成员集团以及其他主要谈判方的沟通协调，为达成符合多哈授权、平衡的、能为各方接受的谈判结果做出积极的贡献。中国还于2005 年在大连和香港承办了 WTO 小型部长会议和 WTO 第六届部长会议，为推进谈判发挥了重要作用，特别是香港会议在多哈回合进程中具有里程碑意义。

三、中国农业谈判目标和战略的重新审视

如前所述，中国主张多哈农业谈判目标要着重实质性削减高关税特别是禁止性关税，实质性削减乃至消除扭曲贸易的国内支持补贴；要重点给予发展中成员在市场准入减让和国内支持规则方面充分有效的灵活性，要给予发展中新成员充分有效的灵活性。这是中国的基本立场，是中国参与农业谈判的目标。这一目标的提出是基于对多哈谈判授权的理解和把握、基于中国农业实际、基于中国加入世贸组织的特殊情况。

（一）中国农业谈判目标的确定是基于谈判的发展授权

多哈回合是发展回合，谈判结果必须有利于促进发展中成员的农业发展，要为具有农产品出口利益的发展中成员提供更多市场准入机会，要为拥有大量小规模、生计型小农的发展中成员提供有效应对国际竞争挑战所需的灵活性。中国作为农产品市场最开放的发展中成员、作为存在大量生计型农民的成员，也作为劳动密集型产品出口方的成员，对发展中成员多样化的发展诉求有更全面深切的了解和体验。作为负责任的发展中成员，充分利用中国的经验积极有效参与谈判，确保多哈农业谈判切实按照发展授权推进，这是中国应有的担当和责任。在谈判中，中国与广大发展中成员一道，遵照多哈宣言和多哈授权，针对发展成员农产品出口面临的突出问题，针对发展成员农业发展面临的基础竞争力不足的挑战，提出具体谈判目标和谈判提案，确保发展回合真正是发展回合，不偏离方向。

近 10 多年来，世界农业形势确实发生了较大变化，国际农产品市场

由总体上的结构性过剩，转为波动性、风险性加剧的态势，这使得发展中成员不仅要应对农产品低价带来的影响，还要应对农产品高价带来的影响。在形势变化中，发展中成员农产品出口面临高关税、高补贴、高扭曲带来的不公平竞争的现实没有改变。发展中成员存在大量小规模、生计型农业的情况没有改变。

目前，全球谷物贸易量仍不足产量的 15％，全球 85％以上的粮食供给是靠国内生产来解决的。当前世界粮食安全问题主要是贫困人口买不起粮食的问题，解决的关键是提高发展中成员粮食生产能力。由于耕地和劳动力不能跨国自由流动，各国农业基础竞争力存在比工业更加难以克服的差距。发展中成员的农业基础竞争力不足，在确保粮食安全和农民生计安全上面临巨大挑战。贸易自由化进程的推进必须力避对这些发展中成员生产能力以及小农生产积极性的打压和抑制。

（二）中国农业谈判目标的确定是基于中国农业实际

中国农业的本质特征和实际状况是确定中国农业谈判目标需要考虑的最重要的因素。首先，中国农业对于确保粮食安全和农民生计、保障农村就业和社会稳定具有至关重要的作用。中国是一个 13 亿人口的发展中农业国家，有 6.3 亿农村人口[①]。农业不仅是保障国家粮食安全的重要产业，也是数亿人口赖以生存和发展的基础产业，是 6.3 亿农村人口的重要收入来源和生计依靠。确保粮食安全始终是中国考虑的头等大事，而发展国内粮食生产、保持必要的粮食生产能力和一定的粮食自给水平对中国这样拥有巨大人口的国家的粮食安全至关重要。因此，任何时候中国的农业都不能受到削弱。

进入新世纪以来，中国经济得到了较快发展，农业实现了稳定增长，特别是近 10 年，中国粮食产量连续十年保持增长，农民收入连续十年保持较快增长，取得了显著成效。但从总体和根本上来看，中国农业小规模、生计型特征没有改变，在中国人均收入整体水平还有限的同时，城乡差距扩大的趋势没有得到根本遏制。根据世界银行的统计，2013 年中国人均 GDP 为 6 807 美元，全球排名第 71 位，只有世界平均水平的一半多。2013 年，中国城乡居民收入比 3.03∶1，城镇居民人均可支配收入26 955 元，农村居民人均纯收入仅 8 896 元，绝对收入差距高达 18 059

① 根据中国的统计口径，生活在城市超过半年的人口，即统计为城镇人口。

元。按照中国年人均纯收入 2 300 元的农村扶贫标准计算①，2013 年全国农村仍有 8 249 万贫困人口。近年来，中国农村社会养老保障事业开始起步，但处于低水平发展阶段，就社会养老保障而言，目前农村基本实现了全覆盖，但月均养老金不足百元。因此，中国农业依然是数亿农村人口赖以生存和发展的基础产业，是其最重要的收入来源和生计依靠。

其次，中国农业以家庭经营为主，经营规模狭小，农业基础竞争力不足，面临的国际竞争压力巨大。农业是高度依赖自然资源和自然条件的产业，资源禀赋和农业生产规模决定了农业基础竞争力。由于耕地和劳动力不能跨国自由流动，各国农业基础竞争力存在比工业更加难以克服的差距。通过合理的关税保护和国内支持来弥补农业基础竞争力的不足，是确保国内产业安全的必然选择。目前中国农户经营规模平均只有 0.6 公顷左右，即使在一定时间内将现有一半农村人口和劳动力转移出去，不考虑人口自然增长，中国农业生产平均规模也只能扩大一倍，达到户均 1 公顷多。由规模决定，中国农业特别是大宗农产品基础竞争力先天不足，与世界主要出口国存在难以克服的巨大差距，随着农业劳动力机会成本的上升，这种差距将进一步扩大。

此外，中国二元经济结构特征显著②，在农村社会保障体系完善健全之前，在转移出来的农村劳动力真正市民化之前，农业仍将承担着社会环境文化等多方面功能，这些多功能的实现一定程度上是以牺牲效率为代价的，这进一步加大了中国农业与世界主要出口国的基础竞争力差距。2013 年，中国城镇化率提高到 53.7%③，全国农民工总量达到 26 894 万人，但这些农民工绝大多数住在用工单位提供的集体住房和在城乡结合部的租房，在城里加入养老保险的比重为 15.7%，参加医疗保险的比重为 17.6%，参加工伤保险的比重为 28.5%，参加失业保险的比重为 9.1%。

---

① 2011 年，中央政府决定将农民人均纯收入 2 300 元（2010 年不变价）作为新的国家扶贫标准，约合 339 美元。

② 二元经济结构一般是指以社会化生产为主要特点的城市经济和以小农生产为主要特点的农村经济并存的经济结构，通常伴随着城乡差距和城乡分割。在中国二元经济结构之下，农村居民在就业、医疗、社会保障、基础设施诸多领域享有的基本公共资源和服务明显落后于城镇居民。

③ 根据中国的统计口径，生活在城市超过半年的人口即统计入城镇人口，这将相当一部分在城市打工的农业户籍人口也统计为城镇人口，但这部分人基本无法享受针对城市户籍人口的医疗、就业、社会保障等公共服务，其收入水平、消费模式也落后于城市户籍人口。

这意味着 2 亿多农民工的生计保障最终还得依靠农业。因此，让平均 1 公顷耕地要养活 1 户农村人口并承担许多社会环境功能的小农与平均规模 100~500 公顷的大农场进行竞争，是不公平的，必须给予小农合理的支持保护。相比其他成员，中国的关税政策和国内支持政策空间已非常有限，保持这些有限的政策空间，对确保中国农业可持续增长更为重要。

第三，中国人均农业资源不足，在立足国内保障主要农产品基本需要的同时，必须充分利用贸易增加农产品有效供给。随着人口的进一步增长、城镇化进程的推进、居民膳食结构的升级，中国主要农产品需求呈刚性增长。在资源刚性约束和需求刚性增长的情况下，立足国内确保大宗农产品基本供给，同时扩大贸易、适度增加进口，更加充分有效利用国际市场，既是中国农业发展现实的必然，也是农业政策理性选择的必然。关键是要有必要的政策手段在开放中统筹好国内国际两个市场，切实兼顾平衡好进口需要和国内农业发展需要，促进农产品贸易更好地与国内产业协调发展。

入世以来，我国农产品贸易持续快速发展，贸易规模不断扩大。2001—2013 年，我国农产品贸易总额由 279.4 亿美元增长到 1 867.5 亿美元，年均增长 17.2%；进口额由 118.5 亿美元增长到 1 189 亿美元，年均增长 21.2%，每 3 年翻一番；2013 年我国农产品贸易额是农业增加值的 20.2%，贸易逆差 510.6 亿美元。其中大豆进口量由 2001 年的 1 567.6 万吨增长到 2013 年的 6 340.5 万吨；食用油进口量由 167.8 万吨增长到 922.2 万吨；棉花进口量由 19.7 万吨增长到 450.2 万吨。食糖净进口由不足 100 万吨增加到 454.6 万吨。奶粉进口量由不足 10 万吨增长到 86.4 万吨。2013 年牛羊猪禽肉进口达 173 万吨。

中国农产品进口直接增加了国内有效供给，缓解了需求增长对资源环境的压力。但是，随着中国劳动力、土地、环境保护、质量安全成本的显性化和不断提高以及内外价差的扩大，近年来中国农产品"边进口、边积压"的问题突出[①]，进口对国内价格的抑制和打压作用显著，使得国内农产品价格既不能随着需求的拉动而相应提高，也不能随着生产成本的上升

---

① 据中国棉花网数据，2012/2013 年度中国棉花期末库存高达 1148 万吨，库存消费比为 144%，占全球库存的 60%。据中国糖协数据，2013/2014 年度中国食糖期末库存约 800 万吨，库存消费比高达 58%。

而合理上升，对国内农业产业的可持续发展带来了越来越深刻的影响。这种影响逐步从大豆、大麦、羊毛扩展到乳制品、棉花、食糖、籼稻，并呈现继续扩大和加深的趋势。这与缺乏合理的关税保护和有效的国内支持密不可分。

总之，中国农业是生计型、小规模农业，是以粮食安全为核心的农业。中国农业不可能是商业型农业，不可能把通过贸易追求商业利益作为农业发展目标。中国农业的本质特征和发展趋势决定了中国在 WTO 农业谈判中的利益主要在于防守，而不在于进攻。由规模和农业多功能决定的中国农业基础竞争力与世界主要出口国存在的差距难以改变，贸易自由化必须考虑成员间这种巨大差异在公平的基础上推进，在谈判中，通过特殊差别待遇、特殊产品、特殊保障机制等灵活性，保持中国目前有限的关税和国内支持政策空间，对中国农业发展、粮食安全和农民生计安全至关重要。

（三）中国农业谈判目标的确定是基于中国加入世贸组织后的特殊情况

中国农业在入世过程中做出了巨大而广泛的承诺，这些减让和承诺远远超过了乌拉圭回合《农业协定》的要求。中国已经成为世界上农产品市场最开放的国家[①]。在出口竞争上，中国承诺取消各种形式的出口补贴。在国内支持上，中国黄箱政策仅保留了 8.5% 的微量允许，而且农业协议 6.2 条款下对生计型小农和脆弱地区的支持政策也计入微量允许[②]。在市场准入上，中国承诺的平均关税只有 15.2%，是世界平均水平的 1/4。中国粮棉油糖等重要产品配额外最高关税 65%，远低于其他成员上千乃至数千的最高关税，也远低于美国数百的最高关税。中国农产品关税形式单一，从价税比率达 99% 以上，实施税率和约束税率完全一致。这是多哈农业谈判中国进一步减让的基础，在这一基础上的任何减让都是实质性的，这将给中国缺乏基础竞争力的小规模、生计型农业带来很大的负面影响，将给中国的粮食安全和农民生计安全带来巨大挑战。因此，新成员的特殊关切必须有效解决，必须给予新成员充分有效的特殊灵活性。

---

① 除一些岛国和个别农业规模大竞争力很强的国家外，其他国家农产品关税水平都比中国高。

② 6.2 条款也称"发展箱"。根据 6.2 条款，发展中成员用于对生计型小农和脆弱地区的农业投入补贴等黄箱政策不受任何限制。据测算，印度 2008 年"发展箱"补贴占其农业产值的 17.9%。

四、中国在 WTO 后巴厘岛农业谈判中的作用

中国是 WTO 新成员和重要的发展中成员，各方对中国在后巴厘农业谈判中的作用有不少多样化的期待。对于作为近年来发展较快的发展中成员，一些成员特别是有出口利益的成员希望中国更多地发挥引领作用，在市场准入方面做出更多的减让承诺；有的甚至忽视中国农业的基本特征，忽视中国农业支持人均水平低、具有生计型、补偿性、非贸易扭曲性特征[①]，要求在国内支持上作进一步减让，削减 8.5％的微量许可水平。对于作为拥有大量生计型小农的发展中成员，一些成员希望中国有更多的担当，在粮食安全议题、特殊产品和特殊保障机制以及特殊差别待遇等问题上发挥牵头作用，在推进贸易自由化进程中有效解决好粮食安全、农民生计安全和农村发展关注。对于作为农产品市场最开放的成员，一些成员希望中国利用自身经验在协调发展中成员的进攻和防守利益、平衡进出口成员关注方面发挥更大的协调作用。

面对多样化的期望和要求，中国在后巴厘农业谈判中的定位，依然是要基于多哈发展授权和发展中国家的共同利益，依然要基于中国农业的实际和入世带来的特殊情况。由于中国农业小规模、生计型本质难以改变，入世后中国已成为农产品市场最开放的成员，面临日益严峻的竞争压力，保持目前有限的关税政策和国内支持政策空间对确保中国农业可持续增长至关重要。中国在 WTO 后巴厘农业谈判中可以着重发挥以下 3 方面的作用。

（一）继续加强与发展中成员的密切协作，确保多哈回合真正成为发展回合

中国作为农产品市场最开放的发展中成员、作为存在大量生计型农民的成员，也作为劳动密集型产品出口方的成员，对发展中成员多样化的发展诉求有更全面、深切的了解和体验。作为负责任的大国，充分利用中国的经验积极有效参与谈判，确保多哈农业谈判切实按照发展授权推进，这是中国应有的担当和责任。要从大量小规模、生计型小农发展需要出发，充分考虑其农业生产成本高、基础竞争力弱，存在大量饥饿和营养不良人

[①] 详见《中国农业国内支持研究》，ICTSD 与中国农业部农业贸易促进中心合作研究课题，2013。

口的现实，为发展中成员争取必要的灵活性待遇，以应对其农业发展面临的越来越严峻的挑战和竞争压力。尽管中国在农业谈判中基本没有进攻利益，但要从发展中成员面临着不公平竞争的现实出发，推动高关税、高补贴支持以及高扭曲政策的减让。2004 年达成的《框架协议》和 2005 年达成的《香港宣言》必须得到遵守。2008 年形成的模式案文，虽然各方都不太满意，但较好地平衡了各方的利益，为进一步谈判奠定了基础。在后巴厘农业谈判中，中国应继续加强与 G20、G33 的紧密合作，在已有谈判共识基础上解决遗留问题，积极推进谈判，确保多哈回合按照多哈发展授权的方向推进。

（二）继续履行好入世承诺，为维护和加强 WTO 多边贸易体制、促进世界农产品贸易发展做贡献

WTO 作为唯一的全球性多边贸易组织，在规范和管理世界贸易中始终发挥着基础和权威作用，具有不可替代的地位。WTO 及其前身关贸总协定（GATT）前 8 轮谈判形成的规则、争端解决机制以及各成员所作的承诺，始终是规范和管理国际贸易的基础。尽快完成 WTO 多哈回合谈判，进一步完善和制定更加开放的游戏规则，对于增强 WTO 多边贸易体制活力十分重要。但遵循 WTO 既有规则和既有承诺，对于强化 WTO 多边贸易体制的基础性地位同样十分重要。在当前中国农业受国际市场影响不断加深的形势下，中国努力克服各种困难和挑战，切实履行好入世承诺，这将是中国对 WTO 多边贸易体制的重大贡献。2001—2013 年，中国农产品进口增长 1 070 亿美元，占全球进口增量 12% 左右。中国农产品贸易的进一步发展本身就为其他成员增加了市场准入机会。在履行好入世承诺的同时，中国应继续努力保持农业发展稳定，确保粮食安全和农民生计安全，继续为世界扶贫事业发展和粮食安全做出贡献。

（三）在坚守底线的同时，继续为后巴厘农业谈判取得成功做出力所能及的贡献

从中国农业的实际情况和本质特征分析，中国在农业三大支柱方面几无进一步减让的余地，也没有任何理由来牺牲中国数亿农民生计利益、牺牲中国实现粮食安全的努力。足够数量的特殊产品免于关税减让和关税配额扩大、8.5% 的国内支持微量许可、新成员的特殊灵活性，关系中国农业可持续发展、粮食安全和农民生计安全，是必须坚持的底线。在坚守底线的同时，为推动谈判，中国应在力所能及的范围内做出贡献。根据

2008 年模式案文，在其他许多成员只削减水分的情况下，中国在市场准入方面仍将进行实质性减让，中国仍将为推进农产品贸易自由化做出实质性的贡献。新成员不是个时间性概念，而是个实质性概念，是指 WTO 成立后加入该组织的成员，它们已做出了比其他成员远远重大得多的承诺。新成员的特殊困难必须充分有效解决。

要进一步加强与所有成员的沟通协调，要更加精准地了解其他成员具体的关注和利益诉求，要让其他成员更全面深入系统了解中国农业的实际。这是寻求一揽子平衡的解决方案的基础，也是中国在后巴厘谈判中更好地发挥作用的基础。

（课题主持人：牛盾；课题组成员：倪洪兴、于孔燕、徐宏源、王东辉、吕向东、秦天放、邢晓荣、马建蕾；2014 年第 12 期）

后巴厘 WTO 农业谈判
方向与中国的作用

随着 2013 年底巴厘岛早期收获协议的达成，WTO 多哈发展回合再度成为世界的一大热点，各方就如何推进谈判提出了各种意见。有的提出"世界形势变化论"，试图否定多哈谈判授权和既有共识；有的提出"新兴经济体贡献论"，要求中国等新兴成员在谈判中做出更多的减让；有的提出"发展中成员农业补贴增加论"，要求对发展中成员农业支持政策进行限制。因此，准确把握当前谈判形势，积极发挥中国应有的作用，确保谈判正确的方向，对于维护包括中国在内的广大发展中成员农业发展利益具有十分重要的意义。

一、准确把握多哈回合发展授权和谈判目标，
促进发展中成员农业发展

多哈回合是发展回合，农业谈判的目标是要促进发展中成员的农业发展。但发展中成员数量众多，情况多样、对于发展的诉求各不相同。总体看可以分为两大类：一是具有农产品出口利益的发展中成员。这些成员出口面临国际市场高关税乃至禁止性关税以及不断增加的技术壁垒的约束，面临着发达国家高额补贴支持以及数十年、近百年补贴支持累积的竞争优势所带来的不公平竞争。二是拥有大量小规模、生计型小农的成员。这些成员农业基础竞争力薄弱，有大量饥饿营养不良人口（全球现有 8.4 亿），在确保粮食安全、农民生计和农村发展方面面临着越来越严峻的挑战，需要在贸易自由化进程中拥有足够的政策空间来加强对小农的支持保护、应对日趋加剧的国际市场的波动。目前全球谷物贸易不足总供给量的 15％，全球 85％以上的粮食供给是靠国内生产来解决的。当前世界粮食安全问题主要是贫困人口买不起粮食的问题，解决的关键是提高其粮食生产能力。任何时候不能夸大贸易对粮食安全的作用。

因此，多哈农业谈判最重要的目标就是要消减发达成员的高关税特别

是禁止性关税以及技术性壁垒、消除扭曲贸易的国内支持补贴,同时要给予发展成员充分的灵活性,加强对生计型农业的保护,促进其粮食安全、农民生计安全、农村发展目标的实现,增强其应对国际市场波动的能力。

多哈回合农业谈判启动以来,世界农业形势确实发生了较大变化,农产品市场波动性不确定性风险加剧,发展中成员不仅要应对低价带来的影响还要应对高价带来的影响。在形势变化中,发展中成员存在大量小规模、生计型农业的情况没有改变,在确保粮食安全和农民生计方面面临的挑战没有改变,多哈发展议程需要解决的基本问题没有改变,多哈发展授权的现实意义没有改变。后巴厘农业谈判的推进必须坚持多哈发展授权。

二、中国农业为加强 WTO 多边贸易体制做出了重要贡献,中国在后巴厘农业谈判中面临的特殊关切必须有效解决

中国在入世过程中做出了巨大而广泛的承诺,已经成为世界上农产品市场最开放的国家。在出口竞争上,中国承诺取消各种形式的出口补贴。在国内支持上,中国黄箱政策仅保留了 8.5% 的微量允许,而且农业协议6.2 条款下对生计型小农和脆弱地区的支持政策也计入微量允许。在市场准入上,中国承诺的平均关税只有 15.2%,是世界平均水平的 1/4,从低到高排名 15 左右,只有少数几个岛国和美加澳竞争力极强的国家比中国低。中国粮棉油糖等重要产品配额外最高关税 65%,远低于其他成员上千乃至数千的最高关税,也远低于美国数百的最高关税。中国关税形式单一,从价税比率达 99% 以上,实施税率和约束税率完全一致。这是后巴厘 WTO 农业谈判中国进一步减让的基础。

从现实看,中国农业生产规模小,以家庭经营为主,户均 0.5 公顷,即使今后转移出一半农村人口,生产规模也只有 1 公顷。这个转移是一个漫长的过程。中国目前转移出来的 2.6 亿农民工,并未真正市民化,农业依旧是其生活的最后依靠和保障。由规模和农业多功能决定的中国农业基础竞争力与世界主要出口国存在的差距难以改变,贸易自由化必须考虑成员间这种巨大差异,在公平的基础上推进,中国农业必须保有合理的关税和国内支持政策保护。

近年来中国农业支持虽不断增加,但人均水平很低,2012 年农民获

得的财政转移性收入为 687 元，折合 110 美元，与发达国家十几万美元的支持水平相比差距巨大。中国农业支持具有生计型、粮食安全指向型、补偿型和非贸易扭曲型四大特征。

中国农产品进口额由入世时的 119 亿美元增加到 2013 年的 1 189 亿美元，进口增量占全球进口增量的 12%，年均增长率高达 23%，平均每 3 年翻一番。近年来，随着农业劳动力成本、土地成本和环境成本不断提高和显性化，中国农产品国内价格高于国际市场，内外价差不断扩大，很大部分的进口是受价差驱动的，造成边进口边积压的情况，对国内农产品价格形成了显著打压，对国内农业发展、粮食安全、农民增收就业带来越来越严重的影响。

中国克服困难为世界多边贸易体制和世界农产品贸易发展所做的贡献必须得到认可，保持中国农业发展和农产品市场稳定对世界粮食安全的重要作用必须充分认识，中国作为新成员以及作为具有数亿生计型小农的成员在进一步减让中面临的巨大困难必须充分考虑。"新成员"不是个时间性概念，而是实质性概念，是指 WTO 成立后加入该组织的成员。新成员已做出了比其他成员远远重大得多的承诺，在进一步减让方面面临着比其他成员巨大得多的压力，其特殊关切必须充分有效解决。

三、中国将在后巴厘农业谈判中继续发挥积极作用，做出应有的、力所能及的贡献

（一）中国将继续通过加强与发展中成员的密切协作，积极参与谈判，确保多哈回合真正成为发展回合

中国作为农产品市场最开放的发展中成员、作为存在大量生计型农民的成员，也作为劳动密集型产品出口的成员，对发展中成员多样化的发展诉求有更全面深切的了解和体验。作为负责任的大国，充分利用中国的经验积极有效参与谈判，确保多哈农业谈判切实按照发展授权推进，这是中国应有的担当和责任。多哈回合启动以来，中国与 G20、G33 等发展中成员紧密合作，发挥积极作用、做出重大贡献，推动在所有成员间达成了 2004 年框架协议、2005 年香港宣言，达成了众多的共识，并在此基础上推动形成了 2008 年模式案文。虽然各方对此案文都不太满意，但该案文较好地平衡了各方的利益，为下一步谈判奠定了基础。坚持既有共识、在 2008 年模式案文基础上推进谈判是唯一现实可行的选择。在多哈后巴厘

农业谈判中，中国将继续加强与 20 国集团（G20）、33 国集团（G33）的紧密合作，在已有谈判共识、已达成框架协议香港宣言以及 2008 年模式案文基础上积极推进谈判，确保多哈回合按照多哈发展授权的方向推进，以推动发展中成员的发展。

（二）中国将继续克服各种困难和挑战，履行好入世承诺，为世界农产品贸易发展做出贡献

入世十多年来，中国经济自身得到了较快的发展，也为世界经济做出了重大贡献。但中国二元经济结构特征显著，农业小规模特性没有改变，农业的生计型特点没有改变，农业基础竞争力薄弱没有改变，随着贸易的快速发展，进口对农业带来的影响越来越大。尽管如此，中国将努力克服各种困难和挑战，继续履行入世承诺，这是中国对 WTO 多边贸易体制的重大贡献。入世以来，中国农产品进口快速增长，但是由于发达成员的高补贴政策以及长期补贴形成的竞争优势，中国新增进口市场的近一半被少数发达成员占有，其中近 1/4 为美国占有。

在履行承诺的同时，中国将继续努力保持农业稳定发展，确保粮食安全和农民生计安全，继续为世界扶贫事业发展和粮食安全做出贡献。

（三）中国将继续为后巴厘多哈农业谈判取得成功做出力所能及的贡献

从中国农业的实际情况和本质特征分析看，中国在农业三大支柱方面几无进一步减让的余地，也没有任何理由牺牲中国数亿农民生计利益、牺牲中国实现粮食安全的努力。但是，根据 2008 年模式案文，在其他许多成员只削减水分的情况下，中国在市场准入方面仍将进行实质性减让，中国仍将为推进农产品贸易自由化做出实质性的贡献。

（倪洪兴；2014 年第 6 期）

粮食安全与"非必需进口"
控制问题研究

2013 年底中央提出了"以我为主、立足国内、确保产能、适度进口、科技支撑"新的粮食安全战略,其核心是"立足国内"和"适度进口"。近年来,在粮食生产连年丰收的同时,我国粮食等大宗农产品呈现全面净进口,进口增长迅猛,非必需进口过度问题突出,库存积压严重,产量、进口量、库存量三量齐增,给粮食和农业发展带来了越来越大的挑战。因此,客观把握我国粮食安全面临的形势,创新农产品总量平衡思路,科学把握粮食进口的合理规模,保有必要手段确保粮食进口适度适当可靠,是确保粮食安全新战略成功实施的关键。

一、适度进口首先要明确进口的合理
规模,前提是对需求的把握以及
对国内生产目标的定位

立足国内生产确保粮食基本供给,同时更加充分有效地利用国际市场和资源,既是我国农业发展现实的必然,也是农业发展理性选择的必然。新粮食安全战略的核心之一是确保适度进口,为此首先要明确进口的合理规模,需要对粮食消费需求以及国内生产目标有准确、科学的把握。

(一)粮食适度进口必须基于对需求的准确把握

粮食安全(Food Security)是一个世界性的概念,也是一个世界性的难题。粮食安全的本质是食物供给保障问题。粮食安全与后来出现的食品安全概念(Food Safety)不同,尽管两者覆盖的产品范围一致,包括所有可食用的食物,但两者反映和要解决的问题不同。前者侧重于食物供给保障,后者侧重于食物的质量安全标准。粮食安全不能等同于口粮安全。随着生活水平的提高和饮食结构的改变,肉、蛋、奶、水产品等动物性食品在食物消费中的地位日益重要,但谷物作为口粮和饲料粮的主体,始终是粮食安全的核心和关键。

食物消费主要包括口粮、肉蛋奶、植物油、果蔬、食糖等的直接消费,以及饲料粮、饼粕等用来支撑肉蛋奶水产品等生产的饲料性间接消费。粮食消费需求最终表现为食用消费需求、饲用粮需求、工业加工需求以及种子用粮需求,其中前两部分占粮食消费需求的绝大部分。只要把握了食用粮、饲料粮的变化趋势,就把握了粮食安全问题中最主要的部分。从我国的食用粮和饲用粮消费品种结构看,大豆主要用来榨油,占其80%的豆粕也主要用作饲料,我国传统的粮食口径较为准确地体现了我国的实际。

本研究中的粮食定义基本上以我国传统的粮食口径为准,鉴于玉米酒糟(DDGs)进口量较大且主要用作饲料,本研究将DDGs纳入粮食范畴。此外,饲料粮进口与肉类乳制品进口存在此消彼长的替代关系,而且肉类和乳制品进口呈快速增长态势。为了全面把握粮食的消费现状和趋势以及对外依存度,肉类和乳制品(主要是奶粉)净进口折合粮食量在本研究中给予了合理考虑。粮食消费和供给总量包括国内粮食生产量、粮食净进口量、肉蛋奶净进口折合粮食量。

改革开放以来,我国食物消费水平得到了快速提高,主要农产品人均消费量大幅增加,肉蛋奶在食物结构中的比重不断上升并日益成为饮食必需品,作为动物性产品基础的饲料需求因此快速增长。2010年,我国粮食消费量6.1亿吨,人均455千克,比1980年的336千克增加了119千克,人均消费每年增长6千克。2014年我国人均肉、奶、水产品消费分别达到64千克、33千克、47千克,比2010年分别增加5千克、4千克、7千克。2012—2014年我国粮食年均消费量达6.53亿吨,人均消费479千克。从用途上看,食用粮消费3.1亿吨,占47%;饲料粮使用量2.4亿吨,占37%;工业用粮近9 200万吨,占14%;种子用粮1 100万吨,占1.7%。

尽管我国主要产品人均消费量达到和超过了世界平均水平,但与发达国家相比仍有差距。我国人均食用油消费量已达到世界平均水平,但仍不到欧美消费水平的一半。人均食糖消费低于世界平均水平,也较大幅度低于日韩,更远远低于欧美。人均肉类消费已经超过世界平均水平,也超了日本,但远低于欧美;肉类产品与水产品人均消费量合计仍低于日本。乳制品消费方面,我国人均消费水平仅为世界平均的1/3,远不及欧美等传统乳制品消费大国。人口增长、膳食结构升级、精深加工业发展,将进一步推动农产品消费需求的增长。参照发达国家的食物结构和消费水平，未来 10 年我国粮食消费需求仍将继续增长。国内外许多研究机构按照食物营养标准及人口总量测算、粮食食用消费和饲料用粮需求增长趋势测算、分品种需求增长趋势测算等方法，对 2020 年我国粮食消费需求进行了预测，结果虽然不同，但基本在 7.2 亿～7.8 亿吨。国内外主要机构的具体预测结果如下：

经合组织/粮农组织（OECD/FAO）预测[①]（2015），以 2013 年统计数据为基期，按 2020 年 14.3 亿人计算，到 2020 年我国小麦、粗粮、稻谷消费量分别为 13 157 万吨、26 494 万吨、20 240 万吨[②]，大豆消费量为 9 762 万吨[③]，DDGs 及饼粕进口 359 万吨，肉奶净进口折玉米 891 万吨，合计 70 903 万吨。OECD/FAO 对薯类和其他豆类消费没有预测，假定保持目前消费水平，则上述粮食产品消费量总计 7.46 亿吨。

美国食品及农业政策研究所（FAPRI）预测[④]（2012），以 2011 年为基期，到 2020 年我国小麦、玉米、大麦消费量分别为 12 845 万吨、23 453 万吨、538 万吨，大豆消费量 8 947 万吨，畜产品净进口折玉米 405 万吨，合计 46 188 万吨。FAPRI 没有对大米及其他杂粮进行预测，假定 2020 年大米、薯类和其他豆类消费按目前消费水平估计，粮食消费量合计 7.26 亿吨。

美国农业部（USDA）预测[⑤]（2015），以 2013 年统计数据为基期，到 2020 年我国稻谷、小麦、玉米、大麦、高粱消费量分别为 21 644 万吨、12 942 万吨、26 501 万吨、661 万吨和 800 万吨，大豆消费量 10 552 万吨，畜产品（没有预测奶类）净进口折玉米 8.5 万吨，合计 73 915 万吨。USDA 对薯类和其他豆类没有预测，假定保持目前消费水平，则上述粮食产品 2020 年消费量总计 7.75 亿吨。

---

① OECD - FAO Agricultural Outlook 2015—2024。

② OECD/FAO 预测 2020 年中国大米消费量 14 168 万吨，按 70% 出米率计算。

③ OECD/FAO 预测 2020 年中国油籽消费量 13 815 万吨，大豆以外其他油料消费量按 2014 年表观消费量 4 053 万吨计算。

④ FAPRI - ISU 2012 World Agricultural Outlook。

⑤ 2015 International Long-Term Projections to 2024。

国家统计局网站发布的研究预测① (2015)，以 2013 年为基期，2020 年我国粮食需求总量将达到 7.34 亿吨，其中谷物消费 58 696 万吨。按用途分，口粮 26 952 万吨、饲料用粮 16 631 万吨、工业用粮 16 592 万吨。

《中国农业展望报告 2015—2024》预测② (2015)，2020 年我国稻谷、小麦、玉米和大豆需求分别为 20 460 万吨、12 952 万吨、24 300 万吨和 8 580 万吨，合计 66 292 万吨。报告没有对其他粮食进行预测，假定 2020 年其他粮食消费按目前消费水平估计，粮食消费量合计 7.25 亿吨。

中国农科院农经所预测③ (2015)，2020 年我国粮食总需求量为 7.41 亿吨。假定 2020 年我国人口总数 14.09 亿人，人均肉、奶、水产品、蛋类消费量分别增至 75.5 千克、40 千克、44 千克、21 千克，折合人均饲料粮 298 千克；2013 年我国人均口粮消费为 148.7 千克，按照能量替补属性，人均新增的动物食品消费还可节省 8.7 千克口粮，届时人均口粮消费量将降至 140 千克，人均口粮与饲料粮两项合计为 438 千克；工业用粮保持在当前 1 亿吨水平，预计 2020 年我国人均工业用粮约为 70 千克；种子用粮按近 10 年占国内粮食总产量比重的平均值 4.6％计算为 2 500 万吨。

综合比较各种预测的假设条件、使用参数、预测结果，假定 2020 年人口增长略低于《人口发展"十一五"和 2020 年规划》的预计，达到 14.2 亿～14.3 亿人；根据《中国居民膳食指南 2011》提出的热量、蛋白质等营养素摄入推荐量，参考相似发展阶段日本、中国台湾等地的食物结构和肉蛋奶水产品消费水平，结合当前我国人均主要产品消费增长趋势，假定到 2020 年我国人均口粮（稻谷和小麦）消费在 2012—2014 年基础上减少 10 千克，其他人均食用粮消费保持不变，人均肉奶水产品消费量比 2012—2014 年增加 5 千克左右，则 2020 年我国人均口粮消费为 185 千克，其他人均食用粮消费 31 千克，人均所需饲料粮 210～220 千克，人均食用粮和饲料粮需求为 426～436 千克。假定工业加工用粮食在 1.0 亿～1.1 亿吨，种子用粮保持目前 1 100 万吨，那么 2020 年我国粮食消费需求预

---

① 国家统计局重庆调查总队课题组：我国粮食供求及"十三五"时期趋势预测。http://www.stats.gov.cn/tjzs/tjsj/tjcb/dysj/201503/t20150313_693961.html。

② 农业部市场预警专家委员会，中国农业展望报告 2015—2034 [M]．北京：中国农业科学技术出版社，2015.

③ 王东阳．加强粮食产能建设 确保国家粮食安全 [N]．农民日报，2015-08-13.

计达到 7.2 亿～7.5 亿吨左右，其中食用消费 3.1 亿吨（口粮 2.6 亿吨），饲用消费 3.0 亿～3.2 亿吨。

（二）粮食适度进口必须基于对国内生产的科学定位

开放条件下，粮食生产不再是供给的唯一来源，粮食产能和产量目标没有必要单纯以需求总量来确定，需要从新的视角来考量，必须统筹考虑保障基本供给、确保农民就业增收、适应资源环境承载能力、满足气候生态多样性和合理农作制度需要 4 方面的因素，以实现可持续的粮食安全。

1. 确定国内粮食生产目标需要统筹考虑 4 方面因素

（1）粮食安全必须立足国内，最基本的粮食供给必须依靠国内生产来保障。中国是一个具有 13 亿人口的大国，且不论战争、粮食禁运等极端情况，就粮食需求刚性和供需的敏感性以及 2008 年粮食危机带来的启示而言，我国基本的粮食供给必须依靠国内生产。"人是铁，饭是钢"，粮食需求没有弹性。粮食供给即使出现一些细小的问题都有可能引起人们不必要的恐慌和过度反应，导致市场的剧烈波动从而影响社会稳定。2011 年日本海啸导致核污染，国内较大范围发生了抢盐风波。如果粮食发生紧缺，甚至只要出现紧缺的谣传，每户储上 3 个月或半年的口粮，对国内粮食市场将是灾难性的打击。2008 年世界粮食危机中，许多粮食出口国采取了出口限制甚至禁止政策；海地、布基纳法索、喀麦隆、埃及、印度尼西亚、科特迪瓦、毛里塔尼亚、莫桑比克和塞内加尔等国不同程度地出现了因粮价飙升、粮食供需趋紧引发的社会动荡，这些教训和启示是十分深刻的。

粮食安全不能等同于口粮安全。随着生活水平的提高和饮食结构的改变，畜产品、水产品等日益成为重要的食物必需品。前苏联解体的原因之一不是因为缺面包而是因为缺火腿奶酪。事实上，在确保 18 亿亩*耕地红线不突破的情况下，要实现口粮绝对安全是完全可以的。相对于饲料粮品种间的替代性，口粮品种间替代性相对较小。从粮食品种而言，口粮绝对安全也不能等同于口粮品种 100％地实现自给，关键是口粮需求总量必须 100％立足国内生产。假定口粮需求量全部由国内生产保障，其他食用粮和饲料粮需求量 80％由国内生产保障，工业用粮 50％由国内生产满足，加上种子用粮，国内粮食产量应保持在 6.0 亿～6.2 亿吨左右。假定其他食用粮和饲料粮需求量 75％由国内生产保障，国内粮食产量应保持在 5.8

---

* 1 亩＝667 平方米，下同。

亿～6.0亿吨左右。

(2)国内粮食生产不仅对粮食安全至关重要,而且对农民就业增收和保障极为重要。按照目前城镇化率,我国仍有6.2亿农村人口,其中很大一部分人的就业增收主要依靠农业。转移出去的2.7亿农民工大部分还没有市民化,2014年农民工参加养老保险、医疗保险、工伤保险、失业保险、生育保险、住房公积金的比率分别为16.7%、17.6%、26.2%、10.5%、7.8%、5.5%。大部分农民工最后的养老保障仍然需要依靠农业和"一亩三分地"(表1)。

表1 2014年农民工参加"五险一金"的比例

单位:%

	工伤保险	医疗保险	养老保险	失业保险	生育保险	住房公积金
合计	26.2	17.6	16.7	10.5	7.8	5.5
其中:外出农民工	29.7	18.2	16.4	9.8	7.1	5.6
本地农民工	21.1	16.8	17.2	11.5	8.7	5.3

数据来源:国家统计局,2014年全国农民工监测调查报告。
http://www.stats.gov.cn/tjsj/zxfb/201504/t20150429_797821.html。

在农林牧渔产值中,种植业产值占一半以上,畜牧业产值占30%左右;粮食产值又占种植业产值的1/3。随着畜牧业发展日益向资本化和集约型转变,畜牧业对农民增收就业作用不断减弱,粮食和种植业对农民就业收入的作用更为重要(表2)。

表2 2009—2013年我国农业产值结构

单位:亿元、%

项　目	2009年	2010年	2011年	2012年	2013年
农业总产值	60 361	69 320	81 304	89 453	96 995
种植业产值	30 777	36 941	41 989	46 941	51 497
占农业总产值比例	51.0	53.3	51.6	52.5	53.1
牧业产值	19 468	20 826	25 771	27 189	28 436
占农业总产值比例	32.3	30.0	31.7	30.4	29.3
粮食产值	10 745	12 513	14 354	15 566	16 529
占种植业产值比例	34.9	33.9	34.2	33.2	32.1
蔬菜产值	9 469	11 569	12 438	14 236	16 263
占种植业产值比例	30.8	31.3	29.6	30.3	31.6

数据来源:历年中国农村统计年鉴。

　　就种植业结构来看，粮食播种面积占农作物总播种面积的比重稳定在68%以上，谷物播种面积占农作物总播种面积的比重稳定在57%左右。近年来，棉花、油料、糖料生产受进口影响徘徊下滑，棉花播种面积占农作物播种面积的比重从 2010 年的 3.0% 降至 2014 年的 2.6%；油料播种面积占比从 8.6% 降至 8.5%；糖料播种面积占比徘徊在 1.2% 左右。蔬菜播种面积占农作物播种面积近 13%，目前城乡居民人均消费鲜菜稳定在100~110 千克，2014 年蔬菜出口占国内产量的 1.3%，无论从国内消费还是从对外出口看，需求增长有限（表3）。

表3　2010—2014 年农作物播种面积及构成

单位：万公顷、%

农作物总播种面积		2010 年	2011 年	2012 年	2013 年	2014 年
		16 068	16 228	16 342	16 463	16 545
粮　食	播种面积	10 988	11 057	11 121	11 196	11 272
	所占比重	68.4	68.1	68.1	68.0	68.1
棉油糖	播种面积	2 064	2 084	2 065	2 037	2 018
	所占比重	12.8	12.8	12.6	12.4	12.2
蔬　菜	播种面积	1 900	1 964	2 035	2 090	2 141
	所占比重	11.8	12.1	12.5	12.7	12.9

　　数据来源：国家统计局。

　　总体来看，粮食作物播种面积向其他作物调整的余地有限，其对农民就业增收的作用和地位难以替代。现阶段保持国内粮食产业稳定对农民就业增收保障十分重要。

　　（3）可持续的粮食生产不能超越资源环境的承载能力。我国人均耕地、淡水只有世界平均水平的 40% 和 25%。随着工业化、城镇化的发展，我国农业的进一步发展日益受到环境和资源的制约。这方面的挑战主要来自 3 个层面。首先是农业资源的有限性。未来用于农业的土地和水资源不仅不可能进一步增加，而且面临工业化和城镇化的竞争不断增强。其次是既有农业资源利用强度。现有的农业发展模式已对资源环境造成了巨大压力，制约了农业资源利用强度的进一步提高。三是工业等非农部门污染。工业化和城镇化造成的对农业资源特别是土地和水的污染直接影响到农产品产量和质量。由于许多工业污染毒性大、难以降解，其对农业生产的制约更具刚性和持续的特征。

新世纪以来，我国农业发展成就显著，粮食产量实现了"十一连增"，2015年有望实现"十二连增"，粮食产量连续8年稳定在5亿吨以上，连续2年超过6亿吨，人均粮食占有量连续多年超过世界平均水平。粮食产量增长为国民经济和社会持续稳定发展发挥了重要的基础和支撑作用，也为世界粮食安全做出了重大贡献。但农业发展也给资源环境造成了越来越大的压力。农业资源过度开发、耕地质量下降、农业投入品过量使用、地下水超采、农业生态系统退化以及农业内外源污染相互叠加等带来了许多问题。因此，在开放新常态和发展新阶段形势下，必须创新粮食和农业发展模式，变需求导向和追求数量增长发展模式为资源环境承载能力导向和追求内涵和质量的发展模式，加强环境问题治理和生态修复，调减不健康产能，走可持续发展道路。

假定开展耕地重金属污染治理、地表水过度开发与地下水超采区治理、新一轮退耕还林、湿地恢复与保护、农牧交错带已垦草原治理、东北黑土地保护等农业环境突出问题治理，需要将粮食播种面积调减0.8亿～1.2亿亩，由目前的16.9亿亩下调到2020年的15.7亿～16.1亿亩。

再假定未来几年我国农业支持政策的增量仍能维持目前的边际激励效应不递减，粮食作物品种结构基本保持不变，化肥农药使用实现零增长，主要粮食作物单产仍能延续或略低于2004年以来的增长趋势，那么到2020年我国粮食总产可达到6.0亿～6.2亿吨，基本保持或略低于目前的产量水平。这是个可持续的、比较容易实现的产量目标。

（4）从粮食生产布局和粮食品种结构优化来看，粮食生产发展必须符合气候生态多样性的实际、满足建立科学农作制度的需要。确保粮食安全不仅要重视主要口粮作物小麦和水稻，还必须重视玉米、大豆、薯类等粮食作物。要在充分考虑我国气候和生态多样性的基础上，立足区域资源禀赋，优化粮食作物区域布局，科学合理安排轮、间、套作制度，在最适宜的地区生产最适宜的产品，配套推广应用先进适用技术，强化优势粮食作物产业带建设。

2. 2020年合理、可行、可持续且必需的粮食产量

综合考虑上述诸因素，到2020年我国粮食产量应稳定在目前的水平，保持6.0亿～6.2亿吨的产量。这是一个比较合理、可行、可持续的，而且是必需的产量目标。这就是说"十三五"粮食生产应以"稳产和可持续"为发展目标，粮食产量基本稳定在当前6亿吨的水平。

（三）基于产需缺口之上的适度进口规模

1. 不同消费预测和产量估计方案下的进口规模

合理的进口规模取决于国内生产量与需求量之间存在的缺口。根据7.2亿~7.5亿吨的需求预测和6.0亿~6.2亿吨的可持续产量产能界定，到2020年，我国可持续粮食产能与需求之间的缺口在1.0亿~1.5亿吨左右。假定肉奶净进口折粮增加到2 000万吨，则粮食净进口量为0.8亿~1.3亿吨。

2. 不同进口规模下的粮食自给率水平

2020年我国粮食总体自给率为：①最高需求量7.5亿吨和最高产量6.2亿吨的高高组合方案，缺口1.3亿吨，自给率为82.7%；②最高需求量7.5亿吨和最低产量6.0亿吨的高低组合方案，缺口1.5亿吨，自给率80%；③最低需求量7.2亿吨和最高产量6.2亿吨的低高组合方案，缺口1亿吨，自给率86.1%；④最低需求量7.2亿吨和最低产量6.0亿吨的低低组合方案，缺口1.2亿吨，自给率83.3%（表4）。

表4　不同消费预测和产量估计方案的缺口

单位：亿吨、%

方案	需求量	产量	缺口	自给率
高高	7.5	6.2	1.3	82.7
高低	7.5	6.0	1.5	80.0
低高	7.2	6.2	1.0	86.1
低低	7.2	6.0	1.2	83.3

数据来源：根据测算整理。

3. 按播种面积当量计算的进口依存度

由于农产品之间在生产资源配置和消费上存在很强的替代性，播种面积当量法不失为衡量农业外向依存度有效的综合指标。2014年，我国粮食（含肉、奶折饲料粮）净进口折合耕地播种面积当量近7亿亩，占我国当前总播种面积的28%。根据经合组织与联合国粮农组织（OECD/FAO）、美国食品和农业政策研究会（FAPRI）以及美国农业部基于趋势的预测，到2020年我国粮食产需缺口将增加到相当于9亿亩耕地播种面积的产出，占我国当前总播种面积的36%。鉴于大豆的单产较低，进口大豆压榨后的豆粕主要用作饲料,与玉米等高产饲料作物有很强的替代性,如果50%的进口大豆由玉米替代,则粮食净进口折合播种面积2014年为5亿亩(占国内作物总播种面积的20%),2020年为6.5亿亩(占国内作物总播种面积的26%)。作为13亿人口的大国,应该说这样的进口规模和外向依存度是比较高的。

二、适度进口的关键是控制"非必需进口",而当前突出问题是进口过度

立足国内保基本,同时充分利用国际市场和资源,两者不是一个简单的数量关系,不可能沿用计划经济的思维模式和方法来处理和解决两者的关系。进出口是通过市场开放来实现的,是内外两个市场相互作用的过程。近年来,农产品进口过度问题突出,进口价格天花板效应增强,对国内粮食产业的影响不断加深。可以预见,"十三五"期间,粮食生产面临的因进口影响带来的生产动力不足问题,比资源约束引起的产能和潜力不足问题更具挑战性。保障进口适度适当,避免进口对国内产业造成过度挤压和打压,对保障国内粮食最基本供给能力至关重要。这方面最大的问题是我国农业基础竞争力先天不足,保护调控手段严重缺乏。

(一)当前粮食问题主要是进口过度问题

2014年我国粮食产量实现"十一连增"。2012—2014年,我国粮食产量分别为5.9亿吨、6.02亿吨和6.07亿吨,比上年同期分别增长3.2%、2.1%和0.8%;同期粮食进口量(含DDGs)则分别为8263万吨、9049万吨和10 586万吨,增长率分别为26%、10%和17%;粮食库存大量积压,达到"前所未有"的高水平。粮食生产、进口、库存三量齐增,粮食"卖难"问题再次出现。这是当前粮食产业面临的最突出的问题。

这一轮粮食库存积压和"卖粮难"与以往不同,发生在国内粮食产需依然存在缺口、国内产量没有超过需求总量的背景之下。可以说,当前的粮食问题本质上是进口过度问题,即大量超过正常产需缺口之上的"非必需进口"带来的问题。2012—2014年我国粮食产需缺口分别为7 200万吨、4 400万吨和4 100万吨,而同期"非必需进口"分别为1 100万吨、4 700万吨和6 500万吨。即使考虑估计的库存数据存在一定偏差,2014年进口的1.06亿吨粮食(包括DDGs)中,50%以上是超出产需缺口的"非必需进口"。这一问题呈现加剧的态势。供需缺口与产需缺口不同,考

虑可释放库存，2015 年粮食供需基本不存在缺口。但 1—9 月份我国粮食类产品进口 9 800 多万吨，如无特殊管控措施，预计全年进口 1.2 亿吨以上。

（二）"非必需进口"增加的直接原因是内外价差扩大，根本原因在于基础竞争力先天不足和保护调控手段后天缺乏

超过正常产需缺口之上的"非必需进口"主要是受内外价差扩大的驱动，根本的原因是我国粮食生产基础竞争力先天不足。内外价差扩大是我国农业进入新的发展阶段后，基础竞争力先天不足的必然表现形式。农业是高度依赖自然资源的产业，土地经营规模决定了农业的基础竞争力。我国农业户均规模只有 0.5 公顷，即使按联合国《世界城镇化展望》的预测，到 2050 年农村人口减少至 3 亿～4 亿人，我国的农业户均经营规模也只有 1 公顷。尽管通过适度规模经营、科技进步等措施提高农业竞争力仍有一定余地，但从整体看，我国农业基础竞争力先天不足，与主要出口国差距难以根本改变。近年来，随着劳动力、土地、环境保护、质量安全成本的显性化和不断提高，我国农业进入了成本快速上涨时期，大宗农产品生产成本必然与瑞士、日本和韩国的水平日趋接近，与美国、加拿大和澳大利亚等主要出口国的差距不断拉大，基于成本之上的国内粮食市场均衡价格与国际市场价格差距扩大的趋势不可逆转[①]。2006 年我国大米、小麦每 50 千克生产成本分别比美国低 35.6％、42.7％，玉米生产成本与美国基本持平；但到 2013 年我国稻谷、小麦、玉米、大豆生产总成本比美国高 38％、31％、91％、79％，其中人工成本高 7～20 倍，土地成本高 10％～96％（表 5、表 6）。

表 5　2008 年以来大宗农产品国内外价差情况

单位：元/吨

年份	大米	小麦	玉米	大豆	食糖
2008	−2 330.5	−1 843.4	−1 021.9	−48.1	366.0
2009	−928.6	−348.1	−185.0	−15.2	−879.4
2010	−249.0	−343.8	−144.9	156.2	−905.1
2011	−249.0	−449.5	−496.4	7.6	313.8

---

① 详见 2014 年《农业贸易研究》第 9 期《大宗农产品内外价差扩大问题与对策研究》。

（续）

年份	大米	小麦	玉米	大豆	食糖
2012	−181.4	−384.9	−351.1	83.2	733.0
2013	211.3	−130.6	−36.9	411.3	896.0
2014	1 246.8	174.9	425.3	947.2	275.3

注：价差＝国内价格－国际价格；国际市场价格为到岸税后价格，国内为批发价格。
数据来源：根据农业部网站《农产品供需形势分析月报》计算。

表6   2006年以来中美主要农产品生产成本对比情况

单位：元/50千克、%

项　目		2006	2007	2008	2009	2010	2011	2012	2013	2014	年均增长
稻谷	美国	90	82	89	86	91	95	88	87	86	−0.6
	中国	58	60	70	72	84	95	109	120	120	9.5
小麦	美国	96	88	86	90	71	89	79	91	96	0.0
	中国	55	59	62	73	82	92	106	119	111	9.2
玉米	美国	47	47	50	47	50	55	67	53	49	0.5
	中国	47	52	56	62	68	79	92	101	104	10.4
大豆	美国	88	104	101	96	101	109	116	124	112	3.1
	中国	100	129	122	143	142	163	193	222	228	10.9

数据来源：2007—2015年《全国农产品成本收益资料汇编》。

　　进口过度的另一个根本因素是保护调控手段后天缺乏。耕地和劳动力不能跨国自由流动，各国农业基础竞争力存在比工业更加难以克服的差距。合理的关税保护是克服基础竞争力差距最有效的措施，也是国际通用做法。即使美国这样的农业竞争力强国也在跨太平洋伙伴关系协定（TPP）谈判中为其食糖和乳制品保留了必要的关税水平。由于我国农业在入世中做出了巨大而广泛的承诺，取消了所有非关税措施，承诺的农产品关税水平很低，不足以弥补国内外农产品基础竞争力差距造成的价差，不足以起到"防火墙"的作用，这使得基于成本之上的国内粮食市场均衡价格不仅高于国际市场价格，而且也高于进口税后价格。开放条件下，对进口动力有实质性影响的是国内价格与进口税后价之间的差距。缺乏瑞士、日本和韩国等国所具有的高关税调控手段、国内价格高于进口税后价是造成"非必需进口"不断增加的重要政策因素。

当然，国际市场波动趋低是我国粮食内外价差问题加剧、进口过度的周期性因素。当国际市场价格处于谷底时，内外差价问题将更加突出。近几年来全球宏观经济复苏缓慢，石油价格下行，美国生物质能源发展放缓，粮食等大宗农产品消费需求相对稳定，加之连年丰收，供求关系宽松，价格进入下行周期。2014年全球谷物库存消费比高达25.2%，价格跌至2010年以来的最低点。国际市场波动的短期周期性因素与需求增长、价差扩大的中长期因素相叠加，进一步增强了粮食进口动力。

三、以顺价销售为基础的粮食价格 支持政策难以持续，国内粮食 产业健康发展面临挑战

关税和关税配额是目前我国调控进口最主要的手段。对于实施单一关税的农产品进口，管控手段仅限于征收有限的关税；对于实施关税配额管理的农产品，以配额内低关税进口有一定数量限制，以配额外关税税率的进口则完全放开，没有任何调控手段。进口税后价构成了国内价格的天花板，只要国内价格与进口税后价存在价差，进口就有动力，最终两个价格趋于一致。在替代性强的情况下，特定产品的国内价格最终必然与替代产品进口税后价格相当。价差驱动型进口及其具有的天花板效应，给国内粮食价格支持政策和粮食产业安全带来了越来越大的挑战。

（一）价格支持政策与市场经济和发挥市场决定性作用并不矛盾，指责其有违市场经济、有违"发挥市场在资源配置中的决定性作用"的观点是站不住脚的

最低保护价收购、临时收储这类价格支持政策是美欧西方国家普遍使用的政策，其运用有相当长的历史，现在仍在使用，尽管使用的范围、数量、力度呈不断下降的趋势，具体形式也在不断变化。价格支持政策是国内政策，目标指向国内产业和市场，其有效实施的前提是国内产业必须有足够的竞争力或必须有足够的调控手段来抵御和控制进出口的影响。此类政策之所以在我国实践中面临困境，原因在于我国缺乏与内外价差幅度相适应的关税政策来配套。事实上，粮食最低保护价和临时收储价政策设计的目的是为了在国内生产过剩、粮价过低的情况下，通过保护价和临时收

购拉高国内市场价格、保障种粮收益、避免谷贱伤农；在国内市场供需趋紧价格高涨时，通过顺价销售来稳定市场和价格。在国内价格低于国际市场价格、进口能够得到有效控制的条件下，这一政策对于确保国内生产、供给和市场稳定与发展是最有效的手段。在实践中，这些政策也确实在调动农民粮食生产积极性、稳定市场、保障粮食"十一"连增、支撑整个国民经济和社会稳定方面发挥了重要作用。

（二）最低保护价和临时收储价政策与价差扩大没有必然联系，内外价差扩大本质是成本问题

粮食最低保护价和临时收储价是根据国内"生产成本加合理利润"或"生产成本加基本收益"的原则确定的，实际上是考虑了适度进口因素后的国内市场均衡价格。成本上升必然推动价格上涨。2006—2014 年，我国水稻、小麦、玉米的生产成本年均增长率分别为 9.5%、9%、10.4%，同期这些产品的国内价格年均增长率分别为 7.2%、6.7%、7.4%。粮食价格涨幅低于成本涨幅，价格提高没能完全消化成本的上涨。粮食价格支持政策与内外价差扩大没有必然联系。有些专家把农产品价格上涨归因于最低保护价收购、临时收储等支持政策，这是没有道理的。国内生产成本上涨是刚性的，成本降不下来，价格下降会导致另一个问题，即种粮收益和国内生产的减少（表 7）。

表 7   2006—2014 年我国粮食成本与价格涨幅

单位:%

年均增长	稻谷	小麦	玉米	大豆
成本	9.5	9.0	10.4	10.8
价格	7.2	6.7	7.4	7.2

数据来源：2007—2015 年《全国农产品成本收益资料汇编》。

（三）在缺乏有效关税水平配套情况下，粮食最低保护价和临时收储价政策难以持续

进口关税决定了进口税后价格的水平，决定了"防火墙"和价格"天花板"的高低。日本之所以能够保持国内大米价格高于国际市场 8 倍的价差，是因为日本可以对其进口大米征收 800% 以上的关税，而且这一关税是从量税，不会因为进口价格下降而减少征税的额度。我国大米、小麦、玉米实行关税配额管理（表 8），这些产品相当于有两层天花板，配额内税后价为第一层，配额外税后价为第二层。由于承诺的配额内外关税有限，目前三大谷物国内价格都已顶破第一层天花板，玉米在特定时段已顶破第二层天花板，大米和小麦顶破第二层天花板将在"十三五"末成为常态。我国对大豆、大麦、高粱、木薯、DDGs实行单一关税，关税只有2%～5%。这些产品只有一层天花板，多数情况下国内成本价已顶破天花板。值得注意的是，天花板效应不仅来自同类产品，而且来自替代品进口。近年来，玉米因有关税配额管理制度以及转基因管理措施，进口得到一定控制，但大麦、高粱、干木薯、DDGs进口增长迅猛，同样对玉米价格具有打压和封顶作用。

表8　我国关税配额产品配额量及税率

单位：万吨、%

产品	配额量	配额内税率	配额外税率	国营贸易比例
小麦	963.6	1	65	90
玉米	720.0	1	65	60
大米	532.0	1	65	50
食糖	194.5	15	50	70
棉花	89.4	1	40	33

数据来源：《中华人民共和国进出口税则》。

　　任何一个国家不可能对全世界的产品进行保护价收购和收储。在政策性收储价格高于进口税后价，即高于天花板价格时，要保证收储粮食顺价销售，必然的结果是"边收储，边进口"，"洋货入市、国货入库"，库存积压日趋严重。过度进口和库存积压使得最低保护价收购和临时收储政策的执行成本巨大，这一成本不仅包括了收储价与市场价的差价费用，还包括库存费用、收储企业因缺乏经营动力而造成的效率损失费用、库存时间过长造成粮食损失费用。

（四）当前粮食最低保护价收购特别是临时收储政策面临两难选择

　　2008年全球粮食危机后，受粮食和农产品价格高涨激励，粮食和农产品生产能力提高到一个新的台阶。由于美国生物乙醇在汽油中的混合比例等相关政策没有大的变化，全球生物质能源发展趋于稳定，对玉米、油籽等原料农产品需求增长趋缓。基于上述两个因素，预计未来几年国际农产品市场供给充裕、价格保持目前的低位。从成本变化等长期性因素以及国际市场周期性因素分析，"十三五"期间农产品价差扩大将是常态。如果要保持目前收储价格水平，库存将进一步增加，财政负担和库存损失将进一步加重。国家粮食局指出："我国粮食库存达到新高，各类粮油仓储企业储存的粮食数量之大前所未有，储存在露天和简易存储设施中的国家政策性粮食数量之多也前所未有"。从财政和库存设施来讲，粮食库存的进一步大幅增加是难以承受的。

如果降低目前收储价格水平，将使种粮效益进一步降低，特别是如果收储价格降低到成本价之下，这将影响到粮食安全的基础——粮食产业安全和可持续发展。目前种粮收益已跌至1999—2003年连续5年粮食减产的低水平。2013年3种粮食平均每亩成本利润率仅为7.1%，接近1999年的6.9%。玉米临储价格的调低实属不得已而为之，对粮农收入和种粮积极性影响很大。有专家估算，因玉米调价以及由此引致的粮价下降导致农民收入减少1 000亿元，影响GDP 1个百分点。而美国彼得森国际经济研究所研究结果显示，TPP对我国GDP的影响也有320亿美元。玉米调价已对玉米种植，特别是基于土地流转的规模经营造成了较大影响。玉米调价以后，临储价与玉米配额内进口税后价和替代品进口税后价仍然存在差价，如果不能有效控制进口，其去库存作用有限（表9）。

表9 主要粮食每50千克成本收益情况

单位：元

项目		2010年	2011年	2012年	2013年	2014年
稻谷	平均出售价格	118.0	134.5	138.1	136.5	140.6
	总成本	84.0	95.2	108.7	120.3	119.8
	净利润	34.0	39.4	29.4	16.2	20.9
小麦	平均出售价格	99.0	104.0	108.3	117.8	120.6
	总成本	81.6	89.2	105.6	119.5	110.5
	净利润	17.4	14.8	2.7	−1.7	10.1
玉米	平均出售价格	93.6	106.1	111.1	108.8	111.9
	总成本	67.9	78.9	91.6	101.1	103.9
	净利润	25.7	27.2	19.6	7.7	8.0
大豆	平均出售价格	193.6	204.2	236.4	234.4	219.4
	总成本	142.4	163.4	193.4	222.4	228.2
	净利润	51.2	40.8	43.0	12.0	−8.8

数据来源：2007—2015年《全国农产品成本收益资料汇编》。

高于成本之上的合理的价格对于确保产业健康可持续发展至关重要。一个产业如果其产品没有合理的价格、生产者和经营者不能得到合理必要的收益，其健康发展是很难实现的，更谈不上确保质量和安全。单纯的、进一步下调价格将导致种粮积极性受损，粮食生产下滑，对当前减少库存、减轻财政负担有一定作用，但难以根本解决基于成本之上的国内市场均衡价格高于国际市场价格所带来的问题，特别是"非必需进口"增加问题。进口对粮食的影响依然存在，仅仅是作用途径发生了变化，由目前的进口挤占国产粮食市场，变为进口替代国内粮食生产。这将影响国内粮食安全的产业基础，影响国内粮食基本供给的保障能力。

四、国际市场存在不平衡性、不确定性和波动性，适度进口还必须确保进口可靠和稳定

（一）国际粮食市场的基本特点

国际粮食市场供需总体平衡但粮食危机风险始终存在，粮食供给增长潜力很大但粮食贸易量有限，粮食贸易准垄断特征显著，波动性和不确定性加剧。国际粮食市场具有以下7大特征[①]。

1. 国际农产品供需总体基本平衡，但区域性短缺和粮食不安全问题突出，粮食危机的风险始终存在

1961—2012年，全球谷物、油料和肉类等主要农产品产量保持上升趋势，高于同期人口增长速度，人均占有量稳步提高。但地区间不平衡、差异明显。发达国家粮食生产过剩，发展中国家供应不足，全球仍有8.42亿饥饿和营养不良人口。年度之间粮食供需平衡也不稳定，期间还发生了20世纪70年代初和90年代初以及2008年3次世界性粮食危机，粮食危机的威胁始终没有根除。既存的世界粮食和农产品分配与贸易体系，不能解决地区不平衡问题，不能解决世界粮食安全和主要农产品供给保障问题。

2. 相对有购买力的有效需求而言国际农产品市场供给充裕，曾在相当长时期内呈现供过于求的状况

尽管世界上存在大量贫困和营养不良人口，但由于其缺乏必要的购买

---

① 详见2014年《农业贸易研究》第二期，《国际农产品供需市场需要把握的六大特征》。

能力,其对农产品的需求不能转化为有效的市场需求,国际农产品市场在相当长时期内总体呈现供过于求的状况,剩余农产品处理和国际农产品市场价格过低一直是国际社会面临的一大难题。根据联合国贸发组织和联合国粮农组织统计数据,长期以来全球主要农产品实际价格水平呈下降趋势,直到近几年才因生物质能源发展开始波动走高。近 10 年,全球谷物库存水平始终保持在粮食安全警戒线以上。

3. 国际市场上粮食贸易额在生产总量中占比有限,粮食基本供给能力主要依靠国内生产来保障

全球谷物贸易占产量的比重比较低,2001—2012 年基本上保持在 12%～13.5%的水平。相对而言,大豆的贸易自由化程度较高,2012 年的贸易量占产量的比重为 37.2%。这说明,从世界范围看,粮食的供给主要依靠各国国内生产,世界粮食贸易仅对全球粮食供给的不足 15%起作用。

4. 与农业资源在全球分布不平衡相适应,国际农产品市场供给集中度很高,大宗农产品主要被少数跨国公司掌控,具有准垄断性

2011 年全球 80.9%的大米出口来自泰国、越南、印度、巴基斯坦和美国,58.7%的小麦出口来自美国、法国、澳大利亚和加拿大,65%的玉米和 85.8%的大豆出口来自美国、巴西、阿根廷。这使得主要出口国对国际市场拥有很强的掌控能力。全球粮食贸易具有准垄断特性,80%粮食贸易和其他大宗农产品贸易被 ADM、帮吉、嘉吉、路易达孚四大跨国粮商所垄断。

5. 受气候变化、生物质能源以及农产品资本化影响,国际农产品价格波动走高,呈现不确定性风险性加剧的态势

据灾害流行病学研究中心数据显示,2001—2010 年各国报告的自然灾害数量比前 10 年增加了 26%,其中极端天气增加 228%、洪涝灾害增加 71%,这大大增加了农业生产的不确定性。生物质能源发展大幅增加了对农产品的非传统需求,增强了农产品市场与能源市场的互动。而资本的大量进出农产品市场,进一步加剧了国际农产品价格波动。2008 下半年至 2012 年 6 月国际粮价已出现 3 次大起大落。波动幅度之大、周期之短,均历年罕见。

6. 用于世界农业发展的后备耕地和水资源仍有相当数量,国际农产品市场供给仍有增长潜力

目前,许多国家还在实施限产和休耕政策。根据 FAO 和国际应用系统分析研究所（IIASA）合作开发的全球农业生态区（GAEZ）数据库统计，全球有 35 亿公顷的潜在耕地，扣除各类保护区后尚有 20.6 亿公顷，是现有 16 亿公顷耕地面积的 1.3 倍。拥有潜在耕地面积最大的地区是南美洲，其次是非洲。潜在耕地面积最大的国家巴西有 3.34 亿公顷，其次是美国 2.13 亿公顷，俄罗斯、刚果（金）均超过 1 亿公顷。即使考虑环境保护、社会经济等制约因素，主要粮食出口国[①]可开发潜在耕地面积达 4.7 亿公顷，潜在粮食产量 27.3 亿吨[②]。

从实际看，只要有有效需求，供给潜力可以成为现实生产能力。2001—2014 年，中国大豆进口量增长了 5 746 万吨，中国之外的其他国家进口量仅增长 1 269 万吨，同期世界大豆贸易量由 5 354 万吨增长到 12 369万吨，增长了 7 015 万吨，世界大豆贸易量的增长主要是对中国进口需求增长做出的反应（表 10）。

表 10　部分年份中国大豆进口量与全球大豆贸易量

单位：万吨

	2001	2005	2010	2011	2012	2013	2014	2014 年比 2001 年增加
全球	5 354	6 529	9 083	9 417	9 933	11 416	12 369	7 015
中国	1 394	2 659	5 479	5 263	5 838	6 340	7 140	5 746
其他国家	3 960	3 870	3 604	4 154	4 095	5 076	5 229	1 269

数据来源：FAO 数据库。

7. 未来全球粮食需求增长巨大，保障世界粮食安全任重道远

到 2050 年，世界人口将从 2010 年的 69 亿增至 91 亿，增长 34%，届时全球 70% 的人口将住在城市。FAO《2050 年如何养好世界》报告分析，城镇化势必带来生活方式和消费结构的变化，谷物直接消费下降，而果蔬、肉类、乳制品和鱼类消费将增加，最终导致粮食需求的增长。该报告预测，到 2050 年世界人均能量日消耗将达到 3 050 千卡[③]，比 2003—2005 年能量消耗水平增长 10%。届时要实现世界粮食安全，未来几十年世界粮食总产量必须增长 70%，其中发展中国家粮食产量则必须增长 100%。

① 主要粮食出口国为巴西、俄罗斯、澳大利亚、阿根廷、加拿大、巴拉圭、乌克兰、法国、美国、南非、泰国、哈萨克斯坦和越南。
② 周曙东．世界主要出口国的粮食生产潜力分析 [J]．农业经济问题，2015（6）．
③ 1 千卡＝4.18 千焦。

据专家预测，未来几十年发展中国家的粮食进口需求可能会大幅增加，谷物进口量预计由 2008—2009 年的 1.35 亿吨增至 2050 年的 3 亿吨。

（二）利用国际粮食市场的基本原则

国际市场供给增长有很大潜力，对中国的需求增长能够做出有效反应。但是国际市场也存在很大风险。有短期、局部短缺和发生粮食危机的风险，有价格波动加剧的风险，有跨国公司垄断的风险，还有主要出口国掌控能力增强带来的风险。国际农产品市场和供需特点决定了我们既要充分利用，又要防止过度依赖，还要防范风险。在进口达到相当规模的情况下，如何提高对进口的掌控能力、保障必要进口有充足的来源和渠道、保障进口的稳定极其重要。

目前我国粮食进口市场集中度高，对进口的把控能力弱。2012—2014年，我国 95% 的大豆进口来自美国、巴西、阿根廷，90% 以上的玉米进口来自美国，70% 以上的大麦进口来自澳大利亚。要确保进口适度可靠，必须务实推进粮食进口市场多元化和农业走出去。

表 11　2012 年以来我国粮食进口来源国所占比重

单位：%

产品	主要进口来源国	2012 年	2013 年	2014 年
大豆	美国、巴西、阿根廷	95.5	94.9	95.3
玉米	美国	98.2	90.9	39.5
大麦	澳大利亚	82.2	75.3	71.6
高粱	美国、澳大利亚	100.0	100.0	100.0

数据来源：中国海关统计。

五、确保适度进口实现粮安新战略的政策建议

（一）适应开放新常态，调整粮食总量平衡思路，变保障产需二元平衡为确保生产、需求、进口三元平衡的思路，着力稳定国内生产，确保进口适度、适当、可靠

我国农产品市场已高度开放，农产品贸易达到了相当规模，进口不再是限于品种调剂和余缺调节，而是供给的重要来源。这是"十三五"我国粮食安全和农业发展面临的新常态。过去讲"总量平衡、丰年有余"、"农产品供需处于紧平衡"都是从二元平衡的角度来说的。开放条件下，实现

粮食总量平衡要有新视野新角度、要有新思维新思路。除了保证必要的库存水平外，确保粮食安全必须系统考虑需求、生产、进口以及进口与国内生产的相互影响，确保进口适度适当可靠，确保国内农业产业安全。必须创新粮食和农业发展模式，变需求导向和追求数量增长发展模式为资源环境承载能力导向和追求内涵和质量的发展模式。

（1）要在统筹考虑保障基本供给、确保农民就业增收、适应资源环境承载能力、满足气候生态多样性和合理农作制度需要5方面因素的基础上，确定粮食生产目标，把粮食稳产作为"十三五"农业发展重要任务。

（2）要按照"口粮绝对安全、谷物基本自给"的要求，根据不同粮食产品的需求结构、特点和相互间的替代性，以及在粮食安全中的地位，确定切实可行的阶段性自给率目标和合理的结构，明确必须保有的基本播种面积、基本产量目标。假定口粮需求量全部由国内生产保障，其他食用粮和饲料粮需求量80%由国内生产保障，工业用量50%由国内生产满足，加上种子用粮，2020年国内粮食产量应稳定在6亿吨以上。

（3）要在明确目标的基础上，充分考虑自然地理条件的制约以及间套作与可持续发展的需要，优化粮食生产力布局，加强粮食优势产业带区域规划。要切实加强粮食支持力度，加快优势产业带建设，确保粮食基本播种面积和基本供给能力。要坚持省长"米袋子"责任制度，分解任务，发挥地方积极性。

（4）要充分考虑粮食产品间具有的替代性，在科学测定产需缺口的基础上，确定粮食进口预警阈值，要保证有有效的手段把握进口时机和节奏，确保进口规模适度适当、进口渠道可靠稳定，防止进口给国内产业带来冲击、削弱国内粮食基本供给能力。

（5）必须建立和完善与开放新常态和新粮食总量平衡思路相适应的行政管理体制或机制，切实保障粮食进口与国内生产、农民就业增收相协调，既要保障粮食安全，更要保障粮食安全的基础——粮食产业安全。

（二）以降低成本、增强竞争力、稳定种粮收益为目标，构建开放型粮食支持政策体系，确保国内粮食产业健康稳定发展

加强对农业的支持和保护与发挥市场在资源配置中的决定性作用并不矛盾。不应要求农民在土地使用上按用途管理政策办，而在农产品价格和收益上完全让市场来决定，要在更深意义上认识国家对粮食和农业的支持性质。在缺乏欧盟、日本、韩国那样的高关税保护的情况下，加强我国财政支农力度具有更为重要的意义。受进口价格天花板效应作用影响，以提高和稳定价格、保障种粮合理收益为特征的粮食支持政策几无继续有效实行的空间。必须适应农业开放和国际竞争挑战新常态，围绕降低粮食生产成本或弥补成本过高、增强产品市场竞争力、稳定种粮收益，构建开放型粮食支持政策体系。

1. 要及时调整以顺价销售为基础的最低保护价收购和临时收储政策

实行中央储备政策与最低保护价收购和临时收储政策功能及执行实体的分离；在继续开展目标价政策试点的同时，探索采取"稳定一头、放开一端"的思路调整最低保护价收购和临时收储政策。即：在适当完善的基础上继续对三大主粮进行最低保护价和临储价收购，放开收储企业收储粮销售，引入竞争机制适度扩大收储企业范围，在确定科学的计算方法基础上财政对收储企业进行价差补贴或市场价格损失保险补贴。这一改革思路的优点在于能保证种粮收益、增强国产粮食市场竞争力、提升企业经营效率，将原来最终由财政负担的收储价与市场价差价费用、库存费用、收储企业因缺乏经营动力而造成的效率损失费用、库存时间过长造成粮食损失费用4项费用减少到差价支付1项费用。

2. 要建立增加财政支农的长效机制，坚定不移加大对粮食生产的扶持力度

我国黄箱支持承诺主要对特定产品的价格支持政策特别是临时收储政策造成了约束。我国财政支农政策具有足够的空间，关键是我们能拿出多大财力来加强对农业的支持。要在明确基本播种面积、基本产量目标，进行科学布局的基础上，重点加大对重点粮食产区的支持力度，确保粮食最基本的供给能力。要充分考虑普通农户和家庭经营在粮食安全和供给保障方面的作用，点面结合，分类加强支持，确保农业全面发展并与工业化城镇化进程相协调。在面临国外大规模生产且获得高额补贴的大农场竞争下，农业支持保护水平要足以弥补农业基础竞争力存在的差距。

3. 强化制度安排，明确金融保险部门支持粮食生产的责任，切实加强金融保险对粮食产业的支持

农村金融保险服务滞后最根本的原因是，提供农村金融保险服务的比较收益低，正如种粮务农比较效益低一样。应通过立法等制度性安排，明确金融机构在粮食安全方面的法定义务，着力解决当前农村金融信贷服务发展滞后的问题。可借鉴储备金制度，规定任何从事放贷业务的金融机构都必须有一定比例的贷款直接或通过小额信贷机构、农村信用合作社投向粮食生产。

（三）坚持"两反一保"条例立法宗旨，建立完善粮食进口预警和保障措施启动触发机制，把适度进口的要求和数量控制落到实处

在进口剧增、产业受到损害和威胁时，采取贸易救济措施是 WTO 规则赋予的权利，是我国"两反一保"条例规定的法定手段，核心就是通过征收额外关税确保进口产品价格不低于国内成本价，防止进口过度，确保国内产业具有合理的利润空间和健康发展的基础。我国承诺的约束关税低，贸易救济措施将成为应对价差扩大、保障粮食进口适度和产业安全最为有效的手段。

针对当前启动贸易救济措施、特别是启动一般保障措施缺乏裁定所需的客观定量标准，而且容易引起受影响国家的误解和外交争议，应借鉴 WTO 农业特保措施设置的以进口增幅和进口价格跌幅为基础的自动触发机制，建立我国粮食进口预警和一般保障机制和刚性启动机制。明确粮食基础进口数量，明确不同预警等级和启动保障措施的进口增幅触发标准。对不是在短缺情况下发生的进口过度和增长过快进行预警和采取救济措施。保障机制启动标准触发后，根据"两反一保"条例规定程序和要求实质启动。启动前进行预警。由于粮食产品间具有很强的替代性，应建立基于粮食进口总量增加幅度和三大主粮各自进口量增加幅度之上的刚性触发机制。总量增幅达到触发水平后，所有界定的粮食品种进口均需征收附加关税或进行限制；即使总量增幅没达到触发水平，三大主粮任何一个品种进口达到触发水平，该品种进口需征收附加关税或进行限制。这一机制应以公开、透明、明确且符合 WTO 规则和我国"两反一保"条例规定的方式实施。

（四）保持定力、把握主动，切实从产业发展现实和长远需要出发，确保多双边贸易谈判取得平衡互利对等的结果，确保粮食产品有限关税和国内支持空间不作减让

首先，加入世贸组织后中国已深度融入全球经济，不可能再被孤立。WTO 自其前身关贸总协定成立以来达成的协定涉及广泛，包括的货物投资服务市场准入、竞争规则和标准、利益保障和争端解决各个方面。这些协定、规则、争端解决机制以及各成员所作的承诺是贸易自由化和经济全球化健康规范发展的基础。当前的多双边贸易谈判包括 TPP 谈判，都是

WTO 附加（WTO⁺），是在现有基础上相互给予新的优惠和进行利益交换。它们不否定也不可能替代 WTO 在管理世界贸易中的基础和核心作用。例如 TPP 的达成不改变 TPP 成员在 WTO 和其他相关自贸协定（FTA）中的承诺，不改变 TPP 成员遵循 WTO 协定和规则的义务。TPP 成员间的特惠，其他成员无权享受，TPP 达成的要求和标准也不能强加其他成员。TPP 的体量大主要是美国和日本的经济、贸易体量大，美日因体量大具有的影响力没有 TPP 也客观存在。

其次，中国对外开放进入了新的发展阶段，发生了新的变化。由初期的单纯强调开放转向注重开放的内涵；由自主性的可纠错的开放转向基于多双协定之上的约束性的开放；由消除自身障碍、适应既有规则为主转向促进对等开放、争取有利外部环境和规则为主。

因此，必须按照十八大"完善互利共赢、多元平衡、安全高效的开放型经济体系"的要求，按照五中全会"奉行互利共赢的开放战略"、"推进双向开放"的精神，从国内产业发展的现实和长远需要出发，保持定力，把握开放的主动权和主导权，切实利用好我国市场巨大的这一优势和重要筹码，推进互利共赢、对等相向开放，确保多双边贸易谈判取得平衡、符合各自产业实际的结果。

鉴于我国承诺的粮食产品关税和国内支持空间十分有限，保障"适度进口"所需调控手段不足的问题非常突出，必须在贸易谈判中确保粮食关税不减让、配额不扩大、国内支持空间不减损；同时要为我国优势农产品出口和农业对外投资、农业走出去争取更加有利的市场准入条件，以有利于夯实粮食安全的基础。

（五）加强支持力度，结合一带一路战略，推进农业走出去和市场多元化战略的实施

要着力更加有效利用国际市场和资源，努力构建持续、稳定、高效的资源型农产品进口供应链。要积极推进战略性农业国际合作，结合一带一路战略，务实稳步推动农业走出去，拓展贸易渠道，提升贸易水平，推进进口市场多元化。要进一步明确农业走出去在粮食安全中的定位，把农业走出去作为在适度进口范围内提高进口调控能力的举措，着力提升走出去企业与主要出口商的竞争力。要把推进走出去与推进市场多元化有机结合，提高走出去目标国家和区域粮食生产和进出口贸易能力，促进建立多元稳定可靠的粮食进口渠道。要利用我国的技术优势，积极推进在东南亚地区建立杂交水稻生产基地，大力推广杂交水稻种植，提升东南亚地区水稻生产能力。

（六）"三管齐下"减少库存，同时保护好粮食生产积极性

一是以具有市场竞争力的价格，加快库存粮食特别是储存时间较长的粮食的拍卖，将库存减少到可接受的水平。二是针对当前粮食进口增长过快的情况，采取贸易救济措施，控制进口增长，为建立长效机制积累经验。三是在进行充分合理补偿、保证粮农收益和种粮积极性的前提下，结合环境突出问题治理和安排短期休耕，明确和调整年度粮食生产目标。

（课题组主持人：倪洪兴、于孔燕；成员：吕向东、刘武兵、马建蕾、张永霞、李伟伟、李亮科）

农业可持续发展背景下
我国农产品供需与进口动态平衡研究

本研究以十八届三中全会和中央农村工作会议精神为指导，深入研究了可持续发展背景下制约国内主要农产品生产和供给能力增长的因素，全面梳理了不同假设条件下国内主要农产品未来需求、产能、产需缺口的预测，对世界主要农产品市场供需现状、特点和潜力进行了综合研判，对我国重要农产品进口贸易现状、作用、影响以及面临的挑战进行了客观全面的分析，提出了开放条件下实现国内生产、进口、需求动态平衡和良性互动的基本思路与政策建议。

一、可持续发展背景下我国主要农产品供需趋势

（一）可持续发展背景下，农业生产和国内农产品供给增长受到的资源环境制约将进一步增强

中国是人口大国，人均农业资源短缺，农业发展日益受到环境和资源的制约。首先是农业资源有限性的制约。未来用于农业的土地和水资源不仅不可能进一步增加，而且面临工业化和城镇化的竞争不断增强。其次是既有农业资源利用强度的制约。现有的农业发展模式已对资源环境造成了巨大压力，制约了农业资源利用强度的进一步提高。三是工业等非农部门污染造成的制约。工业化和城镇化造成的对农业资源特别是土地和水的污染直接影响到农产品产量和质量。由于许多工业污染毒性大、难以降解，其对农业生产的制约更具刚性和持续的特征。四是可持续发展需要对当前发展带来的制约。农业可持续发展模式下，发展方式的转变、农业资源的休养修复以及对农业环境投入的增加，将进一步增加生产成本、制约国内农产品供给能力的增长。

（二）由人口增长、城镇化、膳食结构升级等因素决定，未来10年我国主要农产品需求仍将呈刚性增长

从国际比较看，我国农产品消费需求增长有潜力。改革开放以来我国

农产品消费需求持续快速增长，人均主要农产品消费水平大幅提高，许多产品消费水平已达到或超过世界平均水平，但与发达国家相比仍存在较大差距。目前我国人均食用油消费量已达到世界平均水平，但仍不到欧美消费水平的一半。人均食糖消费低于世界平均水平，也较大幅度低于日韩，更远远低于欧美。人均肉类消费已经超过世界平均，也超了日本，但远低于欧美；肉类产品与水产品人均消费量合计仍低于日本。乳制品消费方面，我国人均消费水平仅为世界平均的1/3，远不及欧美等传统乳制品消费大国。

从现实发展看，人口增长、膳食结构升级、精深加工业发展，将有力推动农产品消费需求的增长。我国每年新增人口650万人，这将增加粮食消费300万吨、肉类40万吨。目前，城镇和农村居民食品消费结构仍存在较大差异。随着我国经济发展和工业化、城镇化推进，城乡居民收入增长、农村劳动力转移以及转移人口市民化将有力地推动我国食物消费结构升级，拉动油脂、肉、蛋、奶等食品消费的继续增长。同时，农产品精深加工产业的发展以及非食用加工产品需求的增长将进一步拓展农产品用途，增加对农产品新的需求。因此，未来10年我国主要农产品需求仍将呈现刚性增长。

（三）在资源环境刚性制约和消费需求刚性增长的共同作用下，未来我国农产品产需缺口将呈不断扩大趋势

由于资源环境约束日益增强，通过国内生产增加农产品有效供给的潜力有限，而消费需求在人口增加、城镇化、膳食结构升级等因素推动下将呈现刚性增长。产需双方诸因素和特征决定了未来我国农产品产需缺口将呈不断扩大的趋势。鉴于生产能力向实际生产量的转化受多种因素影响、农业资源的使用在不同产品之间具有较强的替代性、产品的消费需求相互间也具有替代性，要准确预测未来农产品产需缺口特别是具体产品的产需缺口是十分困难的。机构不同、假设条件不同，选择的需求弹性不同，预测的结果就不同，特别是对具体产品的预测存在很大差异。

综合分析国际机构和国内有关部门的研究预测，未来我国主要农产品产需缺口折合的耕地播种面积呈增加趋势，不同预测的总体结果大致相同。基于当前生产和需求增长趋势，到2020年我国主要农产品产需缺口相当于10亿亩左右耕地播种面积的产出；如果考虑到环境可持续发展以及农业环境突出问题治理项目实施的需要，到2020年我国主要农产品产需缺口将增加到相当于11亿亩耕地播种面积的产出。届时，按耕地播种面积当量计算,我国主要农产品进口量占国内产量的比例将由目前的 36%增加到45%①,主要农产品自给率将由目前的74%下降到69%。就 粮食生产和产能而言,即使考虑可持续发展的需要,只要政策适当,我国 完全可以实现谷物基本自给、口粮绝对安全。

1. 国际机构的预测结果

经合组织与联合国粮农组织(OECD/FAO)、美国食品和农业政策研 究会(FAPRI)对2020年我国主要农产品产需缺口进行了预测。两家机 构预测的趋势大体相同:到2020年口粮能基本自给,粗粮缺口将有所增 加。油籽、植物油缺口将进一步扩大,但进口年均增速较目前有所放缓。 不同点在于:OECD/FAO预测的谷物缺口较大,而FAPRI预测将进口 更多的肉类。二者预测的主要农产品产需缺口折合需要的耕地播种面积大 体相当,在10亿亩左右。

2013年OECD/FAO预测,到2020年我国小麦、粗粮(主要是玉 米)、大米缺口分别为233万吨、1 114万吨和130万吨;油籽(包括大 豆)、饼粕和植物油缺口分别为7 774万吨、468万吨和1 079万吨;食 糖、棉花缺口分别为286万吨和196万吨;肉类和乳制品缺口相对较少, 其中猪肉32.3万吨、牛肉7.8万吨、羊肉4.6万吨、奶粉66.4万吨。这 些产品产需缺口相当于10.2亿亩耕地播种面积的产出。

2012年美国食品和农业政策研究所(FAPRI)预测,到2020年我国 小麦、玉米缺口分别为178万吨、326万吨;大豆和豆油缺口分别为7 659 万吨和150万吨;油菜籽、菜籽粕和菜籽油缺口分别为127万吨、150万 吨和106万吨;棕榈油缺口为894万吨;食糖缺口为206万吨;牛肉、猪 肉、禽肉缺口分别为4.9万吨、83.2万吨和20.9万吨。FAPRI的预测中 没有大米、棉花和奶粉的预测数据,如果假设这些产品2020年缺口基本 保持目前的净进口水平,其预测的我国主要农产品缺口也相当于10亿亩 左右耕地播种面积的产出。

2. 国内有关部门及研究机构的预测结果

农业部发展计划司"根据食物营养标准及人口总量"、"根据近5年粮

---

① 按2012年的国内农作物播种面积24.51亿亩计算,尽管第二次全国土地调查结果显示 耕地面积比原来掌握数据增加2亿亩,播种面积数据有可能相应增加,但考虑到计算出的单产 将随之下降,对按播种面积当量计算的主要农产品进口量占国内生产量的比例影响有限。

食食用消费增长和未来饲料用粮需求趋势"以及"根据分品种需求增长趋势"3 种不同测算方法对 2020 年我国粮食需求进行了预测。预计 2020 年我国粮食需求总量在 7.2 亿吨左右，比 2011 年的 5.7 亿吨增加 1.5 亿吨，年均增加近 1 650 万吨。其中，水稻、小麦和玉米三大谷物消费总量约 5.95 亿吨，大豆 9 000 万吨，杂粮 3 500 万吨。三大谷物中水稻需求为 2.065 亿吨、小麦需求为 1.28 亿吨、玉米需求为 2.605 亿吨。同时，基于对中国科学院、中国农业大学、中国粮油食品（集团）有限公司等预测结果的综合分析，预计 2020 年棉花、油料（不含大豆）、食糖消费均呈增加态势，消费总量将分别达到 1 000 万吨、3 860 万吨、1 700 万吨。

假设未来几年我国农业支持进一步增加并能维持目前的边际激励效应不递减，粮食外的其他作物面积基本维持不变，主要粮食作物单产仍能延续、总产将仍然维持 2004 年以来的增长趋势，预计到 2020 年国内粮食产量可达到 6.5 亿吨左右，这是当前技术进步水平下国内粮食的极限产能。在这样的情景下，三大谷物将继续保持基本自给、水稻小麦略有盈余。预计三大谷物产量 5.96 亿吨，与需求量 5.95 亿吨持平。其中水稻产量 2.155 亿吨；小麦 1.38 亿吨，略高于预计需求量；玉米 2.425 亿吨，产需缺口 1 800 万吨。预计大豆产量 1 400 万吨，缺口 7 600 万吨。

如果棉油糖保持当前播种面积和单产增长趋势，预计棉油糖需求缺口稳中有升。棉花、油籽、食糖预计产量分别为 650 万吨、3 560 万吨、1 300 万吨，产需缺口分别为 350 万吨、300 万吨、400 万吨。猪牛羊肉可保持基本自给。预计猪肉产量 5 646 万吨，需求量 5 660 万吨，接近全部自给；牛肉、羊肉产量分别为 786 万吨和 518 万吨，需求量分别为 796 万吨和 502 万吨，均能保持基本自给；奶粉产量 222 万吨，产需缺口 70 万吨。如果考虑植物油存在的缺口约 1 130 万吨，国内机构预测的主要农产品产需缺口也相当于近 10 亿亩耕地播种面积的产出（表 1、表 2）。

表 1　有关机构对 2020 年我国主要农产品供需及缺口的预测

单位：万吨

产品	FAO/OECD			FAPRI			国内机构		
	产量	消费	余缺	产量	消费	余缺	产量	消费	余缺
小 麦	12 608	12 841	−233	12 705	12 845	−178	13 800*	12 800	1 000
玉 米	24 700	25 814	−1 114	23 260	23 454	−326	24 250*	26 050	−1 800
稻 谷							15 085*	14 455	630

（续）

产品	FAO/OECD			FAPRI			国内机构		
	产量	消费	余缺	产量	消费	余缺	产量	消费	余缺
大　米	13 934	14 065	−130						
油　籽	4 694	12 468	−7 774						
大　豆				1 290	8 947	−7 659	1 400	8 850	−7 450
除大豆外的油籽							3 560	3 860	−300
油菜籽				1 387	1 513	−127			
植物油	2 489	3 561	−1 079						
大豆油				1 450	1 600	−150			
菜籽油				517	623	−106			
棕榈油				0	894	−894			
饼　粕	7 808	8 276	−468						
豆　粕				6 107	5 993	114			
菜籽粕				916	1 066	−150			
棉　花	604	800	−196				650	1 000	−350
食　糖	1 582	1 867	−286	1 757	1 960	−206	1 400	1 800	−400
牛　肉	732	739	−8	650	655	−5	786	796	−10
羊　肉	426	431	−5				518	502	16
猪　肉	5 898	5 930	−32	6 409	6 492	−83	5 646	5 660	−14
禽　肉	2 069	2 069	0	1 588	1 609	−21			

注：假定粮食外其他农作物面积基本不变情况下的极限产能。

表2　主要农产品供需缺口耕地播种面积当量折算

单位：千克/公顷、万吨、万亩

产品	单产①	2013年		FAO/OECD		FAPRI		国内机构	
		缺口②	折面积	缺口	折面积	缺口	折面积	缺口	折面积
谷物									
小麦	4 858	−526	−1 623	−233	−720	−178	−551	1 000	3 088
稻谷	6 672	−256	−575	−186	−419	−189*	−424	900	2 023
玉米	5 690	−319	−840	−1 114	−2 936	−326	−860	−1 800	−4 745
大麦	3 307	−233	−1 059			−289	−1 309	−221	−1 002

（续）

产品	单产①	2013年		FAO/OECD		FAPRI		国内机构	
		缺口②	折面积	缺口	折面积	缺口	折面积	缺口	折面积
小计			−4 098		−4 076		−3 144		−636
油籽	1 809			−7 774	−64 455				
大豆	1 809	−6 320	−52 396			−7 659	−63 502	−7 450	−61 769
除大豆外的油籽	2 393	−380	−2 382			−127	−793	−300	−1 880
小计			−54 778		−64 455		−64 295		−63 649
植物油③	1 809			−1 079	−26 838			−1 130	−28 107
棕榈油④	1 809	−598	−14 869			−894	−22 237		
菜 油	1 829	−152	−2 268			−106	−1 581		
豆 油	1 809	−107	−2 656			−150	−3 731		
小计			−19 792		−26 838		−27 548		−28 107
饼粕⑤	1 809	−353	−1 463	−468	−1 940	−298	−1 234	−276*	−1 143
棉花	1 332	−449	−5 062	−196	−2 203	−448*	−5 041	−350	−3 942
食糖⑥	66 928	−450	−807	−286	−513	−206	−369	−400	−717
畜产品									
牛肉	5 690	−29	−608	−8	−165	−5	−103	−10	−211
羊肉	5 690	−26	−337	−5	−60	−15*	−197	16	
猪肉	5 690	−51	−806	−32	−511	−83	−1 316	−14	−221
禽肉	5 690	−9	−47	0	−1	−21	−110	−2*	−11
奶粉	5 690	−86	−1 805	−66	−1 400	−62*	−1 310	−70	−1 476
小计			−3 604		−2 137		−3 036		−1 919
合计			−89 603		−102 162		−104 667		−100 114

注：①单产为 2010—2012 年国内平均单产，畜产品为玉米单产。

②缺口预测中没有数据的用 2011—2013 年实际净进口平均值替代（用 * 标记）。

③植物油视同豆油，按照 20% 出油率折合大豆后折算耕地播种面积，再乘以 60%。

④棕榈油视同豆油，按照 20% 出油率折合大豆后折算耕地播种面积，再乘以 60%。

⑤饼粕（含玉米酒糟 DDGs）视同豆粕，按照 80% 出粕率折合大豆后折算耕地播种面积，再乘以 40%。

⑥食糖按照 1∶8 的比例折算成甘蔗后计算耕地播种面积。

⑦牛肉、羊肉、猪肉、禽肉分别按照 1∶8、1∶5、1∶6、1∶2 的比例折算玉米后计算耕地播种面积；奶粉按 1∶8 的比例折合成牛奶后再按 1∶1 的比例折合成玉米，再折算耕地播种面积。

3. 农业可持续发展背景下主要农产品产需预测

实现农业可持续发展,必须更多地采用资源节约型、环境友好型技术,减少农业生产对环境资源生态的不利影响,同时必须对目前生态环境污染等问题突出的土地等农业资源实行休养修复。前者只要增加必要的投入,可以在不影响产能的情况下实现,后者将调减目前用于农业的资源,将对产能产生影响。

针对农业环境突出问题,需要开展的治理项目主要包括:耕地重金属污染治理、地表水过度开发与地下水超采区治理、新一轮退耕还林、湿地恢复与保护、农牧交错带已垦草原治理、东北黑土地保护以及农业面源污染综合治理等项目。假定实施适度的农业资源环境休养修复计划,需调减耕地 1.3 亿亩,主要对水稻、小麦和玉米生产造成影响。水稻产量主要受耕地重金属污染治理项目和湿地恢复与保护项目影响,减产 598 万吨。小麦产量主要受地下水超采区治理项目影响,减产约 148 万吨。玉米产量主要受地表水过度开发治理、新一轮退耕还林、农牧交错带已垦草原治理、东北黑土地保护这 4 类项目影响,减产 3 406 万吨。

产量调减后,水稻、小麦仍能保持自给,玉米缺口将扩大到 5 200 万吨。水稻、小麦、玉米调减产量相当于 1.08 亿亩播种面积的产出。因此,在实施资源环境突出问题治理项目的背景下,按播种面积当量计算,2020 年我国主要农产品产需缺口将增加到相当于 11 亿亩耕地播种面积的产出。

二、国际农产品市场和供需现状、趋势与特点

准确把握国际农产品市场和供需现状、趋势及特点,对于更好地统筹利用两个市场两种资源,更加充分、有效、安全地利用好国际市场和资源,确保国内农业可持续发展至关重要。纵观 50 年来世界农产品供需和市场变化的历史,总的来看国际农产品供需和市场具有以下 6 个显著的特征和趋势。

(一)国际农产品供需总体基本平衡,但区域性短缺和粮食不安全问题突出,粮食危机的风险始终存在

1961—2012 年,全球谷物、油料和肉类等主要农产品产量保持上升趋势,高于同期人口增长速度,人均占有量稳步提高。但地区间不平衡、差异明显。发达国家粮食生产过剩,发展中国家供应不足,全球仍有

8.42亿[①]饥饿和营养不良人口。年度间粮食供需平衡也不稳定，期间还发生了20世纪70年代初和90年代初2次世界性粮食危机，粮食危机的威胁始终没有根除。现实表明：既存的世界粮食和农产品分配与贸易体系，不能解决地区不平衡问题，不能解决世界粮食安全和主要农产品供给保障问题。

（二）相对有购买力的有效需求而言国际农产品市场供给充裕，曾在相当时期内呈现供过于求的状况

尽管世界上存在大量贫困和营养不良人口，但由于缺乏必要的购买能力，其对农产品的需求不能转化为有效的市场需求，国际农产品市场在相当长时期内总体呈现供过于求的状况，剩余农产品处理和国际农产品市场价格过低一直是国际社会面临的一大难题。根据联合国贸发组织和联合国粮农组织统计数据，长期以来全球主要农产品实际价格水平呈下降趋势，直到近几年才因生物质能源发展开始波动走高。近10年，全球谷物库存水平始终保持在粮食安全警戒线以上。

（三）国际市场上主要农产品贸易量在生产总量中占比有限，农产品基本供给能力主要依靠国内生产来保障

全球谷物贸易占产量的比重比较低，2001—2012年基本上保持在12％～13.5％左右的水平。相对而言，大豆、棉花和食糖等非粮食作物的贸易自由化程度较高，2013/2014年度全球大豆、棉花和食糖的贸易量占产量的比重分别为38％、33％和34％。这说明，从世界范围看，重要农产品特别是粮食的供给主要依靠各国国内生产，贸易仅对全球粮食供给总量的不足15％起作用。

（四）与农业资源在全球分布不平衡相适应，国际农产品市场供给集中度很高，大宗农产品贸易主要被少数跨国公司掌控，具有准垄断性

2011年全球80.9％的大米出口来自泰国、越南、印度、巴基斯坦和美国，58.7％的小麦出口来自美国、法国、澳大利亚和加拿大，65％的玉米和85.8％的大豆出口来自美国、巴西、阿根廷。棉花、食糖、羊毛的出口市场集中度也比较高，70％～80％的出口集中在前五大出口国。这使得主要出口国对国际市场拥有很强的掌控能力。全球大宗农产品贸易还具有准垄断特性，80％的粮食贸易和其他大宗农产品贸易被ADM、邦吉、

---

① 数据来源：联合国粮农组织《2013年世界粮食不安全状况》。

嘉吉、路易达孚四大跨国粮商所垄断。

（五）受气候变化、生物质能源和农产品资本化影响，国际农产品价格波动走高，呈现不确定性、风险性加剧态势

灾害流行病学研究中心数据显示，2001—2010 年各国报告的自然灾害数量比前 10 年增加了 26%，其中极端天气增加 228%、洪涝灾害增加 71%，这大大增加了农业生产的不确定性。生物质能源发展大幅增加了对农产品的非传统需求，增强了农产品市场与能源市场的互动。而资本的大量进出农产品市场，进一步加剧了国际农产品价格波动。2008 年下半年至 2012 年 6 月国际粮价已出现 3 次大起大落，波动幅度之大、周期之短，历史罕见。

（六）用于生物质能源的农产品消费有较大弹性，世界范围内后备耕地和水资源仍有相当数量，国际农产品市场供给仍有增长潜力

目前，全球大约 12% 的玉米、12% 的植物油和 17% 的甘蔗被用于生产液态生物燃料，生产的生物能源仅占全球交通燃油的 2.7%①。生物能源对保障能源安全作用有限，主要国家发展生物能源的目的更主要在于消耗过剩产能、拉高农产品价格，这部分农产品消费具有很大的弹性，在适当的市场条件下可调整出来用于传统消费。目前，许多国家还在实施限产和休耕政策，若农产品价格上升，这些国家的生产潜力可得以释放。就世界农业发展可用的后备耕地和水资源而言，全球有 40 亿公顷的可开垦耕地，是全球现有 16 亿公顷耕地面积的 2.5 倍②。即使考虑环境保护、社会经济等制约因素，全球仍有相当数量的宜开垦土地，仅巴西和阿根廷就有 3 亿多公顷的耕地潜力。

总的来说，国际市场供给增长有很大潜力，对中国的需求增长能够做出有效反应，当然这需要有个过程。2001—2012 年，世界大豆贸易量由 5 354 万吨增长到 9 970 万吨③，增长了 4 600 万吨，其中中国大豆进口量增长了约 4 400 万吨，同期中国之外的其他国家进口量仅增长 200 万吨。世界大豆贸易量的增长主要是对中国进口需求增长做出的反应。但是国际市场也存在很大风险。有短期、局部短缺和发生粮食危机的风险，有价格波动加剧的风险，有跨国公司垄断的风险，还有主要出口国掌控能力增强带

---

① 数据来源：世界能源署，2011 年生物质能源技术路线图。
② 数据来源：FAO，世界粮食和农业领域土地及水资源状况，2012。
③ 数据来源：FAO－CBS。

来的风险。国际农产品市场和供需特点决定了我们既要充分利用，又要防止过度依赖，还要防范风险。

三、我国大宗农产品进口现状、问题及面临的挑战

我国农产品市场开放度高，近 10 多年来农产品贸易持续快速增长，农产品进口在有效增加国内供给、减缓资源环境压力的同时，对农业产业造成了显著的抑制和打压，价差驱动型进口特征显著、进口价格天花板效应增强、缺乏调控政策空间和手段的问题日益突出。

（一）大宗农产品进口增长现状

1. 农产品进口增长持续迅猛，进口规模不断扩大

2001—2012 年，我国农产品贸易额由 279 亿美元增加到 1 756 亿美元，年均增长 18%，其中进口额由 118 亿美元增长到 1 124 亿美元，年均增长 23%。2013 年农产品进口额 1 189 亿美元，虽然在上两年高速增长的基础上增速有所回落，但仍保持了近 6% 的增长速度，进口动力依然强劲，贸易逆差 511 亿美元。

2. 净进口产品梯次增加，大宗农产品呈现全面净进口

入世后，大豆、食用植物油和棉花进口首当其冲，持续快速增长。2001—2013 年，大豆、食用植物油和棉花进口量由 1 394 万吨、167.8 万吨和 19.7 万吨增长到 6 340.5 万吨、922.2 万吨和 450.2 万吨。近年来食糖、乳制品净进口大幅增加，主要粮食作物全部转为净进口。三大谷物已连续 3 年均呈净进口，谷物净进口量已连续两年超过 1 300 万吨。当前，我国正在进入大宗农产品全面净进口阶段。

3. 价差驱动型进口特征显著，棉糖以配额外税率进口增势强劲

2013 年我国食糖、棉花、大米（主要是籼米）进口分别达 455 万吨、450 万吨和 227 万吨，其中有相当一部分不是因为国内短缺，而是受国内外差价的驱动。价差驱动下的大量进口，一方面导致了国内库存积压，另一方面对国内价格形成了显著打压，进口价格"天花板"效应显著增强。棉花、食糖以配额外关税税率的进口增势趋强。2013 年食糖以配额外 50% 税率的进口量达 260 万吨，棉花以配额外 40% 税率的进口量为 50.6 万吨。

（二）大宗农产品进口的作用及影响

农产品进口直接增加了国内有效供给，满足了快速增长的消费需求，缓解了农业对环境和资源的压力，为农业结构战略性调整、保障粮食安全

提供了空间和余地。但是，由于我国农业基础竞争力薄弱，加之缺乏有效的保护和调控政策空间，农产品大量进口对国内产业造成了较大影响，而且呈不断加深和扩大的态势。

1. 最大的影响在于对国内趋势价格的打压和抑制，导致产业发展缺乏必要的动力

由生产规模决定，我国的生产成本与世界主要出口国差异很大。大量进口使国内价格既不能随着需求的拉动而相应提高，也不能随着生产成本的上升而有合理的上升。大豆、植物油、羊毛、大麦、棉花的开放度相对较高，受影响最甚。

2. 大量进口也给农产品长期供给安全带来了潜在风险

进口与外资进入相结合，使我国大豆、植物油等产品的自给水平大幅下降，削弱了产业控制力和定价话语权，使我们一方面不得不为这些国外企业的垄断利润付出昂贵代价，另一方面又很难对产业进行有效调控。

在大宗农产品全面净进口、进口量不断增加的情况下，农业调整结构的余地有限，进口对国内产业发展的影响将更加广泛、更加深刻和更加直接。

（三）农产品贸易面临的挑战

确保农产品贸易与国内农业产业协调发展面临越来越大的挑战。

1. 我国农业基础竞争力不足，农业保护支持政策手段缺乏

由资源禀赋和农业特性决定，各国间农业竞争力存在着比工业更加难以克服的差距，加强对农业的支持和合理保护是各国普遍做法。我国农业特别是大宗农产品基础竞争力先天不足，与世界主要出口国存在难以克服的巨大差距。但由于入世承诺，我国保有的农业保护支持手段已严重不足。取消了所有非关税措施；平均关税水平仅 15%，只有世界的 1/4，粮棉糖配额外关税最高为 65%；以价格支持、投入品和投资补贴为内容的"黄箱"农业国内支持维持在 8.5% 的微量许可水平之内。

2. 国内农业生产成本快速上涨，进口价格"天花板"效应不断增强

随着农业劳动力成本、土地成本和环境成本不断提高和显性化，我国农业正在进入成本快速上涨时期，国内外农产品价格差距扩大的趋势不可逆转。近年来国家虽然连续提高最低收购价，但粮棉油糖的价格增速仍落后于生产成本增速。近年来某些时段棉花和食糖内外价差幅度已大于其 40% 和 50% 的配额外关税，粮食内外价差在未来 5～10 年将超过其 65%

的配额外关税水平。由于以配额外税率的进口完全取决于市场，随着进口量的增长，进口税后价作为国内价格上涨上限的作用愈益强化，进口价格的"天花板"效应日趋增强，这将使得未来国内粮食等价格难以随成本上升而合理上涨。

3. 国际农产品市场波动性向国内的传导加剧，确保国内供需紧平衡和市场稳定的难度增加

我国农业生产规模小，农业组织化程度低，农产品供需平衡脆弱。随着大宗农产品进口范围和进口量不断扩大，国际市场波动性、不确定性和风险性对国内生产和市场的影响进一步加剧。由于缺少有效的关税等调控手段，应对国际农产品市场波动影响、确保国内市场和产业稳定的难度加大。

四、实现农产品供需与进口动态平衡的政策选择

在可持续发展背景下，资源环境对农业生产日益增强的刚性制约以及农产品需求的刚性增长，决定了未来我国农产品产需缺口将呈不断扩大的趋势。立足国内确保粮食和大宗农产品基本供给，同时更加充分有效利用国际市场和资源，既是我国农业发展战略的必然，更是农业发展现实的必然。关键要立足于国内国外两个市场实际，加强内外统筹，明确思路，选择切实可行有效的政策措施，确保利用国外市场资源与国内农业产业发展的协调，实现农产品供需与进口的良性互动和动态平衡。

（一）基本思路

相关研究对缺口的预测是理论上的，也是建立在一系列假设上的。现实中真正发生的进口量取决于国内市场、国外市场的供需状况及两个市场的相互作用。具体进口产品构成及相应的进口量，在很大程度上还取决于政策目标定位、资源配置、消费替代性等多种因素。现实中国内供需与进口动态平衡既取决于国内国外两个市场供需诸因素，也取决于我们的生产贸易政策以及对国内外两个市场和两种资源的有效统筹。鉴于国际农产品市场供给增长仍有很大潜力也存在很大的风险，我国农产品市场已高度开放，进口增加不完全取决于缺口而越来越受到价差的驱动，进口增势强劲，对国内产业的影响不断加深，因此，统筹两个市场重点不在于"进"而在于"保"，要着力确保开放中的国内产业健康和可持续发展。在当前开放条件下，实现国内供需与进口动态平衡的基本思路是：首先明确重要农产品自给率目标，确定主要农产品基本面积和基本产量，确定支持保护

的重点，加大支持保护力度；其次确定重要农产品进口预警阈值，要有效的手段把握进口时机和节奏，确保进口规模适度适当，不给国内产业带来冲击、不会削弱国内粮食基本供给能力的保障；三是加强国际市场监测、加强产业损害预警、加强贸易救济和产业补偿，确保国内农业产业安全；四是积极推进农产品进口市场多元化，务实推进农业走出去，提升对国际市场资源的掌控能力。

（二）政策选择

1. 要研究确定"谷物基本自给"、"口粮绝对安全"所对应的具体产品自给率目标和产量目标，明确国内必须保有的基本面积和基本产量，确定农业支持最优先重点，确定粮食进口的阶段性控制目标

要切实实施好以我为主、立足国内、确保产能、适度进口、科技支撑的国家粮食安全战略，集中国内资源保重点，做到谷物基本自给、口粮绝对安全。

在当前开放条件和进口趋势下，要合理确定粮食进口预警阈值，要保证有有效的手段把握进口时机和节奏，确保进口规模适度适当，不给国内产业带来冲击，不会削弱国内粮食基本供给能力的保障。综合考虑粮食安全战略目标、可持续发展的需要、进口对国内产业的影响、进口掌控能力因素以及关税配额数量，并利用 ATPC 一般均衡模型进行模拟，在正常年景下到 2020 年我国粮食产品进口控制量如下：谷物进口量不超过国内消费的 10%，进口量控制在 5 200 万吨左右；小麦进口量不超过国内消费的 5%，进口量不超过 650 万吨；稻谷进口量不超过国内消费的 3%，进口量不超过 550 万吨；玉米主要用于饲料和深加工（在当前玉米消费中分别占 60% 和 30%），作为口粮消费的比重较低，需求弹性相对较大，进口依存度可稍高一些，控制在 15% 以内，进口量不超过 3 900 万吨（表3）。

表3 综合因素作用下 2013—2020 年粮食供求平衡一般均衡模拟

单位：万吨、%

年 份		2013	2014	2015	2016	2017	2018	2019	2020	平均增长
小麦	产 量	12 080	12 122	12 164	12 193	12 208	12 217	12 212	12 175	0.11
	消费量	12 560	12 594	12 628	12 662	12 697	12 731	12 765	12 800	0.27
	缺 口	480	472	464	469	489	514	553	625	
	自给率	96	96	96	96	96	96	96	95	

（续）

年　份		2013	2014	2015	2016	2017	2018	2019	2020	平均增长
稻谷	产　量	20 308	20 321	20 306	20 282	20 248	20 211	20 166	20 100	−0.15
	消费量	19 510	19 669	19 829	19 991	20 153	20 318	20 483	20 650	0.81
	缺　口	−798	−652	−477	−291	−95	106	318	550	
	自给率	104	103	102	101	100	99	98	97	
玉米	产　量	20 570	20 857	21 048	21 254	21 475	21 655	21 893	22 159	1.07
	消费量	21 010	21 665	22 341	23 038	23 757	24 498	25 262	26 050	3.12
	缺　口	440	809	1 293	1 784	2 282	2 843	3 369	3 891	
	自给率	98	96	94	92	90	88	87	85	

2. 明确其他主要大宗农产品发展定位和目标，确定合理的大宗农产品产业结构，并在此基础上优化布局

对于主要粮食作物之外的其他大宗农产品，要根据其需求结构、特点和趋势，综合考虑利用国际市场的可能、发展国内生产的潜力、保障农民生计、保护农业生态环境以及确保进口主动权和话语权的需要，确定切实可行的阶段性自给率目标。要在明确基本播种面积、基本产量目标的基础上，优化大宗农产品生产力布局，加强优势农产品区域布局规划。要充分考虑自然地理条件的制约以及间套作与可持续发展的需要，加强支持力度，加快优势产业带建设，确保大宗农产品基本播种面积和基本供给能力。

3. 要着眼我国农业与主要出口国的基础竞争力差距，切实加强对我国农业的支持和保护

加强对农业的支持和保护与发挥市场在资源配置中的决定性作用并不矛盾。要在明确基本播种面积、基本产量目标，进行科学布局的基础上，重点加大对重要产品和重点产区的支持力度，确保重要大宗农产品最基本的供给能力。要充分考虑普通农户和家庭经营对粮食安全和供给保障方面的作用，点面结合，加强支持，确保农业全面发展并与工业化城镇化进程相协调。在面临国外大规模生产且获得高额补贴的大农场竞争下，农业支持保护水平要足以弥补农业基础竞争力存在的差距。当前的托市政策是在我国缺乏关税有效保护手段情况下的不得已为之，不仅成本高，而且不可持续。要从国内外价差不断扩大的现实出发，探索实施既切实有效可行又符合我国入世承诺的目标价格政策形式，实行"价补分离"。要着力解决当前农村金融信贷服务发展滞后的问题，切实加强金融对农业的支持，通过立法等制度性安排，明确金融机构在粮食安全方面的社会责任。可借鉴储备金制度，规定任何从事放贷业务的金融机构都必须有一定比例的贷款直接或通过小额信贷机构、农村信用合作社投向农业和粮食生产。

在贸易谈判中要切实保护好我国现有有限的大宗农产品关税政策和国内支持政策手段和空间，注重发挥仅有的关税、关税配额管理措施的"门槛"作用，加强对农业和粮食生产的合理保护，尽可能使进口农产品进入国内后在相近的价格水平基础上与国内产品竞争，着力避免粮食进口对国内趋势价格的过度打压和抑制，确保粮食保有合理价格水平且能随着成本上升而有合理的上涨。

4. 提高农业对外开放质量和水平，更加有效地利用国际市场和资源，更加有力地确保国内产业安全

要针对当前国际市场变化趋势、特点和存在的风险，强化对国际农产品市场的监测、研判和预警，尽可能加强对农产品贸易因时因势适度有效调控。要进一步加强对大宗农产品国际市场的监测、研判和预警等基础性工作，进一步加强外经外贸信息公共服务，切实提高国内农业企业应对国际市场波动和风险的能力。要综合运用关税、关税配额、技术性措施、国营贸易等手段，尽可能加强对大宗农产品贸易的调控，确保国内生产和市场的稳定。

要着眼农产品大量进口和外资进入对我国农业产业的影响，加强贸易救济、贸易补偿和外资监管。要更加积极主动运用好 WTO 规则所允许的反倾销、反补贴和产业保障措施，避免泛政治化。要加强对农产品进口的跟踪预警，开展产业损害调查和国外贸易壁垒调查，充分利用"两反一保"等手段，有效实施贸易救济。要探索建立产业损害补偿机制，加强对国内产业的贸易补偿。要针对农产品生产、加工、营销方面具有的特殊性，充分考虑农产品产业链上生产和消费两头分散、控制了流通仓储加工环节就控制了产业制高点的特点，尽快建立和实施外资进入农业产业的安全审定制度，加强对外资进入农业产业的监管，制定相应的适合农业的反垄断规定，防止形成全国性垄断和区域性垄断。要充分考虑大宗农产品稳定供给的重要性，特别是粮食安全的重要性，建立对经营大宗农产品且达到一定市场占比的大型企业的强制性信息报告制度和库存储备制度，强化大企业在保障市场供给稳定方面的社会责任。

5. 促进大宗农产品进口市场多元化，务实推进农业走出去，逐步提升对大宗农产品贸易的掌控能力

要着力更加有效利用国际市场和资源，加强对农产品贸易的战略规划，努力构建持续、稳定、高效的资源性农产品进口供应链。要积极推进战略性农业国际合作，确定战略合作目标、合作重点国家、合作内容、合作策略、合作步骤和措施等，不断改善我国贸易环境，拓展贸易渠道，提升贸易水平，推进进口市场多元化。在坚持市场导向和企业自主决策的原则下，借鉴国外经验，抓住重点环节，突出重点领域，发挥企业主体作用，务实稳步推动农业"走出去"。要强化政府对农产品海外营销促销的支持力度，积极促进优势农产品出口，促进农业资源优化配置。

（课题组组长：倪洪兴；副组长：于孔燕、徐宏源；成员：张晓婉、吕向东、庞玉良、张永霞、徐锐钊、马建蕾、张姝、黄飞、刘丽佳、刘武兵、刘超等；2014 年第 4 期）

国际农产品供需市场
需要把握的六大特征

准确把握国际农产品市场的供需现状、特点及趋势，对于更好地统筹利用两个市场两种资源，确保国内农业可持续发展至关重要。纵观 50 年来世界农产品供需和市场变化，总的来看，国际农产品供需和市场具有以下 6 个显著特征。

一、国际农产品供需总体基本平衡，
但区域性短缺和粮食不安全问题
突出，粮食危机的风险始终存在

1961—2012 年，全球谷物、油料和肉类等主要农产品产量保持上升趋势（表1），高于同期人口增长速度，人均占有量稳步提高（表2）。但地区间不平衡、差异明显（表3）。发达国家粮食生产过剩，发展中国家供应不足，全球仍有 8.42 亿①饥饿和营养不良人口。年度之间粮食供需平衡也不稳定，期间还发生了 20 世纪 70 年代初和 90 年代初的 2 次世界性粮食危机，粮食危机的威胁始终没有根除。既存的世界粮食和农产品分配与贸易体系，不能解决地区不平衡问题，不能解决世界粮食安全和主要农产品供给保障问题。

表 1   世界主要农作物产量、消费量及年均增速

单位：万吨、%

产品	产量及消费量	1961*	2012	年均增长
小麦	产　量	22 005	65 617	2.17
	消费量	23 223	68 613	2.15

---

①　数据来源：联合国粮农组织（FAO）《2013 年世界粮食不安全状况》。

（续）

产品	产量及消费量	1961*	2012	年均增长
大米	产　量	14 730	46 896	2.30
	消费量	14 950	46 465	2.25
玉米	产　量	20 779	86 288	2.83
	消费量	20 877	86 678	2.83
大豆	产　量	2 870	26 802	4.76
	消费量	2 993	25 831	4.59
食糖	产　量	5 074	17 193	2.42
	消费量	4 956	15 815	2.30

注：* 大豆为 1964 年数据。

数据来源：美国农业部网站。

表2　世界主要农产品人均占有量情况

单位：千克/人

产品	1961	1970	1980	1990	2000	2005	2010	2011	2012
谷物	284.2	323.4	348.8	368.6	336.5	348.6	358.8	371.3	361.1
油料	8.3	9.5	11.1	14.3	18.0	21.8	24.6	25.8	25.4
甘蔗	145.2	165.0	165.3	198.8	205.4	203.1	244.9	258.2	251.5
肉类	23.1	27.3	30.8	33.9	37.6	39.3	42.5	42.9	

数据来源：FAO。

表3　发达国家和发展中国家人均谷物占有量比较

单位：千克/人

国　别	1961	1970	1980	1990	2000	2010	2011	2012
澳大利亚	872	1 014	1 115	1 348	1 797	1 505	1 769	1 892
美　国	865	892	1 174	1 233	1 213	1 294	1 235	1 130
低收入缺粮国	187	196	189	206	202	218	225	220

数据来源：根据 FAO 数据计算。

二、相对有购买力的有效需求而言，
国际农产品市场供给充裕，曾在
相当时期内呈现供过于求的状况

　　尽管世界上存在大量贫困和营养不良人口，但由于其缺乏必要的购买能力，其对农产品的需求不能转化为有效的市场需求，国际农产品市场在相当时期内总体呈现供过于求的状况，剩余农产品处理和国际农产品市场价格过低一直是国际社会面临的一大难题。根据联合国贸发组织和联合国粮农组织统计数据，长期以来全球主要农产品实际价格水平呈下降趋势，直到近几年才因生物质能源发展开始波动走高（图1）。近10年，全球谷物库存水平始终保持在17%～18%的粮食安全警戒线以上（表4）。

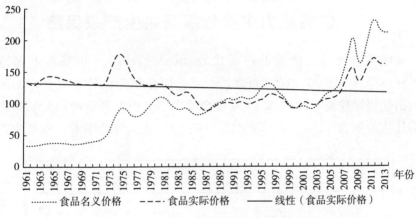

图1　1961—2013年国际食品价格变化情况

注：2002—2004年＝100。

数据来源：FAO。

表4　2003/2004—2013/2014年度全球谷物供求状况

单位：百万吨、%

年度	产量	国内供给量	消费量	贸易量	期末库存	库存消费比
2003/2004	1 890.5	2 383.4	1 957.3	239.6	423.3	20.9
2004/2005	2 070.7	2 493.9	2 021.2	247.5	473.3	23.2
2005/2006	2 048.5	2 521.8	2 043.3	247.0	465.6	22.4

（续）

年度	产量	国内供给量	消费量	贸易量	期末库存	库存消费比
2006/2007	2 016.3	2 481.9	2 073.0	257.8	416.6	19.0
2007/2008	2 131.1	2 547.7	2 136.9	273.4	412.7	18.4
2008/2009	2 284.8	2 697.5	2 187.4	285.2	491.7	22.0
2009/2010	2 265.7	2 757.5	2 233.4	278.3	521.1	22.9
2010/2011	2 256.7	2 777.8	2 270.7	289.0	499.8	21.5
2011/2012	2 353.0	2 852.8	2 326.4	319.4	519.0	22.3
2012/2013	2 304.6	2 823.6	2 322.3	309.3	505.1	20.9
2013/2014	2 501.6	3 006.7	2 414.5	321.4	573.2	23.5

数据来源：FAO谷物供需简况。

三、国际市场上主要农产品贸易额占生产总量的比重有限，农产品基本供给能力主要依靠国内生产来保障

全球谷物贸易占产量的比重比较低，2001—2012年基本上保持在12%～13.5%（图2）。相对而言，大豆、棉花和食糖等非粮食作物的贸易自由化程度较高，2013/2014年度全球大豆、棉花和食糖的贸易量占产量的比重分别为38%、33%和34%（表5）。从世界范围看，重要农产品

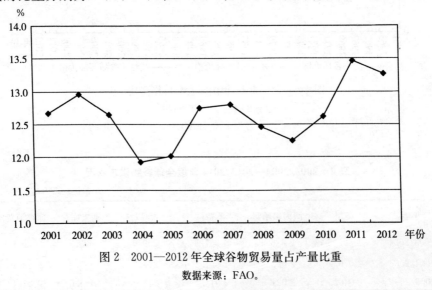

图2　2001—2012年全球谷物贸易量占产量比重

数据来源：FAO。

特别是粮食的供给主要依靠各国国内生产，世界粮食贸易仅对全球粮食供给的不足 15％起作用。

表5　1990/1991 年度以来全球棉花等农产品贸易量占产量比重

单位：%

产品	1990/1991	1995/1996	2000/2001	2005/2006	2010/2011	2011/2012	2012/2013	2013/2014
棉花	33.9	29.2	29.4	38.5	30.3	36.4	38.0	33.0
大豆	24.3	25.4	30.6	28.9	34.7	38.6	37.2	38.0
食糖	29.6	28.5	29.3	34.3	33.8	32.4	32.1	33.6

数据来源：美国农业部。

四、与农业资源在全球分布不平衡相适应，国际农产品市场供给集中度很高，大宗农产品主要被少数跨国公司掌控，具有准垄断性

2011 年全球 80.9％的大米出口来自泰国、越南、印度、巴基斯坦和美国，58.7％的小麦出口来自美国、法国、澳大利亚和加拿大，65％的玉米和 85.8％的大豆出口来自美国、巴西、阿根廷（表6）。棉花、食糖、羊毛的出口国集中度也比较高，70％～80％的出口集中在前五大出口国。这使得主要出口国对国际市场拥有很强的掌控能力。全球大宗农产品贸易还具有准垄断特性，80％粮食贸易和其他大宗农产品贸易被 ADM、帮吉、嘉吉、路易达孚四大跨国粮商所垄断。

表6　1980 年以来世界农产品主要出口国所占比重

单位：%

产品	出口国	1980	1990	2000	2005	2006	2007	2008	2009	2010	2011
大米	泰国	21.8	32.4	26.2	25.6	24.4	27.3	34.4	29.1	27.0	29.4
	越南	0.3	13.1	14.9	17.9	15.3	13.6	16.0	20.2	20.9	19.6
	印度	3.8	4.1	6.6	13.8	15.6	19.2	8.4	7.3	6.7	13.8
	巴基斯坦	8.5	6.0	8.6	9.8	12.1	9.3	9.5	9.3	12.7	9.4
	美国	23.3	19.6	11.5	12.9	11.8	8.8	11.1	9.9	11.4	8.7
	合计	57.7	75.2	67.8	80.0	78.2	78.2	79.4	75.8	78.7	80.9

（续）

产品	出口国	1980	1990	2000	2005	2006	2007	2008	2009	2010	2011
小麦	美国	39.7	27.9	23.7	22.6	18.5	26.4	22.9	14.9	19.0	22.1
	法国	11.0	17.4	15.4	13.3	13.1	11.5	12.4	11.5	14.5	13.7
	澳大利亚	16.5	11.7	15.1	11.6	11.8	5.4	6.3	10.2	10.9	11.9
	加拿大	18.9	18.2	16.0	11.6	14.6	14.1	12.0	13.1	12.7	11.0
	合计	86.1	75.2	70.2	59.1	58.0	57.4	53.6	49.7	57.1	58.7
玉米	美国	78.6	72.4	58.2	50.2	60.7	51.8	53.0	47.5	47.2	41.9
	阿根廷	4.3	4.2	13.2	16.2	10.9	13.6	15.1	8.5	16.3	14.4
	巴西	0.0	0.0	0.0	1.2	4.1	9.9	6.3	7.7	10.0	8.7
	合计	82.9	76.6	71.4	67.6	75.7	75.3	74.4	63.7	73.5	65.0
大豆	美国	81.1	59.8	57.4	39.2	41.4	40.1	43.0	49.7	43.8	37.7
	巴西	5.8	15.8	24.3	34.3	36.8	31.9	31.0	35.0	30.1	36.2
	阿根廷	10.0	12.4	8.7	15.2	11.6	15.9	14.8	5.3	14.1	11.9
	合计	96.9	88.0	90.4	88.7	89.8	87.9	88.8	90.0	88.0	85.8

数据来源：FAO。

五、受气候变化、生物质能源发展以及农产品资本化影响，国际农产品价格波动走高，呈现不确定性风险性加剧的态势

据灾害流行病学研究中心数据显示，2001—2010 年各国报告的自然灾害数量比前 10 年增加了 26%，其中极端天气增加 228%、洪涝灾害增加 71%，这大大增加了农业生产的不确定性。生物质能源发展大幅增加了对农产品非传统需求，增强了农产品市场与能源市场互动。而资本大量进出农产品市场，进一步加剧了国际农产品价格波动。2008 年下半年至 2012 年 6 月国际粮价出现了 3 次大起大落，波动幅度之大、周期之短，均历年罕见。

六、用于世界农业发展的后备耕地和水资源仍有相当数量，国际农产品市场供给仍有增长潜力

目前，全球大约 12％的玉米、12％的植物油和 17％的甘蔗被用于发展生物燃料，生产的生物能源仅占全球交通燃油的 2.7％[①]。根据专家测算，消耗 30 千克粮食（玉米）生产的生物乙醇只能供汽车开 1 小时行驶100 千米。世界银行的分析也得出了相似的结论，生产 70 升左右生物燃料所需要的粮食相当于一个人一年的口粮，而 70 升生物燃料只能让一辆普通轿车行驶 700 千米。生物能源对保障能源安全作用有限，主要国家发展生物能源的目的主要在于消耗过剩产能、拉高农产品价格，这部分农产品消费具有很大的弹性。目前，许多国家还在实施限产和休耕政策。就世界农业发展可用的后备耕地和水资源而言，全球有 40 亿公顷的可开垦耕地，是全球现有 16 亿公顷耕地面积的 2.5 倍[②]。即使考虑环境保护、社会经济等制约因素，全球仍有相当数量的宜开垦土地，仅巴西和阿根廷就有3 亿多公顷的耕地潜力（表7）。

表 7　部分区域及其重点国家耕地开发潜力

单位：亿公顷

区域和国别	农业用地面积	耕地面积	耕地潜力
非　洲	10.34	2.03	8.30
苏　丹	1.09	0.17	0.92
南　非	0.96	0.12	0.84
安哥拉	0.58	0.04	0.54
乍　得	0.50	0.05	0.45
莫桑比克	0.49	0.05	0.44
尼日利亚	0.76	0.36	0.40
拉美和加勒比国家	7.40	1.68	5.72

---

① 数据来源：世界能源署，2011 年生物质能源技术路线图。
② 数据来源：FAO，世界粮食和农业领域土地及水资源状况，2012。

（续）

区域和国别	农业用地面积	耕地面积	耕地潜力
巴　西	2.75	0.72	2.03
阿根廷	1.48	0.38	1.10
哥伦比亚	0.44	0.02	0.42
玻利维亚	0.37	0.04	0.33
欧洲和中亚	8.02	3.32	4.69
哈萨克斯坦	2.09	0.24	1.85
俄罗斯	2.15	1.22	0.94
土库曼斯坦	0.33	0.02	0.31
乌兹别克斯坦	0.27	0.04	0.22
发达国家	14.93	4.79	10.14
澳大利亚	4.10	0.48	3.62
美国	4.11	1.60	2.51

数据来源：世界银行。其中耕地潜力为农业用地面积减去耕地面积。

　　总的来说，国际市场农产品供给增长有很大潜力，对中国的需求增长能够做出有效反应，当然这需要有个过程。2001—2012 年，世界大豆贸易量由 5 354 万吨增长到 9 970 万吨[①]，增长了 4 600 万吨，其中中国大豆进口量增长了约 4 400 万吨，同期除中国之外的其他国家进口量仅增长 200 万吨。世界大豆贸易量的增长主要是对中国进口需求增长做出的反应。但是国际市场也存在很大风险，有短期、局部短缺和发生粮食危机的风险，有价格波动加剧的风险，有跨国公司垄断的风险，还有主要出口国掌控能力增强带来的风险。国际农产品市场和供需特点决定了我们既要充分利用，又要防止过度依赖，还要防范风险。

　　（课题组组长：倪洪兴；副组长：于孔燕、徐宏源；成员：吕向东、庞玉良、张永霞、徐锐钊、马建蕾、张姝、黄飞、刘丽佳、刘武兵、刘超等；2014 年第 2 期）

---

①　数据来源：FAO 数据库。

当前我国大宗农产品进口
存在的问题及面临的挑战

入世以来，我国农产品贸易特别是进口持续快速增长，农产品贸易正进入全面净进口阶段。由于我国农业基础竞争力薄弱，加之缺乏有效的保护和调控政策空间，部分开放度较高的农产品大量进口对国内产业造成了较大影响。因此，立足国内确保粮食和大宗农产品基本供给，同时更加充分有效利用国际市场和资源，既是我国农业发展战略选择的必然，更是农业发展现实的必然。

一、大宗农产品进口继续增长

近年来，我国农产品进口持续快速增长。在大豆、棉花及植物油进口持续高位增长，食糖和乳制品净进口大幅增加的同时，近年来主要粮食作物全部呈净进口，肉类进口加速增长，糖棉以配额外关税税率的进口增势强劲。2013年粮棉油糖大宗农产品净进口相当于大约8.8亿亩播种面积的产出。按播种面积当量计算，我国主要农产品进口量占国内产量比例达36%左右。

（一）农产品进口增长持续迅猛，规模不断扩大

2001—2012年，我国农产品贸易额由279亿美元增加到1 756亿美元，年均增长18%，其中进口额由119亿美元增长到1 124亿美元，年均增长23%，每3年翻一番。2013年农产品进口额1 189亿美元，虽然在上两年高速增长的基础上增速有所回落，但仍保持了近6%的增长速度，进口动力依然强劲，贸易逆差510亿美元。

（二）大宗农产品呈现全面净进口，农产品贸易正在进入新阶段

大豆、食用植物油和棉花进口首当其冲，持续快速增长。2001—2013年，大豆进口量由1 394万吨增长到6 340.5万吨；食用油进口量由167.8万吨增长到922.2万吨；棉花进口量由19.7万吨增长到450.2万吨。食糖、乳制品近年来净进口大幅增加，主要粮食作物全部转为净进口。食糖

净进口自 2010 年开始大幅增加，由此前每年 100 万吨增加到 2013 年的 454.6 万吨。奶粉进口量由 2008 年的 10 万吨增长到 2013 年的 86.4 万吨。三大谷物已连续 3 年均呈净进口，谷物净进口量已连续两年超过 1 300 万吨。此外，我国畜产品进口正在进入快速增长阶段，牛羊猪禽肉进口增势强劲，2013 年肉类进口 173 万吨（表 1）。我国正在进入大宗农产品全面净进口阶段。

表 1　主要农产品净进口情况

单位：万吨

产品	2001	2005	2006	2007	2008	2009	2010	2011	2012	2013
谷 物	−532.7	−389.9	−249.9	−830.2	−32.0	178.2	446.6	423.2	1 316.9	1 358.2
小 麦	2.6	293.9	−89.7	−297.2	−26.7	65.9	95.4	93.0	341.5	525.7
玉 米	−596.1	−864.0	−303.7	−481.7	−22.3	−4.5	144.6	161.8	515.3	318.8
大 米	−157.7	−16.4	−52.3	−87.0	−64.2	−42.8	−23.4	8.2	208.8	179.1
棉 花	13.6	273.8	396.5	271.8	224.0	175.0	312.2	354.0	539.2	449.4
大 豆	1 367.8	2 617.7	2 789.0	3 037.0	3 694.9	4 218.9	5 461.3	5 242.0	5 806.0	6 319.6
食用植物油	154.5	597.5	637.4	823.0	792.2	938.7	816.7	767.4	950.1	910.5
食 糖	100.3	103.3	122.0	108.3	71.7	100.1	167.2	286.0	370.0	449.8
乳制品	15.3	25.1	27.3	16.4	23.0	56.1	71.2	86.3	110.1	155.6
奶 粉	4.5	7.4	10.2	2.2	3.0	23.6	41.1	44.2	56.5	85.6
猪 肉	−0.9	−21.9	−24.5	−4.8	29.2	4.8	9.0	38.7	45.6	51.0
牛 肉	−1.8	−1.8	−2.6	−2.5	−1.9	0.1	0.2	−0.2	4.9	28.8
羊 肉	2.2	1.1	0.3	2.4	4.1	5.7	4.3	7.5	11.9	25.6
家禽产品	14.2	−0.7	20.6	39.6	50.3	40.7	10.1	−7.2	3.1	9.0

数据来源：中国海关数据库。

（三）价差驱动型进口特征显著，棉糖以配额外税率进口增势强劲

2012 年和 2013 年我国食糖进口 375 万和 455 万吨，棉花进口 542 万吨和 450 万吨，大米（主要是籼米）进口 237 万吨和 227 万吨，其中有相当一部分不是因为国内短缺，而是受国内外差价的驱动（图 1）。价差驱动下的大量进口，一方面导致了国内库存积压。预计 2012/2013 榨季我国食糖期末库存 800 万～900 万吨，2013/2014 年度棉花期末库存将增至 1 200 万吨左右，占世界库存量的 60%。另一方面对国内价格形成了显著

打压，进口价格"天花板"效应增强。受进口食糖价格的打压，2013 年底，国内 5 大批发市场蔗糖均价跌破 5 000 元/吨，广西甘蔗收购价不得不在年初每吨下调 25 元的基础上再次下调 35 元，广西蔗农净收入年损失 40 亿左右。

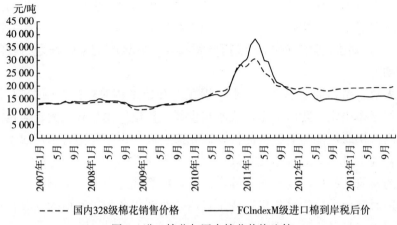

图 1　进口棉花与国内棉花价格比较

棉花、食糖以配额外关税税率的进口增势趋强。2012 年食糖以配额外 50% 税率的进口量达 180 多万吨，2013 年进口达 260 万吨；棉花超配额进口实行有数量控制的滑准税，但也有以配额外 40% 税率的进口，2013 年 1—10 月这部分进口量超过 63 万吨。三大谷物进口目前保持在关税配额承诺量之内，但按目前成本和价格上涨趋势，今后 5～10 年，内外差价将超过 65%，届时以配额外关税税率进口将成为现实，这部分进口将完全取决于市场（表 2）。

表 2　三种谷物产品平均售价与总成本

单位：元/50 千克、%

项　目		2006	2007	2008	2009	2010	2011	2012	年均增速
稻谷	平均售价	80.6	85.2	95.1	99.1	118.0	134.5	138.1	9.4
	总成本	58.0	60.3	70.2	72.4	84.0	95.2	108.7	11.0
小麦	平均售价	71.6	75.6	82.8	92.4	99.0	104.0	108.3	7.1
	总成本	55.5	58.8	62.2	73.0	81.6	89.2	105.6	11.3
玉米	平均售价	63.4	74.8	72.5	82.0	93.6	106.1	111.1	9.8
	总成本	46.9	51.7	55.6	62.2	67.9	78.9	91.6	11.8

二、大宗农产品进口的影响

农产品进口直接增加了国内有效供给，满足了快速增长的消费需求，缓解了农业对环境和资源的压力。但是，由于我国农业基础竞争力薄弱，加之缺乏有效的保护和调控政策，部分开放度较高的农产品大量进口对国内产业造成了较大影响，并呈不断加深和扩大态势。

（一）对国内趋势价格形成打压和抑制，导致产业发展缺乏必要的激励和动力

大豆、植物油、羊毛、大麦、棉花的开放度相对较高，受影响最甚。由生产规模决定，我国的生产成本与世界主要出口国差异很大。大量进口使国内价格既不能随着需求的拉动而相应提高，也不能随着生产成本的上升而合理上升。大豆种植比较效益因此不断下降（表3），大豆生产萎缩，大豆的科研、推广、仓储服务等全部产业链都缺乏投入，影响深远。大豆进口还对其他食用油籽价格造成了打压，给利用冬闲田种植的油菜籽产业发展带来了日益显著的影响。

表3　2002—2012年国内大豆、水稻和玉米收益比较

产品	2002	2003	2005	2006	2007	2008	2009	2010	2011	2012
稻谷	0.52	0.85	2.37	2.98	1.31	1.32	2.34	2.00	3.04	2.22
玉米	0.43	0.56	1.17	2.13	1.15	0.89	1.63	1.54	2.16	1.54
大豆	1	1	1	1	1	1	1	1	1	1

数据来源：根据各年《全国农产品成本收益资料汇编》计算。

（二）给农产品长期供给安全带来了潜在风险

2012年大豆自给率降到18％，食用植物油自给率降到不足40％。进口与外资进入相结合，削弱了我国产业控制力和定价话语权，使我们一方面不得不为这些国外企业的垄断利润付出昂贵代价，另一方面又很难对产业进行有效调控。

如果说大豆等个别产业受到进口冲击后，还可以通过调整结构、腾出资源改种其他作物来减缓其实质性影响，那么在大宗农产品净进口范围不断扩大、进口量不断增加的情况下，农业调整结构的余地则非常有限，进口对国内产业发展的影响将更加广泛、更加深刻和更加直接。

三、农产品贸易面临的挑战

立足国内确保粮食和大宗农产品基本供给，同时更加充分有效利用国际市场和资源，既是我国农业发展战略选择的必然，更是农业发展现实的必然。关键是要确保农产品贸易与国内农业产业的协调发展，这将给我们带来挑战。

（一）我国农业基础竞争力不足，关税保护和调控手段有限

农业是高度依赖自然资源和自然条件的产业，资源禀赋和农业生产规模决定了农业基础竞争力。尽管我国在劳动力密集型产品上有一定比较优势，通过适度规模经营、科技进步等措施提高农业竞争力有一定余地，但整体看我国农业特别是大宗农产品基础竞争力先天不足，与世界主要出口国存在难以克服的巨大差距（表4）。

表4　中美大宗农产品总成本对比

单位：元/50 千克

项　目		2006	2007	2008	2009	2010	2011	2012
稻谷	美国	89.93	81.71	89.13	85.81	90.82	94.94	88.41
	中国	57.99	60.30	70.20	72.40	84.00	95.20	108.70
小麦	美国	95.61	87.75	85.76	89.93	71.03	89.25	78.52
	中国	55.48	58.80	62.20	73.00	81.60	89.20	105.60
玉米	美国	46.58	46.51	50.30	47.11	49.90	55.08	67.28
	中国	46.90	51.70	55.60	62.20	67.90	78.90	91.60
大豆	美国	88.04	104.00	101.21	96.08	100.93	108.79	116.33
	中国	100.32	129.36	121.80	143.40	142.38	163.40	193.37
棉花	美国	595.74	485.13	703.94	720.74	582.50	939.14	735.31
	中国	437.70	467.40	530.70	522.30	710.30	799.90	900.40

在基础竞争力不足的情况下，通过关税等边境措施加强对农业的保护是各国普遍做法。但由于入世承诺，我国保有的关税等边境保护手段和调控手段已严重不足。我国取消了所有非关税措施，保留的直接进口调控措施仅限于关税和关税配额政策，而且平均关税水平仅15.2%，只有世界的1/4；粮食（玉米、小麦、大米）、棉花、食糖和羊毛进口实行关税配额管理，配额外关税最高为65%（表5、表6）。我国承诺动植物检疫措施

和技术性措施将遵循科学、透明的原则并限于风险控制所必需，严格定义不可能是进口调控手段。以价格支持、投入物和投资补贴为内容的"黄箱"农业国内支持将维持在 8.5% 的微量许可水平之内。

表5　主要国家（地区）关税水平

单位：%

	挪威	瑞士	日本	美国	欧盟	巴西	印度	中国
最高	1 062	1 909	1 706	440	408	55	300	65
平均	70.7	85	41.8	11.3	22.8	35.7	114	15.2

数据来源：根据 WTO 数据整理，从量税等复杂关税按 WTO 公式转换。

表6　中国主要配额产品关税及数量

单位：万吨、%

	小麦	玉米	大米	棉花	食糖	羊毛	毛条
配 额 量	963.6	720.0	532.0	89.4	194.5	28.7	8.0
配额内关税	1.0	1.0	1.0	1.0	15.0	1.0	3.0
配额外关税	65.0	65.0	65.0	40.0	50.0	38.0	38.0

数据来源：中国进出口税则 2013。

（二）国内农业生产成本和农产品价格快速上涨，进口价格"天花板效应"不断增强

随着工业化和城镇化进程的加速，农资价格及物流成本进一步增加，农业劳动力成本、土地成本和环境成本不断提高和显性化，我国农业正在进入成本与价格快速上涨时期，国内农产品价格与国际价格差距扩大的趋势不可逆转。由于我国承诺的关税水平有限，配额外关税最高只有 65%，当内外价差超过这一幅度时，进口价格将成为国内价格上涨的上限和"天花板"。

一个产业没有合理的价格、没有获得合理的利润，不可能持续健康发展，高于生产成本的农产品价格至关重要。一方面是成本刚性上涨，另一面是进口价格天花板效应的增强，这将大大增加"要让农业经营有效益，让农业成为有奔头的产业，让农民成为体面的职业"的难度，给我国农业带来越来越大的挑战。

（三）国际农产品市场波动性向国内的传导加剧，确保国内供需紧平衡和市场稳定的难度增加

随着进口的增加，国际市场波动性、不确定性和风险性对国内生产和市场的影响进一步加剧。而我国农业生产规模小，农业组织化程度低，农产品供需平衡脆弱。由于缺少有效的关税保护，国内农产品市场与国际市场联动性较强，国际农产品市场价格的波动直接影响到国内生产的稳定。随着大宗农产品进口范围和进口量不断扩大，国际市场的波动性、不确定性、风险性将更加广泛更加直接地传导到国内市场，增加了保持供需紧平衡的难度，给国内市场和产业稳定发展带来挑战。

（课题组组长：倪洪兴；副组长：于孔燕、徐宏源；成员：张晓婉、吕向东、庞玉良、张永霞、徐锐钊、马建蕾、张姝、黄飞、刘丽佳、刘武兵、刘超等；2014 年第 3 期）

我国粮食进口增长原因与对策建议

2014年我国粮食产量实现"十一连增",总量达到6.1亿吨,但粮食进口仍保持较快增长,按我国传统粮食口径,粮食进口总量达到1亿吨。深入分析粮食进口增长原因,准确把握发展趋势,未雨绸缪、有效应对,对落实好国家粮食安全新战略至关重要。

一、2014年粮食进口情况

(一)进口规模

2014年我国粮食类产品进口总计1亿吨,比上年增加1 398万吨,增长16.2%;比2010年增加了3 350万吨,增长50%。其中大豆进口7 139.9万吨,谷物进口1 951.6万吨,薯类(主要是干木薯)进口866.6万吨。若将玉米酒糟(DDGs)作为玉米制品纳入粮食范畴,粮食进口量将近1.06亿吨(表1)。

(二)进口结构

大豆是最主要的进口品种,进口量占粮食进口总量的71.1%;比上年增加802.4万吨,增长12.7%,占粮食进口增量的57.4%。

谷物是第二大进口品种,进口量接近2 000万吨,达1 952万吨,占粮食进口量的19.4%;比上年增加493.1万吨,增长33.8%,占进口增量的35.3%。小麦进口主要是为了品种调剂,由于2014年国产小麦品质高,进口需求下降,进口量300.4万吨,比上年下降45.7%。2014年玉米内外价差扩大,价差一度超过配额外关税65%的幅度,但由于实施了转基因管理措施,进口得到控制,进口量260万吨,下降20.4%。稻米进口仍保持增长,进口量258万吨,增长13.6%。三大谷物合计进口818.3万吨,下降26.1%。作为玉米替代品的大麦、高粱进口猛增,大麦进口量541万吨,增加1.3倍。高粱进口量578万吨,增加4.4倍。

表1　2014年我国粮食类产品进出口情况

万吨、%

产品	出口		进口			净进口	
			进口量	同比			
	出口量	增长		净增加	增长	净进口量	增长
粮食	153.9	−25.8	10 044.5	1 398.0	16.2	9 890.6	17.2
谷物	76.9	−23.1	1 951.6	493.1	33.8	1 874.6	38.0
稻米	41.9	−12.4	257.9	30.8	13.6	216.0	20.5
小麦	19.0	−31.9	300.4	−253.1	−45.7	281.5	−46.5
玉米	2.0	−74.2	259.9	−66.7	−20.4	257.9	−19.1
大麦	0.0	−89.0	541.3	307.8	131.8	541.3	131.9
高粱	1.0	−40.8	577.6	469.8	435.8	576.6	443.4
其他谷物	13.0	−11.9	14.4	4.5	45.2	1.3	−127.5
豆类	75.5	−28.2	7 226.4	778.2	12.1	7 150.9	12.7
大豆	20.7	−0.9	7 139.9	802.4	12.7	7 119.2	12.7
薯类	1.5	−32.0	866.6	126.7	17.1	865.1	17.3
干木薯	0.0	76.3	856.4	132.8	18.4	856.4	18.4

数据来源：中国海关统计。

薯类（主要是干木薯）是第三大进口品种，进口量867万吨，占粮食进口量的8.6%；比上年增加127万吨，增长17.1%，占粮食进口增量的9.1%。

（三）进口影响因素

2014年我国粮食进口主要受如下因素影响：

一是消费需求增长，特别是饲用粮增长。大豆进口量的80%是作为豆粕用于饲料。传统上大麦、高粱进口主要用于酿酒，这部分需求相对稳定，2014年大豆进口增加的778万吨主要用于饲料。木薯进口主要是受国家鼓励发展非粮生物燃料乙醇政策的激励而快速增加，但也有很大一部分用于饲料。

二是由于关税"防火墙"作用有限，内外价差扩大成为进口的重要驱动力。近年来，国产谷物价格受成本推动不断上升，国内外价差拉大。

2014 年 1—9 月，大米内外价差平均 1 855 元/吨，国内比国际价高出 81%；小麦内外价差 845 元/吨，国内比国际价高出 44%；玉米内外价差 1 032 元/吨，国内比国际价高出 81%（表2）。在价差扩大情况下，由于我国粮食关税偏低，三大主粮的配额内关税只有 1%，大麦、高粱的关税分别仅 3%、2%，进口产品在缴纳关税、增值税后价格仍低于国内，企业进口动力强劲。三大谷物配额外关税为 65%，对配额外进口目前仍能发挥防火墙作用（表3）。2014 年国家加强了大米进口管理并加大了打击走私力度，有效抑制了大米进口。在转基因管理措施作用下玉米进口出现下降，但廉价的大麦、高粱等饲用玉米替代品进口猛增。2014 年进口的粮食中相当一部分不是因为国内短缺，而是受价差驱动，导致"边进口、边积压""洋货入市、国货入库"，进口过度问题比较突出。据国家粮油信息中心专家测算，2014 年在储备充足的情况下，大米、玉米、小麦库存增加了 4 500 万吨。

表 2　大宗农产品国内外价差情况

单位：元/吨

产品	国内价格	到岸价格	价差	到岸税后价		税后价与国内价格的差	
				1%~5%关税	65%关税	1%~5%关税	65%关税
小麦	2 756	1 980	776	2 259	3 691	497	−935
大米	4 140	2 822	1 318	3 221	5 262	919	−1 122
玉米	2 301	1 737	564	1 982	3 238	319	−937
高粱		1 740	561	2 006		295	
大麦		1 779	522	2 070		231	

注：①大米国内价格为郑州粮食批发市场晚籼米（标一）平均价，到岸价为越南大米进口平均到岸价。

②小麦国内价格为郑州粮食批发市场优质麦价格，到岸价为澳大利亚小麦进口平均到岸价。

③玉米国内价格为产区平均批发价格，到岸价为美国玉米进口平均到岸价。

④大麦进口主要来源于澳大利亚，到岸价为澳大利亚大麦进口平均到岸价。高粱进口主要来源于美国，到岸价为美国高粱进口平均到岸价。作为玉米饲用替代品的大麦、高粱对应的价差是与国内玉米价格比较得出。

表3　我国粮食关税配额量及配额内外税率

单位：万吨、%

产品	配额承诺量	配额内税率	配额外税率	国营贸易比例
小麦	963.6	1	65	90
玉米	720.0	1	65	60
大米	532.0	1	65	50

数据来源：《中华人民共和国进出口税则》。

三是国际粮食市场供给充裕、价格低迷。近几年来全球宏观经济复苏缓慢，石油价格下行，美国生物质能源发展放缓，粮食等大宗农产品消费需求相对稳定，加之连年丰收，供求关系宽松。2014年全球谷物库存消费比高达25.2%（表4），谷物价格进入下行周期，跌至2010年以来的最低点。国际市场波动的短期周期性因素与需求增长、价差扩大的中长期因素相叠加，进一步增强了粮食进口动力。

表4　近年来全球谷物供需状况

单位：亿吨、%

年份	产量	供给量	消费量	期末库存	库存消费比
2004	20.7	24.9	20.2	4.7	23.2
2005	20.5	25.2	20.4	4.7	22.4
2006	20.2	24.8	20.7	4.2	19.0
2007	21.3	25.5	21.4	4.1	18.4
2008	22.9	27.0	21.9	4.9	22.1
2009	22.7	27.6	22.3	5.2	23.1
2010	22.6	27.8	22.7	5.0	21.6
2011	23.5	28.6	23.3	5.2	22.4
2012	23.0	28.3	23.3	5.1	20.9
2013	25.3	30.3	24.2	5.8	23.5
2014	25.3	31.1	24.6	6.3	25.2

数据来源：FAO。

2014年，受上述多种因素共同作用，我国粮食进口问题变得相当复杂。我国粮食进口中既有合理需要的成分，也有进口过度的问题，既有增加供给的积极作用，也有对产业造成过度打压的负面影响。

二、粮食进口的合理规模及面临的挑战

由于资源环境约束的日益增强和消费需求的刚性增长，未来我国农产品产需缺口将呈不断扩大的趋势。有效利用国际市场资源，适度增加粮食进口，既是粮食安全新战略的必然要求，也是现实发展的必然选择。

（一）2020 年我国粮食产需缺口与适度进口规模

综合分析国际机构和国内有关部门的研究预测，正常情况下，预计到 2020 年我国粮食需求总量在 7.2 亿吨左右，其中水稻、小麦和玉米三大谷物消费总量约 5.95 亿吨，大豆 9 000 万吨，杂粮 3 500 万吨。三大谷物中水稻需求为 2.065 亿吨、小麦 1.28 亿吨、玉米 2.605 亿吨。假设未来几年我国农业支持进一步增加并能维持目前的边际激励效应不递减，粮食外的其他作物面积基本维持不变，主要粮食作物单产仍能延续 2004 年以来的增长趋势，预计到 2020 年国内粮食产量可达到 6.5 亿吨左右，这是当前技术进步水平下国内粮食的极限产能。如果考虑可持续发展的需要，"十三五"期间我国粮食产能稳定在 6.1 亿吨，那么到 2020 年我国粮食适度进口规模应该在 1.1 亿吨左右，届时我国粮食自给率达到 84.7%，不足 85%，保证这一自给率水平对中国来说是非常必要的。

（二）保持适度进口面临的挑战

一是进口保障不确定带来的挑战。由于国际粮食市场贸易量有限以及存在的风险性、波动性和不确定性，即使不考虑政治军事因素，要保障 1.1 亿吨以上的进口需求将面临很大的风险和挑战。第一，国际粮食市场整体上供给充足，但年度、区域之间很不平衡，目前全球仍有 8 亿多饥饿与营养不足人口，粮食不安全问题和粮食危机风险始终存在，近 60 年来就发生了 3 次大的世界性粮食危机。第二，世界谷物贸易占产量的比重基本上保持在 13% 左右，粮食贸易量有限。当前的全球粮食分配体系和贸易体系难以解决世界粮食安全问题，立足国内生产保障粮食最基本的供给是各国的必然选择。第三，国际粮食市场具有准垄断性，80% 粮食贸易被 ADM、邦吉、嘉吉、路易达孚四大跨国粮商所垄断。第四，受气候变化、生物质能源发展以及农产品资本化影响，国际粮食市场呈现不确定性风险性加剧的态势，2008 年下半年至 2012 年 6 月国际粮价出现了 3 次大起大落。

二是过度进口带来的挑战。我国粮食生产进入了成本快速上涨时期，粮食生产成本的"地板效应"不断增强，基于成本之上的我国粮食价格与世界市场价格差距扩大的趋势不可逆转。由于我国粮食关税保护水平低，关税"防火墙"作用非常有限，价差扩大必然导致进口动力加大，进口过度问题突出，进口价格"天花板效应"增强。在国际粮食供给宽松、粮价下行的情况下，这一挑战将更为严峻。2014年，在我国大米产需平衡的情况下籼米进口增加，造成南方籼稻库存积压，农民销售困难。在玉米临储库存高达1亿吨的情况下，大麦、高粱、玉米酒糟（DDGs）等产品进口量猛增，粮食库容不足、农民"卖粮难"问题突现。从农产品成本收益数据来看，2013年早籼稻成本收益率为5.7％、小麦为－1.4％、玉米为7.7％，均已连续3年下降且接近1998—1999年的水平。近两年，全球粮食价格持续低迷的可能性很大，受进口影响粮食生产的积极性将受到打压。

三、确保粮食适度进口的对策建议

由于耕地和劳动力不能跨国自由流动，各国农业基础竞争力存在着比工业更加难以克服的差距。通过高关税保护和国内支持来增强农业基础竞争力、确保国内产业安全，是世界各国的通行做法。在开放条件下，既要克服我国粮食生产基础竞争力不足，又要保障我国粮食基本生产能力，必须借鉴国外经验，在注重练好内功、尽力提高自身竞争力的同时，不断加强对农业的保护和支持。

（一）建立增加财政支农的长效机制，进一步加大对粮食生产的扶持力度

在缺乏欧盟、日本、韩国那样的高关税保护的情况下，加强我国财政支农力度具有更为重要的意义。

一要增加支持总量。根据入世承诺，我国"黄箱"政策空间为占产品产值8.5％的特定产品和占农业总产值8.5％的非特定产品"微量允许"，我国"黄箱"政策总量可达农业总产值的17％。近年来我国非特定产品黄箱政策空间使用比例均不足20％，按2013年产值计算的未使用空间约5 800多亿元。特定产品黄箱支持方面，对于实施最低收购价政策的小麦和大米，2013年的黄箱支持（包括最低收购价政策、良种补贴和东北出关运费等运输补贴）空间利用率为30％～40％；对于实施临时收储的玉米和大豆，黄箱支持在个别年份已突破了入世承诺。总的来看，我国黄箱

支持承诺主要对特定产品的价格支持政策特别是临时收储政策造成了约束，对财政支农政策基本没有约束。考虑到"绿箱"政策支持不受 WTO 限制，我国财政支农政策具有足够的空间，关键是我们能拿出多大财力来加强对农业的支持。

二要进一步优化支持结构。新增支农资金要实现三个倾斜、两个转变。三个倾斜主要是向提高农业综合生产能力倾斜、向新型经营主体倾斜、向粮食主产区倾斜。实现两个转变，就是要加大生态补偿和资源养护投入力度，引导生产方式向更加节水、节肥、节药、优质、安全、生态、高效的方向转变；增加现代农业发展基金，引导经营方式向规模化、标准化、专业化、组织化、社会化方向转变。

三要继续实施最低保护价政策。我国实施最低保护价的小麦和水稻两个产品，目前尚有一定的支持空间，而且有 65％的配额外关税与之配套，短期内这一政策不会受到入世承诺约束，在"十三五"期间可继续实施，并适度提高最低收购价。

（二）强化制度安排，明确金融部门支持粮食生产的责任

农村金融服务滞后最根本的原因，是提供农村金融服务的比较收益低。应借鉴其他国家的成功经验，通过立法等制度性安排，明确金融机构在支持和服务粮食安全方面的责任。可借鉴储备金制度，规定任何从事放贷业务的金融机构，不论是内资还是外资、国有还是民营，都必须有一定比例的贷款直接或通过小额信贷机构、农村信用合作社等投向粮食生产。

（三）保护好现有关税政策空间，尽力加强对我国粮食生产的合理保护

关税具有防火墙的作用，关税水平高低决定了防火墙的高低，也决定了进口价格天花板的高低。挪威、瑞士、日本的农产品平均关税水平分别为 71％、85％和 42％，最高关税数百甚至上千，重要农产品的关税水平都非常高。这就是为什么挪威、瑞士、日本农业竞争力不强，但其进口价格天花板效应并不突出的原因。由于我国承诺的关税政策空间十分有限，保障"适度进口"所需调控手段不足的问题非常突出。必须在多双边贸易谈判中，保护好这些有限政策空间。近年来，我国食糖和棉花配额外关税进口趋势增强，2014 年玉米内外价差也曾一度超过配额外关税，粮食的配额外 65％的关税水平已十分有限，粮食关税不减让、配额不扩大对稳定国内生产非常重要。

（四）推进产业安全战略，确保国内农业产业安全

保障国内粮食供给能力和农民就业增收，基础是产业安全。在产业受到损害和损害威胁时，采取贸易救济措施是 WTO 规则赋予的权利，是我国"两反一保"条例规定的法定手段，核心就是通过征收额外关税确保进口产品价格不低于国内成本价，确保国内产业具有合理的利润空间和健康发展的基础。必须坚持"两反一保"条例的立法宗旨，推进贸易救济常态化，切实维护农业产业安全。在国内支持面临突破入世承诺挑战的情况下，要特别重视建立产业损害补偿机制，加强对受损害产业的支持。

（五）推进农业"走出去"和市场多元化战略，提高利用国际市场和资源的掌控能力

要着力更加有效利用国际市场和资源，努力构建持续、稳定、高效的资源性农产品进口供应链，不断改善我国贸易环境，拓展贸易渠道。要抓住重点环节，突出重点领域，发挥企业主体作用，务实稳步推动农业"走出去"。要把推进农业"走出去"与实现市场多元化战略有机结合，提升"走出去"对象国的生产能力，为建立多元稳定可靠的进口渠道夯实基础。

（课题组组长：钱克明；副组长：倪洪兴、于孔燕；成员：吕向东、刘武兵、徐锐钊、马建蕾、李伟伟、张姝、刘超；2015年第3期）

世界主要粮食出口国的
粮食生产潜力分析

编者按： 2013 年，农业部农业贸易促进中心在系统研究的基础上，提出了国际农产品市场需要把握的七大特征。国际农产品市场供给有增长潜力，但也存在不确定性。既要充分利用，又要防止过度依赖，还要防范风险。

最近，南京农业大学周曙东教授等对世界主要粮食出口国的粮食生产潜力进行了分析，提出全球可开发潜在耕地 3.74 亿公顷，潜在粮食产量 24.21 亿吨。其主要观点和结论如下：

一、全球主要粮食品种出口情况

随着全球化的不断深化，冷战结束后全球粮食贸易日益活跃。2011 年全球谷物和大豆出口量为 3.84 亿吨，比 1991 年增长 79.34%。其中小麦出口量 1.48 亿吨，比 1991 年增长 36.81%；玉米为 1.09 亿吨，增长 65.72%；大豆为 9 102 万吨，增长 234.74%；稻谷为 3 626 万吨，增长 177.66%。粮食出口量逐年波动增加。2004 年以后，小麦、玉米和大豆

图1　1991—2011 年全球主要粮食品种出口情况

数据来源：FAO。

的出口增速明显加快,大豆出口增速最快(图1)。1991—2011年间,4种作物出口量年均增长率从高到低依次是:大豆11.73%、稻谷8.88%、玉米3.28%、小麦1.84%。

全球粮食出口国家相对集中。2011年各粮食品种出口前十位的国家出口量合计占出口总量的比重分别为:小麦85.13%、大豆98.89%、玉米90.6%、稻谷91.47%。分国家来看,美国由于其优越的自然条件、先进的农业技术水平、完善的农产品运销体系,是玉米、小麦和大豆最大的出口国,稻谷第五大出口国。巴西和阿根廷由于适宜耕作的土地面积巨大、土壤肥沃以及水资源充沛,具有较强的粮食生产和出口能力,其所有粮食品种的出口均位于世界前列。除此之外,乌克兰地处东欧,拥有世界上面积最大的黑土地,自然条件优越,其小麦、大豆和玉米出口排名均在前十位。从区域上来看,小麦的出口主要集中在南北美洲、澳大利亚、欧洲和中亚,大豆出口主要集中在南北美洲,玉米出口集中于南北美洲,稻谷出口集中于东南亚地区(表1)。

表1　2011年各粮食品种前十位出口国出口情况

单位:万吨、%

国家	小麦	份额	国家	大豆	份额
世　界	14 827.07	100.00	世　界	9 102.14	100.00
美　国	3 278.99	22.11	美　国	3 431.05	37.69
法　国	2 034.59	13.72	巴　西	3 298.56	36.24
澳大利亚	1 765.71	11.91	阿根廷	1 082.00	11.89
加拿大	1 633.51	11.02	巴拉圭	501.00	5.50
俄罗斯	1 518.59	10.24	加拿大	265.07	2.91
阿根廷	841.11	5.67	乌拉圭	181.34	1.99
德　国	616.89	4.16	乌克兰	109.63	1.20
乌克兰	409.73	2.76	荷　兰	73.75	0.81
哈萨克斯坦	289.14	1.95	斯洛文尼亚	33.41	0.37
巴　西	235.07	1.59	比利时	26.45	0.29
前十位合计	12 623.33	85.13	前十位合计	9 002.26	98.89

（续）

国家	小麦	份额	国家	大豆	份额
世　界	10 964.60	100.00	世　界	3 626.29	100.00
美　国	4 588.83	41.85	泰　国	1 067.12	29.43
阿根廷	1 580.56	14.42	越　南	711.20	19.61
巴　西	948.69	8.65	印　度	500.42	13.80
乌克兰	780.63	7.12	巴基斯坦	341.25	9.41
法　国	624.65	5.70	美　国	316.56	8.73
印　度	395.21	3.60	巴　西	129.16	3.56
匈牙利	364.37	3.32	阿根廷	72.94	2.01
南　非	256.32	2.34	意大利	72.21	1.99
罗马尼亚	231.07	2.11	乌拉圭	57.23	1.58
塞尔维亚	163.09	1.49	中　国	48.91	1.35
前十位合计	9 933.42	90.60	前十位合计	3 317.00	91.47

数据来源：FAO。

二、潜在耕地面积测算

（一）潜在耕地

适宜耕作土地是指适于耕种但尚未耕种的土地。联合国粮农组织（FAO）和国际应用系统分析研究所（IIASA）合作开发出的全球农业生态区（GAEZ）数据库，根据不同的投入水平和管理条件，在考虑气候、土壤、地形和土地利用情况之后，将全球土地按照适宜耕种程度进行划分，分为非常适宜（VS）、适宜（S）、中等适宜（MS）、勉强适宜（mS）、不适宜（NS）和建筑用地（HSG）6 个类型，前 4 种合计即被认为是适宜耕作的土地，即可耕地。据 GAEZ 统计[①]，全球适宜耕作土地面积为 32.64 亿公顷。

但这些适宜耕作土地并不都是可以用于农业生产的。目前适宜耕作土地除已经耕种的土地外多为森林草原所覆盖，全球处于森林覆盖下的适宜耕作土地面积为 7.09 亿公顷。还有一些区域被列为生态保护区，也不宜

---

① GAEZ 数据库根据不同的投入水平（低投入、中等投入、高投入、混合投入）和水资源来源（雨养、灌溉、雨养＋灌溉）评价土地类型，其中高投入、雨养＋灌溉与现实情况最为接近。本文选择该条件下的土地评价结果。

开发。因此本研究定义潜在耕地是指各国适宜耕作土地面积减去各国现有耕地面积①以及适宜耕作土地位于各类保护区的面积、建筑用地面积之后的面积（表2）。

表2 各大洲潜在耕地面积前三位的国家分布

单位：万公顷

国 家	潜在耕地	森林区		非森林区	
		不在保护区	在保护区	不在保护区	在保护区
南美洲	67 011.43	31 848.30	1 705.70	35 163.13	2 271.10
巴 西	37 528.10	20 155.50	1 151.20	17 372.60	1 512.10
玻利维亚	5 266.50	2 861.30	126.10	2 405.20	234.60
阿根廷	5 084.90	240.00	8.80	4 844.90	33.90
非 洲	65 163.40	11 728.70	273.30	53 434.70	1 613.40
刚果（金）	10 734.30	5 160.40	121.20	5 573.90	23.60
苏 丹	6 412.60	12.70	0.10	6 399.90	642.80
安哥拉	4 879.60	289.30	0.00	4 590.30	0.00
几内亚比绍	1 164.00	276.00	0.00	888.00	0.00
欧 洲	20 441.54	10 715.30	162.70	9 726.24	925.90
俄罗斯	11 759.90	8 218.20	8.00	3 541.70	35.80
波 兰	1 302.00	368.90	11.70	933.10	56.00
白俄罗斯	1 112.70	451.00	17.60	661.70	29.80
北美洲	16 578.35	9 722.00	403.50	6 856.35	481.40
美 国	12 339.45	5 845.10	159.80	6 494.35	265.00
加拿大	3 315.60	3 169.30	62.10	146.30	62.40
古 巴	163.70	54.40	13.80	109.30	20.90
亚 洲	11 600.69	3 390.10	37.80	8 210.59	592.10
印度尼西亚	3 347.80	1 594.30	12.20	1 753.50	28.70
中 国	1 426.55	163.20	1.60	1 263.35	188.20
印 度	1 107.70	440.10	1.90	667.60	39.60
大洋洲	6 882.80	833.50	57.40	6 049.30	456.30
澳大利亚	6 296.10	749.50	56.40	5 546.60	438.60
新西兰	426.50	19.20	1.00	407.30	17.70
合 计	178 157.20	68 269.60	2 640.70	109 887.60	6 512.00

数据来源：GAEZ数据库。

从表2中可以看出，扣除各类保护区的面积后，全球尚有17.82亿公

---

① 用2011年各国耕地面积数据计算。

顷潜在耕地可供开发，其中位于森林区域的有 6.82 亿公顷，森林以外的
有 10.99 亿公顷。拥有潜在耕地面积最大的地区是南美洲，其次为非洲。
可开发潜在耕地面积最大的国家是巴西，达到 3.75 亿公顷；其次是美国，
为 1.23 亿公顷；俄罗斯、刚果（金）的潜在耕地面积超过 1 亿公顷。

　　并非所有国家都有能力把潜力开发出来。撒哈拉以南的非洲虽然潜在
耕地面积巨大，但是由于农业技术落后、农业基础设施短缺、农业劳动力
缺乏且素质低下，以及一些国家政局动荡、自然灾害频发，粮食生产的潜
力难以开发，至今仍是世界上严重缺粮的地区之一。而有些国家如印度和
印度尼西亚是粮食出口的大国，同时拥有较多的可开发潜在耕地，但由于
本国巨大的人口压力，因此未来其粮食出口的潜力不大。巴基斯坦和哈萨
克斯坦气候干旱，农业生产高度依赖灌溉，尚未开垦的土地较为贫瘠，因
而粮食出口潜力不大。稻谷出口集中的泰国、越南拥有潜在耕地面积分别
为 1 028 万公顷和 276 万公顷，虽然潜在耕地面积不大，但开发的可能性
很大。因此综合现有粮食出口国和潜在耕地分布情况，可以确定未来有潜
力的粮食出口国是：巴西、美国、俄罗斯、澳大利亚、阿根廷、加拿大、
巴拉圭、泰国、乌克兰、法国、越南（表3）。

表3　世界主要粮食出口国潜在耕地分布情况

单位：万公顷

国家	潜在耕地	森林区		非森林区	
		不在保护区	在保护区	不在保护区	在保护区
巴　西	37 528.10	20 155.50	1 151.20	17 372.60	1 512.10
美　国	12 339.45	5 845.10	159.80	6 494.35	265.00
俄罗斯	11 759.90	8 218.20	8.00	3 541.70	35.80
澳大利亚	6 296.10	749.50	56.40	5 546.60	438.60
阿根廷	5 084.90	240.00	8.80	4 844.90	33.90
加拿大	3 315.60	3 169.30	62.10	146.30	62.40
巴拉圭	1 486.10	48.50	0.00	1 437.60	3.10
泰　国	1 028.00	34.90	0.00	993.10	6.40
乌克兰	956.90	276.00	3.10	680.90	17.40
法　国	715.30	87.50	12.80	627.80	182.70
越　南	276.40	29.00	0.00	247.40	0.60

　　数据来源：GAEZ 数据库。

（二）可开发潜在耕地

　　扣除保护区和已经耕种的土地后，拥有潜在耕地最多的国家是巴西，

美国居第二，俄罗斯第三。其他国家潜在耕地不超过 1 亿公顷。各国对于耕地开发做出了种种限制，其法律政策各不相同（表 4）。潜在耕地扣除了各国耕地开发限制的影响，为可开发潜在耕地。

表 4　主要粮食出口国潜在耕地开发限制因素

国　家	相关法律或计划	具体内容
巴　西	森林法、外资企业限购土地令	禁止开发原始雨林，不得砍伐树木。禁止外国人、外国企业及外国控股的巴西企业购买或并购拥有土地所有权的巴西企业。外国人购买超过 100 公顷土地，必须由巴西国会批准通过，并特别规定，外国人购买土地不能超过每个乡镇可用土地的 25%
美　国	土地休耕计划、天然林保护法、荒野法	禁至开发森林和荒地。截至 2013 年 10 月，处于休耕状态的土地面积为 1 036 万公顷
俄罗斯	俄罗斯联邦林业局森林可持续经营标准和指标条例	水源涵养林、防护林、卫生保健林、特殊保护区森林、天然禁伐林不允许进行主伐利用，约占全国森林面积的 21.7%。分布在人口稠密地区的森林及严格控制采伐利用地区的森林可以适度工业利用，但应以不损害其发挥保护功能为前提，约占全国森林面积的 7.6%。其他分布在多林地区的森林在不影响其防护功能前提下可不断满足国民经济对木材的需求，约占全国森林面积的 70.7%
澳大利亚	区域性林业协定	澳大利亚 26% 的天然林禁止采伐，其余 74% 允许采伐，但附加条件繁多
阿根廷	森林投资法	鼓励投资，无明显限制
加拿大	北方森林保护框架	为至少 20% 面积的北方森林成立严格保护区，保障 60% 的生态环境不受破坏，人类于保护区内的活动不能超过保护区面积的 20%
巴拉圭	森林法、森林开发五年计划、植树造林计划	引进速生树种、提高木材生产能力；开发尚未利用的森林地带，确立天然林施业和林产工业用材林；保存珍贵动植物栖息地等
泰　国	森林保护法、森林法	天然林禁伐
乌克兰	森林法	确立了"森林采伐要确保森林资源增长量大于采伐量"的森林经营政策，实行严格的森林采伐限额制度，保证林业实现可持续发展
法　国	森林法	国有林地不断扩大，私有林采伐量不超过生长量
越　南	全国林业发展总体任务	要求林业要集中力量提高经济效益，加快人工造林步伐，加大荒山绿化速度，改进森林作业方法，增强森林蓄养生物多样性和保护环境的功能

数据来源：中国林业网。

巴西、美国、俄罗斯、泰国、乌克兰对森林区的潜在耕地禁止开发，澳大利亚、加拿大的森林区潜在耕地可以部分开发，阿根廷、巴拉圭、越南对森林区潜在耕地开发无明显限制。美国对于荒地开发也做出了一定的限制。扣除这些限制因素后，各国可开发潜在耕地如表5所示。

表5　主要粮食出口国可开发潜在耕地面积

单位：万公顷

国　家	可开发潜在耕地
巴　　西	17 372.60
澳大利亚	5 546.60
阿根廷	5 084.90
俄罗斯	3 541.70
巴拉圭	1 486.10
美　　国	1 036.00
泰　　国	993.10
加拿大	780.16
乌克兰	680.90
法　　国	627.80
越　　南	276.40

数据来源：本研究计算。

（三）潜在播种面积

潜在播种面积是指在可开发潜在耕地的基础上考虑土地复种情况计算的。本文假定潜在耕地分布和当前已有耕地熟制相同，综合自然保护区、各国土地开发法律政策限制以及土地复种情况后，粮食出口国的潜在播种面积最大的国家是巴西，达4.04亿公顷；其次是阿根廷，为1.08亿公顷。其他国家均不超过1亿公顷（表6）。

表6 主要粮食出口国潜在播种面积及各国熟制①所占比例

单位：万公顷、%

国　家	潜在播种面积	一年一熟	一年两熟	一年三熟
巴　西	40 356.55	5.8	56.1	38.1
阿 根 廷	10 795.24	25.2	37.0	37.7
澳大利亚	6 694.75	82.9	12.9	4.3
巴 拉 圭	4 024.36	5.1	19.0	75.9
俄 罗 斯	3 573.58	99.1	0.9	0.0
美　国	2 114.46	23.4	49.1	27.5
泰　国	2 016.99	0.0	96.9	3.1
加 拿 大	780.94	99.9	0.1	0.0
乌 克 兰	680.90	100.0	0.0	0.0
法　国	661.70	94.6	5.4	0.0
越　南	594.26	0.0	85.0	15.0

数据来源：可开发潜在播种面积为本研究计算。

三、潜在粮食产量

根据某一国家某种作物近年的播种面积和单产情况，采用 2010—2013 年3年移动平均数据，计算出主要粮食生产国的潜在粮食产量（表7）。表7 显示了主要粮食出口国潜在耕地如果用于生产谷物和大豆，按照目前种植 结构、单产水平所能生产的最大潜在粮食产量。在假设国内需求不增加的 前提下，此潜在粮食产量可以认为是各国的最大潜在出口量。从总量来 看，巴西由于其耕地潜力巨大，能够生产多达 14.15 亿吨潜在粮食。其次 是阿根廷，有 3.68 亿吨。其他潜在粮食产量超过 1 亿吨的国家有澳大利 亚、巴拉圭和美国。其他国家由于各种不同原因导致潜在耕地面积虽然较 大，但是能生产的潜在粮食数量不多。例如美国和加拿大出于生态保护的 考虑限制潜在耕地的开发；俄罗斯地处寒带，单产较低。分品种来看，这 些粮食出口主要国家所能增加的潜在粮食总量分别为：大豆 9.8 亿吨，稻 谷 2.15 亿吨，小麦 3.9 亿吨，玉米 8.37 亿吨。大豆潜在产量最多的是美

---

① 资料来自于 GAEZ 数据库，网址 http：//webarchive. iiasa. ac. at/Research/LUC/ SAEZ/index. html。

洲国家如巴西、阿根廷、巴拉圭和美国，分别为 6.68 亿吨、2.08 亿吨、7 489 万吨和 2 169 万吨；稻谷潜在产量除了巴西达到 1.16 亿吨以外，其次是东南亚国家如泰国和越南，分别为 5 441 万吨和 2 798 万吨；小麦潜在产量最高的是澳大利亚 1.28 亿吨，其次是俄罗斯 6 281 万吨和阿根廷 5 533 万吨；玉米潜在产量最高的国家与大豆类似，仍为巴西、阿根廷、美国和巴拉圭，分别为 5.8 亿吨、9 839 万吨、7 509 万吨和 2 991 万吨。总体而言，可以看出不同粮食品种增产地区分布有一定的规律：大豆和玉米增产潜力主要是在南美洲国家和美国；稻谷增产潜力主要在东南亚和巴西；小麦增产潜力位于南北温带地区。

表 7　粮食主产国潜在粮食产量

单位：万吨

国　家	潜在大豆产量	潜在稻谷产量	潜在小麦产量	潜在玉米产量	潜在粮食总产量
巴　西	66 760.49	11 567.79	5 169.54	57 988.60	141 486.42
阿根廷	20 807.33	614.20	5 533.10	9 838.76	36 793.39
澳大利亚	30.15	305.79	12 839.60	182.68	13 358.22
巴拉圭	7 488.66	345.49	1 337.25	2 990.95	12 162.35
美　国	2 168.90	237.30	1 459.10	7 509.30	11 374.60
俄罗斯	205.13	148.54	6 281.08	822.29	7 457.04
泰　国	28.97	5 441.34	0.17	731.87	6 202.35
法　国	12.26	10.91	3 565.34	1 362.72	4 951.23
越　南	19.70	2 798.14		316.36	3 134.20
加拿大	302.48	0.00	1 699.46	770.66	2 772.60
乌克兰	126.30	10.02	1 141.42	1 143.55	2 421.29
合　计	97 950.37	21 479.52	39 026.06	83 657.74	242 113.69

数据来源：本研究计算。

　　表 7 的数字代表了各国在各粮食品种上按照当前单产水平生产的最大潜力[①]，亦即这些国家所能达到的潜在粮食增产的上限。这为中国选择和

---

　　① 事实上由于技术进步，各品种粮食作物单产会逐年提高，因单产提高导致的粮食生产潜力增加本研究未及。

哪些国家展开合作、具体能够获得多少粮食产量提供了依据。中国若能获得上述粮食生产潜力的 10%～20%，便足以有效保障中国的粮食安全。

四、生产情况分析

（一）单产波动性分析

农业是与自然环境结合紧密的产业，农业生产过程受人为因素和自然因素的共同影响，与其他产业相比呈现出较大的年际波动性。波动程度的大小反映了一国农业生产投入的稳健性、自然资源条件和农业抵御自然灾害的能力，波动程度越大，生产稳定性越差。根据方差计算结果，分品种波动值从高到低依次是玉米、小麦、水稻和大豆，分国别波动最小的是越南、泰国和巴西。这 3 国地处热带，光热水分条件较好，因此粮食生产稳定性最高。波动较小的国家是俄罗斯、加拿大、阿根廷和澳大利亚。这 4 个国家地处温带，光热水分条件不如热带地区，因此稳定性较热带国家为差，但农业生产实力较强，因此生产稳定性高于其他温带国家。与各品种波动均值相比，俄罗斯、加拿大和阿根廷 3 国小麦和水稻波动值小于其均值，玉米高于均值，大豆生产阿根廷和加拿大波动值略高于均值。因此若在这 3 个国家从事玉米种植应当更注重加强相应自然灾害的应对。澳大利亚以小麦生产为主，但其小麦生产与小麦波动均值相比较高，反映出该国地广人稀，农业广种薄收的特点。波动较大的国家是巴拉圭、法国、美国和乌克兰。巴拉圭和乌克兰分别于阿根廷和俄罗斯毗邻，自然条件与后两国类似，但巴拉圭经济水平较差，农业设施条件较差，因此生产稳定性较差。乌克兰属于转型国家，自苏联分裂以后农业生产能力下降较多，至今仍未完全恢复。而法国和美国受气候变化的影响，近年来遭遇自然灾害频繁，因此影响到生产稳定性。分品种来看，巴拉圭的小麦、大豆和稻谷，法国的玉米和小麦，美国的玉米，乌克兰的小麦和稻谷波动较大，需要密切防范与之相关的自然灾害风险。

（二）收获季节差异分析

粮食生产具有较强的季节性，供给相对集中；而粮食的需求在全年平均分布，这种特点在一定程度上加剧了一国粮食市场的价格波动。但是从全球范围来看，由于在地理、气候等方面的差异，世界粮食主要出口国各品种粮食收获季节差别较大。

分国家来看，北半球国家的粮食收获时间与中国相同或者相近，但是南半球国家如阿根廷、澳大利亚、巴西和巴拉圭粮食收获时间与中国差别较大。就玉米而言，中国收获时间主要在 8—10 月，而南半球国家在 2—5 月；小麦中国收获时间是 5—8 月，南半球国家是 10—1 月；稻谷中国收获时间在 7—10 月，而南半球国家是 1—4 月；大豆中国收获时间在 9—10 月，而南半球国家是 3—5 月。这些国家粮食收获时间正是中国粮食生产青黄不接的时期，因此与这些国家开展农业合作，能够在一定程度上熨平粮食供应季节上的波动（表 8）。

表 8　主要粮食出口国粮食品种收获时间

国　家	玉米	小麦	稻谷	大豆
阿根廷	4—5 月	11—1 月	3—4 月	3—5 月
澳大利亚	—	11—12 月	—	—
巴　西	1—2 月	10—1 月	1—2 月	2—3 月
加拿大	—	9—10 月	—	—
法　国	10—11 月	7—8 月	—	—
巴拉圭	2—3 月	10—11 月	1—2 月	3—4 月
俄罗斯	9—10 月	6—10 月	—	9—10 月
泰　国	7—8 月	—	4—11 月	—
乌克兰	9—10 月	7—8 月	—	9—10 月
美　国	9—10 月	5—8 月	9—10 月	9—10 月
越　南	—	—	4—11 月	—
中　国	8—10 月	5—8 月	7—10 月	9—10 月

数据来源：互联网，经笔者整理。

五、我国农业"走出去"相关风险

由于气候变化及农产品"能源化""金融化"趋势加深，国际农产品供给波动加剧，直接进口粮食风险日益增加，针对粮食主产国开展"农业走出去"将成为中国未来利用国际粮食资源的必然选择。

（一）投资政治风险

本文参考姚凯等提出中国企业对外投资的政治风险及量化评估模型方法，测算了前文所述粮食主要出口国 2006—2012 年的投资政治风险（表 9、表 10）。

表 9   政治风险分类分级

风险级别	1	2	3	4	5	6	7	8	9
	L1	L2	L3	M1	M2	M3	H1	H2	H3
从	0.00	1.40	1.71	2.03	2.34	2.66	2.97	3.29	3.60
至	1.40	1.71	2.03	2.34	2.66	2.97	3.29	3.60	5.00

数据来源：姚凯（2012）。政治风险可以根据得分细分为低（L）、中（M）、高（H）3类9级。

表 10   粮食主产国 2006—2012 年政治风险的测算结果

国 家	2006 年	2007 年	2008 年	2009 年	2010 年	2011 年	2012 年
阿 根 廷	M3	M3	M3	M3	M3	M3	M3
澳大利亚	L1	L1	L1	L1	L1	L1	L1
巴 拉 圭	H1	H1	M3	M3	M3	M3	M3
巴 西	M2	M2	M2	M2	M2	M2	M1
俄 罗 斯	H1	H1	H1	H1	H1	H1	H1
法 国	L2	L2	L2	L1	L2	L1	L1
加 拿 大	L1	L1	L1	L1	L1	L1	L1
美 国	L1	L1	L1	L1	L1	L1	L1
泰 国	M3	M3	M3	M3	M3	M3	M3
乌 克 兰	M3	M3	M3	H1	H1	H1	H1
越 南	M3	M3	H1	H1	H1	H1	H1

数据来源：本研究计算。

从表 10 中可以看出，粮食主产国中 2012 年政治风险水平最高的国家是俄罗斯、乌克兰和越南，达到 H1 级别；阿根廷、巴拉圭和泰国紧随其后，达到 M3 级别；再次是巴西，M1 级别；风险较低的国家是法国、美国、加拿大和澳大利亚。从趋势上看，俄罗斯投资的政治风险一直很高，乌克兰投资风险有上升的趋势，2008 年以后政治风险从 M3 级别上升到 H1 级别。越南政治风险上升发生在 2007 年以后。阿根廷的政治风险一直是 M3 级别，但从具体分数来看有上升的趋势；巴拉圭的政治风险从 2007 年起下降，由 H1 降低到 M3。泰国政治风险一直处于 M3 级别，但有下降的趋势。巴西政治风险持续下降，2012 年由 M2 下降至 M1 级别。法国、美国、加拿大和澳大利政治风险最低。

（二）粮食禁止出口风险

2006—2008 年的粮食危机时期，世界主要稻谷出口国纷纷出台粮食出口禁令，之后由于自然灾害等原因俄罗斯、乌克兰等国禁止小麦出口。粮食出口禁令成为中国利用国际市场保障粮食安全的隐患（表11）。

表11　2007—2011 年间粮食出口国的出口限制产品和政策工具

国　家	产　品	限制政策
阿根廷	小麦、玉米、大豆、向日葵籽	从价税、滑准税、出口配额、禁止
中　国	大米、小麦、面粉	从价税、出口配额/许可证
印　度	(1) Basmati 大米	(1) 最低出口价格、特定税、STE
	(2) 普通大米	(2) 出口禁止、最低出口价格、STE
	(3) 小麦	(3) 出口禁止、出口配额、STE
巴基斯坦	(1) 大米（普通和 Basmati）	(1) 最低出口价格
	(2) 小麦	(2) 从价税、出口配额、出口禁止
俄罗斯	(1) 小麦、玉米、大麦、面粉	(1) 从价税、出口禁止
	(2) 油菜籽	(2) 从价税
乌克兰	小麦、玉米、大麦	出口配额
越　南	大米	最低出口价格、出口配额、出口禁止、滑准税、STE

注：STE 指国有贸易企业。
数据来源：孙林（2011）。

从表中可以看出，禁止出口的主要粮食品种有稻谷和小麦，主要的国家是亚洲国家和俄罗斯、乌克兰。东南亚国家由于其保障国内粮食安全压力易受国际粮价波动影响导致出台出口禁令；俄罗斯、乌克兰则因自然灾害导致粮食减产因而容易出台粮食出口限制政策。因此中国在布局全球农业合作战略时，就国家而言应当适当减轻对有过出口限制先例国家的依赖，就品种而言应当降低稻谷和小麦对国际市场的依赖，保证"口粮绝对安全"。在与主要粮食出口国进行农业合作时，针对上述投资风险和粮食禁止出口风险应当将保护投资安全和约束出口限制纳入合作框架协议，以降低上述风险。

六、主要粮食品种农业合作潜力排名

最后，综合潜在产量、单产波动性、投资的政治风险，各粮食品种农业合作潜力排名前四位的国家相关情况如表 12 所示。

表 12　各粮食品种综合合作潜力较大国家详细情况

单位：万吨

排序	项目	稻谷	小麦	玉米	大豆
1	国家	泰国	澳大利亚	巴西	巴西
	潜在产量	5 441	12 839.6	57 988.6	66 760.49
	单产波动性	低	中等	低	低
	投资政治风险	中等偏高	低	中等偏低	中等偏低
2	国家	巴西	俄罗斯	阿根廷	阿根廷
	潜在产量	11 567.79	6 281.08	9 838.76	20 807.33
	单产波动性	低	低	高	中等
	投资政治风险	中等偏低	高	中等偏高	中等偏高
3	国家	越南	阿根廷	美国	巴拉圭
	潜在产量	2 168.9	5 533.1	7 509.3	7 488.66
	单产波动性	低	低	高	高
	投资政治风险	高	中等偏高	低	中等偏高
4	国家	阿根廷	巴西	巴拉圭	美国
	潜在产量	692.74	5 169.54	2 990.95	2 168.9
	单产波动性	低	低	中等	低
	投资政治风险	中等偏高	中等偏低	中等偏高	低

（周曙东、赵明正、陈康、肖宵；2015 年第 6 期）

大宗农产品内外价差
扩大问题与对策研究

近年来，在我国粮食生产"十连增"、主要农产品全面增产的同时，国内粮棉油糖价格开始全面高于国际价格，内外价差不断扩大，农产品进口受价差驱动的特征显著，进口价格"天花板"效应增强，给国内农业发展和粮食安全带来了新的挑战。深入分析内外价差扩大的原因，准确把握可能带来的影响，提出切实有效的对策建议，对确保国内粮棉油糖产业持续健康发展至关重要。

一、内外价差扩大的主要原因

农业是高度依赖自然资源的产业，土地经营规模决定了农业的基础竞争力。随着劳动力、土地、环境保护、质量安全成本的显性化和不断提高，我国农业进入了成本快速上涨时期，大宗农产品生产成本必然与瑞士日韩的水平日趋接近，与美加澳等主要出口国的差距不断拉大。国际市场农产品价格主要由出口国决定，基于成本之上的我国大宗农产品价格与世界市场价格差距扩大的趋势不可逆转。

2008 年，除大豆外，我国大宗农产品国内价格都低于国际离岸价格，其中大米、小麦、玉米、棉花每吨分别低 2 334 元、610 元、101 元、486 元。到 2013 年，大宗农产品国内价格全面高于国际市场离岸价格，大米、小麦、玉米、大豆每吨分别高 209 元、305 元、533 元、1 264 元，棉花、食糖每吨分别高 8 054 元、3 683 元。2014 年 1—5 月，谷物和大豆内外价差继续扩大，大米、小麦、玉米、大豆每吨分别高 318 元、451 元、924 元、1 484 元，棉花、食糖价差有所回落，分别为 7 078 元、2 766 元，主要是因为国内价格受进口打压而下跌（表 1）。

大宗农产品内外价差扩大的直接原因是国内生产成本的快速上涨。近年来，我国农业劳动力机会成本快速上升、土地成本更加显性化、环境保护成本和质量安全投入不断增长、其他物质成本也快速增加，所有这些使

表1　我国大宗农产品国内外价差情况

单位：元/吨

年份	大米	小麦	玉米	棉花	大豆	食糖
2008	−2 334	−610	−101	−486	52	1 217
2009	−1 031	318	510	3 853	699	1 109
2010	−858	467	614	9 306	827	2 461
2011	−840	36	237	−3 456	590	3 479
2012	−120	189	339	5 825	995	3 133
2013	209	305	533	8 054	1 264	3 683
2014	318	451	924	7 078	1 484	2 766

注：价差＝国内价格—国际离岸价。

数据来源：国际离岸价格来源于世界银行；国内价格来源于《全国农产品成本收益资料汇编》。

使我国农业进入了成本快速上涨时期，大宗农产品生产成本与瑞士日韩的水平日趋接近。2006—2012年，我国水稻、小麦、玉米、棉花、油菜籽、甘蔗的生产成本年均增长率分别为11%、11.3%、11.8%、12.8%、15.7%、13.4%，成本上升必然推动价格上涨，同期这些产品的国内价格年均增长率分别为9.4%、7.1%、9.8%、7%、13.3%、10.2%（表2）。有些人把农产品价格上涨归因于最低收购价、临时收储等支持政策，这是没有道理的。事实上，粮棉油糖价格涨幅均低于成本涨幅，价格提高还没能完全消化成本的上涨。

　　大宗农产品内外价差扩大的根本原因是我国农业基础竞争力先天不足。我国农户平均经营规模相当于欧盟的1/40、美国的1/400。即使在一定时间内将现有一半农村人口稳定地转移出去，农业经营规模仍然不大。尽管我国在劳动力密集型农产品上有一定比较优势，通过适度规模经营、科技进步等措施提高农业竞争力仍有一定余地，但从整体看，由生产规模决定，我国农业特别是大宗农产品基础竞争力先天不足，与世界主要出口国的差距难以从根本上消除。生产规模过小导致农业劳动生产率低下。据中国科学院数据，我国农业劳动生产率约为世界平均的47%，高收入国家平均的2%，美国的1%。

表2 我国主要农产品国内价格与成本变化情况

单位：元/50千克、%

项 目		2006年	2012年	年均增长
稻谷	价格	80.6	138.1	9.4
	成本	58.0	108.7	11.0
小麦	价格	71.6	108.3	7.1
	成本	55.5	105.6	11.3
玉米	价格	63.4	111.1	9.8
	成本	46.9	91.6	11.8
大豆	价格	125.6	236.4	11.1
	成本	100.3	193.4	11.6
棉花	价格	606.5	912.1	7.0
	成本	437.7	900.4	12.8
甘蔗	价格	13.1	23.4	10.2
	成本	9.2	19.5	13.4
油菜籽	价格	116.8	247.0	13.3
	成本	115.8	277.8	15.7

数据来源：《全国农产品成本收益资料汇编》。

内外价差扩大本质上是成本差距的直接传导。受农业基础竞争力和劳动生产率制约，我国农产品生产成本在与瑞士、日本、韩国日趋接近的同时，与美国、加拿大和澳大利亚等主要出口国的差距不断拉大。2006年我国稻谷、小麦和棉花生产成本分别比美国低35.6%、42.7%和26.5%，玉米生产成本与美国基本持平。但到2012年，稻谷、小麦、玉米、棉花的生产成本均高于美国，分别比美国高23.9%、34.2%、37.3%和22.4%。目前，我国甘蔗的收购价是440元/吨，而巴西、泰国的甘蔗价格仅为180～200元/吨，我国食糖生产原料成本比巴西、泰国高出一倍多。

当然，从特定时段看，内外价差还受国际市场周期性波动的影响，当国际市场价格处于谷底时，内外差价问题将更加突出。此外，人民币升值也加剧了价差的扩大。

二、内外价差扩大带来的挑战

大宗农产品内外价差扩大实际上是我国基于成本之上的合理价格与世界市场价格差距的扩大。当价差高于进口约束关税水平（即最高关税水平）时，农产品进口面临失控的风险；当进口税后价低于国内最低收购价和临时收储价时，国内调控政策面临失灵的风险；当进口税后价低于国内成本价时，由于进口价格的"天花板"效应，国内产业面临难以持续的风险。这将给国内农业发展和粮食安全带来越来越严峻的挑战。

（一）价差扩大导致进口过量，实现"适度进口"目标面临挑战

在资源刚性约束和需求刚性增长的情况下，适度进口大宗农产品是我国的必然选择。入世以来，我国农产品进口持续快速增长，年均增长率超过20％，进口额每3年翻一番（表3）。2011年起，大宗农产品呈现全面净进口。2013年粮棉油糖净进口量折合8.6亿亩耕地播种面积，占国内耕地播种面积总量的35％（表4）。然而，近3年来我国大宗农产品进口中有相当一部分不是因为国内短缺，而是受内外价差驱动，造成"国货入库、洋货入市""边进口、边积压"的怪象，过度进口问题十分突出。

表3　2001—2013年我国农产品进口增长情况

单位：亿美元、％

	2001	2002	2003	2004	2005	2010	2011	2012	2013	年均增长
进口额	119	125	190	281	288	726	949	1 124	1 189	21.2
净进口	−42	−57	−23	47	12	232	341	493	511	

数据来源：中国海关统计。

表4　2013年我国粮棉油糖净进口量折合耕地播种面积

单位：万吨、万亩

产品	谷物①	油籽	植物油②	饼粕③	棉花	食糖	合计
净进口	1 334	6 700	857	353	449	450	
折面积	4 098	54 778	19 792	1 463	5 062	807	86 000

注：①为大米、小麦、玉米和大麦；②为棕榈油、豆油和菜籽油；③含DDGs。
数据来源：中国海关统计。

不同产品进口过量程度不同。粮食进口总体上以品种调剂为主，但特

定品种进口受价差驱动显著。在我国大米供求平衡、库存充裕的情况下，因越南籼米价格低廉，国内企业进口动力强劲。近两年我国大米进口量都在 220 万吨以上，2014 年 1—5 月进口量已达 109 万吨。尽管大米进口占我国消费总量的比例十分有限，但进口对籼米主产区影响显著，导致南方籼稻销售困难，库存积压。玉米国内供给和库存充裕，虽然有关税配额管理调控，玉米仍保持了一定数量的净进口，同时作为玉米替代产品的玉米酒糟、高粱和大麦进口快速增长，2014 年 1—5 月上述 3 个产品合计进口 620 万吨，同比增加 2.8 倍。

棉糖内外价差幅度大，过度进口问题严重。2011—2013 年我国累计进口棉花 1 349 万吨，超出正常产需缺口 750 万吨，国内库存大量积压，2012/2013 期末国内库存达 1 148 万吨，占全球库存的 60%，库存消费比高达 144%。2011—2013 年我国食糖累计净进口 1 106 万吨，占同期国内生产量的 26.4%，比上一个 3 年 338 万吨的净进口量增长 227%。这 3 年食糖进口超出正常缺口 500 万吨，导致库存积压，国产糖销售困难。2012/2013 榨季我国食糖期末库存 800 多万吨，库存消费比高达 58%。至 2014 年 5 月底，2013/2014 榨季全国累计销售食糖 684.7 万吨，同比减少 236.5 万吨，累计销糖率 51.4%，同比下降近 20 个百分点。

油籽和植物油进口主要是因为多年来形成的巨大产需缺口，但过量进口问题在油菜籽上表现比较突出。由于不同植物油和油籽之间存在很强的替代关系，大豆、棕榈油的大量进口以及油菜籽和菜籽油进口的增长，对我国以冬闲田种植为主的油菜生产造成了明显挤压。目前我国油菜生产主要靠临时收储政策支撑，近年来收储加工的 600 万吨菜籽油积压在库。

（二）价差扩大导致关税"防火墙"作用失效，国内调控政策面临挑战

对于实施单一关税的农产品进口，我国的管控手段仅限于征收有限的关税。对于实施关税配额管理的农产品（表 5），以配额外关税税率的进口我国也是完全放开的，没有任何调控手段。

近几年来棉糖内外价差幅度已超过其配额外关税水平，以配额外关税税率进口增势趋强。2011—2013 年，食糖以配额外 50% 税率进口的数量分别为 97 万吨、180 万吨和 260 万吨。2013 年棉花以配额外滑准税进口 189 万吨，以配额外 40% 税率进口 51 万吨。目前三大谷物进口量有限，保持在关税配额量之内，但按近几年成本和价格增长趋势推算，今后5～7年粮食内外价差幅度将超过配额外关税65％的水平，届时三大谷物以配额外关税税率进口将成为现实，配额外关税"防火墙"作用将基本失效。

表5　我国关税配额产品配额量及配额内外税率

单位：万吨、％

产品	配额承诺量	配额内税率	配额外税率	国营贸易比例
小麦	963.6	1	65	90
玉米	720.0	1	65	60
大米	532.0	1	65	50
食糖	194.5	15	50	70
棉花	89.4	1	40	33

数据来源：《中华人民共和国进出口税则》。

为了确保大宗农产品有合理的价格水平、保障农民收入稳定增长，我国对粮棉油糖实施最低收购价政策或临时收储政策。但近3年来，大宗农产品进口税后价持续低于国内最低收购价和临时收储价，导致"边收储边进口"，不仅削弱了托市政策效果，而且使这些政策因成本过高而难以为继。2012/2013年度和2013/2014年度我国临时收储玉米量分别为3 083万吨和6 919万吨。由于进口玉米价格较低，2012年和2013年我国玉米进口量分别为521万吨和238万吨，作为玉米替代品的玉米酒糟进口量分别为327万吨和400万吨。目前玉米临时收储库存累计1亿吨，临时收储玉米难以顺价出库，库容不足问题日益突出。

2011—2013年我国棉花临时收储量分别达到313万吨、651万吨和629万吨。同期棉花进口保持高位，进口棉税后价远低于收储价，临储棉难以顺价出库。目前棉花临时收储库存累计近1 000万吨，而每吨棉花库存1年的利息和维护成本在2 000元左右，临储的财务负担十分沉重。

菜籽油临储库存高达600万吨，若按当前市场价格销售，即使能出库，亏损超过150亿元。食糖临储库存500万吨左右，根据收储价与目前市场价推算，隐亏超过200亿元。

最低收购价、临时收储等价格支持政策在欧美国家的运用有相当长的历史，现在仍在使用，指责其有违"发挥市场在资源配置中的决定性作用"的观点是站不住脚的。此类政策之所以在我国实践中面临困境，是因为我国缺乏与内外价差幅度相适应的关税政策来配套。

（三）价差扩大导致进口价格"天花板"效应增强，农业产业安全和粮食安全面临挑战

内外价差扩大最终表现为进口价格对国内价格的抑制和打压，使产业发展缺乏最基本的利益激励和动力。近年来，随着国内成本的快速上涨，进口税后价开始低于国内成本价，进口对国内价格的抑制和打压问题日益突出。

目前进口对我国粮食生产的影响总体看比较有限，但越南低价大米进口对南方籼稻产区的打压显著。2012年和2013年进口大米税后价每吨分别为3 300元和3 000元，比我国的稻谷最低收购价折合的大米价格分别低约200元和800元。进口使得南方籼米市场价格弱势运行，尤其是湖南、江西等省，大米外销受阻，多家稻谷加工企业已连续两年处于停产、半停产状态，出现大面积亏损。

大豆是我国最早受到进口影响的大宗农产品。我国大豆关税只有3%，进口价格直接成为国内大豆价格的天花板，国内价格既不能随着需求的拉动而相应提高，也不能随着生产成本的上升而有合理的上升。大豆种植比较效益因此不断下降，生产波动下滑，就榨油大豆而言已经由原来的800多万吨减少到不足300万吨。

棉花受进口价格"天花板"效应影响显著。近两年我国棉花以滑准税计的进口税后价与国内收储价格差距在4 000~6 000元/吨，进口税后价比国产棉价低2 000~4 000元/吨。在巨大的差价和进口压力下，国内棉花很难在市场上以高于成本的合理价格进行销售，不得不主要依靠临时收储，2012年和2013年临储棉占国内产量的比例高达95%以上。

国内食糖价格跌破成本，糖业面临生存考验。当前，我国以配额外税率进口的原糖精炼税后均价基本保持在5 000元/吨左右的水平。进口价格过低，导致国内价格持续下跌。2011年8月柳州食糖现货价最高7 800元/吨，2012年8月跌至5 700元/吨，2013年1—5月因国家收储短期回升至6 000元/吨，之后继续下跌，2014年1—4月已跌至4 500元/吨，而广西与甘蔗收购价500元/吨对应的食糖含税成本价为6 000元/吨。糖价跌破成本，造成糖企亏损严重。2012/2013榨季糖企亏损31亿元，亏损程度接近 1998 年亚洲金融危机时的水平；预计 2013/2014 榨季制糖企业全面亏损，总亏损额超过 100 亿元。为减缓糖企亏损压力，广西不得不下调甘蔗收购价，由 2011/2012 榨季的 500 元/吨下调至 475 元/吨，继后下调到 440 元/吨。广西蔗农 2013/2014 榨季净收入因蔗价下调（与 500 元/吨比）减少 42 亿元，收益下降使得蔗农生产积极性受到明显影响。如果这一境况再持续 1~2 年，我国糖业将面临不可持续的风险。

三、应对价差扩大的对策建议

由于耕地和劳动力不能跨国自由流动，各国农业基础竞争力存在比工业更加难以克服的差距。通过高关税保护和国内支持来增强农业基础竞争力、确保国内产业安全，是世界各国的通行做法。挪威、瑞士、日本和印度的农产品平均关税水平分别为 71%、85%、42% 和 114%，最高关税数百甚至上千，重要农产品的关税水平都非常高，进口依存度越高的国家关税水平越高。此外，这些国家还使用以进口数量自动触发和进口价格自动触发为特征的特保机制，来确保国内市场和价格稳定（表6）。通过国内支持政策来增强农业基础竞争力也是各国普遍做法，基础竞争力越弱支持强度越大（表7）。我国农业基础竞争力弱、农产品市场开放度高，内外价差扩大将给粮食安全和农业产业安全带来日趋严峻的挑战，必须立足当前，着眼长远，积极有效应对。

表6　WTO部分成员特殊保障产品（SSG）税目数量

成员	特殊保障产品税目数（个）							占农产品税目数比例（%）
	谷物	油料	糖料	奶类	肉类	其他	合计	
美　国	15	3	16	73	12	119	189	9
欧　盟	76	11	28	110	192	417	539	31
日　本	41	2		29	32	104	121	12
韩　国	42	2			6	50	111	8
挪　威	81	93	22	24	84	304	581	49
瑞　士	263	138	25	48	94	568	961	59
澳大利亚				5		5	10	2

数据来源：世贸组织网站　http://www.wto.org。

表7　2012年主要国家（地区）生产者支持等值（PSE）占其农业产值的比重

单位:%

美国	欧盟	韩国	日本	挪威	瑞士	冰岛
7.1	19.0	53.8	55.9	63.1	56.6	47.3

数据来源：OECD数据库。

（一）应对差价挑战，必须坚守"三条底线"

1. 坚守粮棉油糖现有关税税率不减让

我国粮棉配额内税率只有1%～5%，配额外税率为65%和40%；食糖配额内税率为15%，配额外税率50%。大豆和植物油关税分别为3%和9%。由于关税水平有限，植物油和油籽进口已经对国内产业造成了明显冲击。食糖、棉花内外价差幅度已分别超过50%和40%，未来5～7年，三大主粮的内外价差也很可能超出65%。保障"适度进口"所需调控手段和政策空间缺乏的问题日益突出。粮棉油糖关税税率的削减将进一步削弱我国对大宗农产品进口的调控，强化进口价格对国内价格的打压和"天花板"效应，加重进口对粮棉油糖基本供给能力保障的影响。

2. 坚守粮棉糖关税配额不扩大

我国承诺的小麦、玉米、大米、棉花和食糖的关税配额量大。三大谷物关税配额量2 216万吨，占2013年国内产量的4%，其中小麦占产量的8%。关税配额的进一步扩大，将实质性降低进口关税水平，具有与关税削减同等作用。特别是小麦等关税配额的扩大，还将使"谷物基本自给、口粮绝对安全"的国家粮食安全战略面临巨大挑战。

3. 坚守农业"黄箱"支持空间不削减

我国"黄箱"农业支持须保持在8.5%的微量许可水平之内，即对特定产品支持不超过该产品产值的8.5%，对非特定产品支持不超过农业总产值的8.5%；二者相加，理论上可达到农业总产值的17%。此外，我国还承诺将其他发展中国家不受限制的对生计型小农和脆弱地区的"黄箱"支持计入微量允许。目前我国非特定产品"黄箱"支持占农业产值的比例不足2%，离约束上限还有较大空间，但是对玉米、小麦、大米这些特定产品的价格支持已接近承诺上限，对棉花的价格支持已超出了约束上限。在大宗农产品生产比较效益低、保供给任务重的形势下，"黄箱"支持是增加国内产量最直接有效的手段，保持已十分有限的"黄箱"支持空间至关重要。

（二）应对差价挑战，必须强化"三大责任"

1. 强化政府对农民土地用途限制的补偿责任

实行土地用途管理，将农民集体所有的土地划定为农业用地不得随意更改，这是实现我国粮食安全的需要，也是世界各国的通行做法。但是土地不同用途的收益差异巨大，这一政策实际上是以牺牲农民利益为代价的，应当给予合理补偿。美国、英国普遍通过设立专项基金对土地用途受限进行补偿。在我国，进行补偿的现实途径就是不断加大对粮食和农业生产的支持力度，确保种粮务农有合理的收益。加大农业支持与发挥市场在资源配置中的决定性作用并不矛盾，不应要求农民在土地使用上按用途管理政策办，而在收益上完全让市场来决定。要在更深意义上认识国家对粮食和农业的支持性质，明确政府的责任，切实加大对粮食和农业的支持。

2. 强化金融机构在粮食安全方面的支撑责任

农村金融服务滞后最根本的原因是，提供农村金融服务的比较收益低。近年来，虽然出台了一系列扶持农村金融的政策，但这些优惠政策不足以弥补农村金融服务与其他领域金融服务的收益差距。应借鉴其他国家的成功经验，通过立法等制度性安排，明确金融机构在支持和服务粮食安全方面的责任。可借鉴储备金制度，规定任何从事放贷业务的金融机构，不论是内资还是外资、国有还是民营，都必须有一定比例的贷款直接或通过小额信贷机构、农村信用合作社等投向农业和粮食生产。

3. 强化大型涉农企业在大宗农产品市场供给稳定方面的保障责任

粮食安全既是政府的责任，也是全社会的共同责任。要充分考虑大宗农产品供给稳定特别是粮食安全的重要性，通过制度和法规规定，建立对经营大宗农产品且达到一定市场份额的大型企业的强制性信息报告制度和库存储备制度，规定规模以上粮油经销企业必须建立相应规模的粮食安全储备库存，明确其在粮食安全方面的法定保障责任。

（三）应对差价挑战，亟须推进"三大战略"

1. 积极推进产业安全战略

保障国内粮食供给能力和农民就业增收，基础是产业安全。要建立和加强产业损害预警，重点监测国内外粮食生产成本差距，棉糖以配额外税率进口税后价与国内价格差距，油籽植物油进口到岸税后价与国内价格差距等指标，确定预警阈值，制定应对预案。要更加积极利用"两反一保"

措施，推进贸易救济常态化。在产业受到损害和损害威胁时，采取贸易救济措施是 WTO 规则赋予的权利，是我国"两反一保"条例规定的法定手段，核心就是通过征收额外关税确保进口产品价格不低于国内成本价，确保国内产业具有合理的利润空间和健康发展的基础。我国承诺的约束关税低，贸易救济措施将成为应对价差扩大、保障大宗农产品产业安全最为有效的手段。

在当前我国糖业受进口损害严重、进口压力持续存在、糖业面临生存考验的情况下，要尽快启动贸易救济措施。如果按甘蔗 500 元/吨的价格、食糖 6 000 元/吨的成本价推算，要保证国内食糖价格维持在 6 200～6 500 元/吨，进口原糖需加征 40％～50％的附加关税，加征后我国食糖总的关税水平最高为 90％～100％，与世界 97％的平均水平相当。

2. 务实推进农业"走出去"和市场多元化战略

要抓住重点环节，主攻周边国家，把推进农业"走出去"与实现市场多元化战略有机结合，提升"走出去"对象国的生产能力，建立多元稳定可靠的进口渠道。要充分发挥地缘优势，实施棉花西进中亚计划，积极推进与植棉条件优越、种植面积潜力大、种质资源丰富、生产成本低的中亚五国的棉花产业合作，挖掘中亚棉花产能。要利用我国的技术优势，积极推进在东南亚地区建立杂交水稻生产基地，大力推广杂交水稻种植，提升东南亚地区水稻生产能力。

3. 全面推进财政支农战略

我国非特定产品"黄箱"支持还有较大空间，要充分利用，强化对粮棉油糖等大宗农产品的生产性支持。要重点利用好"绿箱"支持政策，加强基础设施建设，加快农业科技进步。要加快高标准基本农田建设，着力改造中低产农田。我国 70％左右是中低产田，通过改造，粮食单产可以提高 20％以上。要大幅度增加对农业科技的投入，进一步提高农业科技贡献率。着眼提高土地生产率、资源利用率、劳动生产率，加快科技创新步伐，开展主要粮食作物增产增效综合技术协作攻关，推进农业技术集成化，实现良种良法配套、农机农艺融合。

（课题策划：万宝瑞；主持人：倪洪兴、秦富；主要成员：吕向东、刘武兵、徐锐钊、马建蕾、李伟伟、李先德、孙致陆；2014 年第 9 期）

农业开放问题之农业贸易开放

农业开放是我国对外开放大局的重要组成部分。农业是全部工作的"重中之重"，开放的目的是为了促进农业行业健康和可持续发展。农产品贸易是农业开放的重要内容①，准确把握我国农业贸易开放现状和面临的挑战，明确提高农业开放水平的路径和重点，对于充分利用两个市场两种资源、确保农业产业安全和可持续发展至关重要。

一、农业贸易开放现状及国际比较

（一）从政策层面看，我国是世界上农产品市场最开放的国家

由资源禀赋和农业特性决定，各国间农业竞争力存在比工业更加难以克服的差距，加强对农业的保护是各国普遍做法。目前世界农产品平均关税水平为 60%，且大量采用较为复杂的关税形式。挪威、瑞士、日本、美国、欧盟、巴西、印度农产品平均关税水平分别为 71%、85%、42%、11%、23%、36% 和 114%，最高关税水平分别达 1 062%、1 909%、1 706%、440%、408%、55% 和 300%（表 1）。美国、欧盟、日本和韩国还分别对其 9%、31%、12% 和 8% 的农产品税目可以使用以数量和价格自动触发为特征的特殊保障机制。世界重要产品如大米、食糖、牛肉、猪肉、禽肉、豆油、乳制品的关税水平大多国家（地区）都非常高（表 2）。美欧日等发达国家（地区）还保留了大量的黄箱国内支持政策和出口补贴政策空间。此外，各国越来越注重使用技术性和检疫性措施实施对农业的有效保护。这些措施种类越来越多，标准越来越高，程序越来越复杂，费用也不断增加。

---

① 农业对外开放的内容包括农业贸易、农业外资利用、农业对外投资、农业技术品种引进、农业科技合作、农业对外援助等。

表1　主要国家（地区）农产品关税水平

单位：%

	挪威	瑞士	日本	美国	欧盟	巴西	印度	中国
最高	1 062	1 909	1 706	440	408	55	300	65
平均	70.7	85	41.8	11.3	22.8	35.7	114	15.2

数据来源：根据WTO数据整理，从量税等复杂关税按WTO公式转换。

表2　主要国家（地区）主要农产品关税

单位：%

产品	挪威	瑞士	日本	美国	欧盟
食　糖	148	100	346	185	218
牛　肉	604	523	50	26	146
家　禽	665	1 019	12	20	94
猪　肉	500	369	252	1	66
豆　油	126	260	21	19	10
稻　米	85	126	778	11	97
乳制品	528	900	661	139	264

数据来源：根据WTO数据整理，从量税等复杂关税按WTO公式转换。

　　我国农业在入世过程中做出了重大承诺，取消了数量配额、许可证等所有非关税措施；关税和关税配额制度成为调控农产品贸易的唯一手段；农产品平均关税水平仅15.2%，只有世界平均水平的1/4；关税形式单一，实施税率与约束税率同一；粮棉糖配额外关税最高也只有65%。除一些岛国和个别农业规模大竞争力很强的国家外，其他国家农产品关税水平都比我国高。此外，我国入世还承诺农业国内黄箱支持维持在8.5%的微量许可水平以内，并取消所有形式的出口补贴；动植物检疫措施和转基因管理措施也只限于技术范畴，在有科学依据、公开透明的基础上实施。对农业生产和市场稳定非常重要的特殊保障措施我国放弃使用的权利，一般保障措施和其他贸易救济措施遵循WTO协议规定实施。

　　关税政策、国内支持和出口补贴政策是多双边贸易谈判的核心内容。无论从国际比较的角度看，还是相对于农业竞争力实际来看，我国农业贸易调控政策空间十分有限，我国已成为世界上农产品市场开放度最高的国家。

（二）从农产品贸易发展实际看，我国农业利用国外市场资源达到了很高的规模和水平

首先，入世以来，我国农产品贸易持续快速发展，贸易规模持续扩大。目前我国已成为世界最大的农产品进口国、第六大农产品出口国，农产品贸易总额居世界第二位。2001—2014年，我国农产品贸易总额由279亿美元增长到1 946亿美元，年均增长16％；进口额由118亿美元增长到1 226亿美元，年均增长20％；出口额由161亿美元增长到720亿美元，年均增长12％（表3）。10多年来，我国农产品净进口范围已由大麦、大豆、植物油等部分产品扩大到粮棉油糖等所有大宗农产品。我国已进入大宗农产品全面净进口阶段。自2004年以来，我国农产品贸易一直保持逆差，由46亿美元增加到2013年的511亿美元，2014年由于国际农产品价格走低逆差下降为506亿美元。农产品贸易逆差是在我国外贸总体呈现顺差的情况下发生，一定程度上表明农业是国内产业中最开放的部门之一。

表3 2001—2014年我国农产品进出口情况

单位：亿美元

年份	出口	进口	顺差
2001	161	118	42
2005	276	288	−12
2010	494	726	−232
2011	607	949	−341
2012	632	1 124	−492
2013	678	1 189	−511
2014	720	1 226	−506

数据来源：中国海关统计。

其次，随着贸易的发展，农产品贸易对国内产业的作用和影响不断增强。2014年我国农产品贸易额是农业增加值的21％，其中进口占13％，出口占8％。由于农产品之间在生产资源配置和消费上存在很强的替代性，播种面积当量法不失为衡量农业外向依存度有效的综合指标。按播种面积当量计算，2014年粮棉油糖肉奶等主要农产品净进口相当于大约9

亿亩播种面积的产出，占国内耕地面积的比例达 36% 左右。根据国际组织预测数字推算，2020 年我国粮棉油糖肉奶主要农产品净进口相当于大约 11 亿亩播种面积的产出，占国内播种面积的 45%（表 4）。鉴于大豆的单产比较低，进口大豆压榨后的豆粕主要用作饲料，假定一半的进口大豆由玉米替代，那么，2014 年我国主要农产品净进口量折合播种面积约 7 亿亩，占国内总播种面积的比例为 30%；2020 年净进口量折合播种面积近 9 亿亩，占国内总播种面积的比例达近 35%。作为一个有 13 亿人口的大国，这样的依存度水平是相当高的。

就粮食而言，按我国传统粮食口径，2014 年我国粮食总量达到 6.1 亿吨，粮食进口总量达到 1 亿吨。其中大豆进口 7 140 万吨，谷物进口 1 952 万吨，薯类（主要是干木薯）进口 867 万吨。若将玉米酒糟（DDGs）作为玉米制品纳入粮食范畴，粮食进口量将近 1.06 亿吨。按表观消费量计算，2014 年我国粮食总体自给率为 85%，而 1996 年世界粮食首脑会议上我国对外宣布的粮食安全自给率目标为 95%。

表 4　2020 年我国农产品产需缺口耕地播种面积当量折算

单位：万吨、万亩

	2014 年		2020 年预测值							
			USDA（2014）		FAO/OECD		FAPRI		USDA（2012）	
	净进口	折面积	缺口	折面积	缺口	折面积	缺口	折面积	缺口	折面积
谷物①	1 873	5 190	1 477	4 076	925	3 144	1 834	5 330	2 495	7 405
油籽②	7 664	62 445	7 774	64 455	7 786	64 295	8 964	73 759	9 948	81 913
植物油②	716	17 014	1 079	26 838	1 150	27 548	787	18 502	859	20 273
饼粕③	403	1 671	468	1 940	298	1 234	276	1 143	276	1 143
棉花	265	2 990	196	2 203	448	5 041	381	4 294	108	1 221
食糖	344	617	286	513	206	369	369	661	369	661
肉类	100	1 709	45	737	124	1 726	36	678	139	2 589
奶粉	104	2 200	66	1 400	62	1 310	62	1 310	62	1 310
合计①	93 836		102 162		104 667		105 677		116 515	
合计②	73 704		81 724		82 462		80 615		88 680	

注：①没有考虑各产品间的替代关系折合面积；②进口大豆的一半由玉米替代折合面积。

数据来源：中国统计年鉴、中国海关；OECD、FAPRI、USDA 数据库。

二、农业贸易开放面临的问题和挑战

农业贸易对于在更大范围内配置农业资源、提高资源配置效率、增加农产品有效供给、减缓国内农业资源和环境压力、推动农民增收和农业产业结构调整具有十分重要的作用。但是，我国农业是小规模生计型农业，农业基础竞争力不足，加之农业支持保护和调控手段有限，贸易的发展给我国农业带来了越来越大的挑战。

（一）进口失控和进口过度问题突出，对国内产业的挤压效应增强，适度进口战略面临挑战

新粮食安全战略的核心之一是适度进口。近年来，随着我国劳动力成本的大幅上涨，农产品内外价差不断扩大，进口调控手段缺乏的问题日益突出，进口过度对国内产业的抑制和挤压作用不断增强，影响面不断扩大。

1. 进口给国内生产带来的挤出和抑制效应，最早体现为对大豆、羊毛、大麦生产的影响和冲击

入世以来，大豆、羊毛、大麦首当其冲，受进口增长的影响显著。在大量进口所产生的挤压效应作用下，大豆产业在需求快速增长的同时，播种面积和产量下滑，2014年大豆需求量比2001年增加了4.1倍，而播种面积和产量分别下降了28.3%和21.1%，油用大豆基本被进口产品替代（表5）；曾一度被视作"软黄金"而受到重视的细羊毛产业因进口的打压风光不再；大麦产业也因进口的影响失去了随啤酒业发展而提升增长的机会。

表5 我国大豆进口与生产状况

单位：万吨、万亩

年份	大豆进口量	大豆产量	大豆播种面积
2001	1 394	1 541	14 223
2005	2 659	1 635	14 386
2010	5 479	1 508	12 774
2011	5 263	1 449	11 833
2012	5 838	1 301	10 757
2013	6 340	1 195	10 186
2014	7 140	1 215	10 200

数据来源：中国统计年鉴、中国海关统计。

如果说大豆等个别产业受到进口冲击后，还可以通过调整结构、腾出资源改种其他作物来减缓其实质性影响以及对农业的整体影响，那么在大宗农产品大范围受到进口影响的情况下，农业调整结构余地有限，进口冲击和影响带来的挑战将是前所未有的。

2. 近年来进口对主要农产品生产的挤压效应显著，具体表现为"洋货入市、国货入库""边进口、边积压"

2012年以来，受内外价差驱动，主要农产品呈现全面净进口，超出合理产需缺口之上的"非必需进口"持续增加，对国内生产的挤压作用不断增强，国产农产品市场份额受过度挤占被逼入库。

一是粮食过度进口加剧，库存大量增加。根据我国传统的粮食口径，2012—2014年我国粮食产量分别为5.90亿吨、6.02亿吨、6.07亿吨，消费总量为6.62亿吨、6.46亿吨、6.48亿吨，产需缺口为7 200万吨、4 400万吨、4 100万吨；而同期粮食净进口分别为8 043万吨、8 837万吨、10 429万吨，肉和乳制品净进口折粮831万吨、1 367万吨、1 483万吨。2014年净进口的1.04亿吨粮食中，至少有50%是超出产需缺口的"非必需进口"。供需缺口与产需缺口不同。考虑可释放库存，2015年我国粮食供需基本不存在缺口，但前10个月粮食进口已超过1亿吨，预计全年进口1.2亿吨左右。

二是棉花和食糖进口连续4年超出正常产需缺口，库存积压严重。目前我国棉花和食糖年产需缺口均在200万吨左右，但2011—2014年我国累计进口棉花和食糖分别为1 616万吨和1 470万吨，分别超出正常产需缺口800万吨和670万吨，2014年我国棉花和食糖库存分别超过1 300万吨和1 000万吨，库存消费比分别高达164%和73%。此外，我国棉纱关税只有5%，在棉花大量进口的同时，棉纱进口快速增长，2013年和2014年棉纱进口均为210万吨，2015年前10个月棉纱进口已达200万吨，比上年同期增长21.9%（表6、表7）。

表6　棉花供需平衡表

单位：万吨

年度	产量	消费量	净进口量	期末库存
2010/2011	623	926	255	213
2011/2012	803	790	543	736

（续）

年度	产量	消费量	净进口量	期末库存
2012/2013	762	794	439	1 164
2013/2014	700	785	300	1 353
2014/2015	651	807	155	1 321

数据来源：中国棉花网。

表7　食糖供需平衡表

单位：万吨

年度	产量	消费量	净进口量	期末总库存
2010/2011	1 045	1 358	200	280
2011/2012	1 150	1 330	421	600
2012/2013	1 307	1 390	362	900
2013/2014	1 332	1 480	398	1 210
2014/2015	1 056	1 510	476	1 180

数据来源：产量和消费量来自中国糖业协会，净进口量来自海关总署，期末总库存数据根据行业调研数据整理。

　　三是油籽和植物油也存在进口过度问题，近年来收储加工的菜籽油大部分积压在库。2001—2014年，我国食用油籽（含大豆）进口从1 568万吨增长到7 752万吨，年均递增573万吨。近几年，我国食用植物油进口保持在800万~900万吨，2014年食用油籽及植物油进口综合折油超过2 400万吨。这些进口中绝大部分是因为多年来进口与国内生产相互作用所形成的巨大产需缺口，但过量进口问题在油菜籽上表现比较突出。由于植物油之间有很强的替代性，进口对我国以冬闲田种植为主的油菜生产造成明显挤压。近几年临时收储加工的700多万吨菜籽油曾大部分积压在库，2015年油菜籽临时收储政策不得不做出较大调整（表8）。

表 8　我国油籽油托市收购、销售和库存情况

单位：万吨

年度	临储收购	央储收购	拍卖量	定向销售	目前库存量
2008/2009		52			
2009/2010	154				
2010/2011	84		140.7	51	
2011/2012	133				
2012/2013	136		0.66		
2013/2014	158				
2014/2015	75.25		15.115		
合计	740.25	52	156.475	51	584.775

数据来源：国家粮油信息中心。

四是乳制品过度进口问题严重。2014 年我国奶粉进口 105.4 万吨，鲜奶进口 32 万吨，进口乳制品折鲜奶超过 1 000 万吨，约占国内原奶产量的 1/4。乳制品过度进口挤占了国产鲜奶市场，导致国内原奶销售困难，奶价下跌，一度发生较为严重的"倒奶""杀牛"现象。

3. 适度进口缺乏有效调控手段，未来国内生产面临压力加大

近 3 年国内主要农产品库存大幅增加，是在国内生产与需求依然存在缺口、国内产量没有超过需求总量的背景之下发生的，库存增加的原因是过度进口，即超出正常产需缺口之上的"非必需进口"的大量增加。目前，我国调控进口的手段主要限于关税和关税配额管理。我国对大米、小麦、玉米、棉花和食糖实行关税配额管理，对大豆、棉纱、大麦、高粱、木薯、DDGs 等其他产品实行单一关税，而且关税水平很低。对于实施单一关税的农产品进口，我国的调控手段仅限于征收有限的关税；对于实施关税配额管理的农产品，对以配额内关税税率的进口有一定数量限制，对以配额外关税税率的进口则完全放开，没有任何调控手段。随着国内价格越来越高于国际市场价格，特别是当国内价格高于配额外进口税后价时，我国农产品进口面临失控的风险。如不能有效控制过度进口，当前农业面临的受进口过度挤压问题以及由此带来的库存积压和农业生产下行压力增大等问题难以根本缓解。

（二）进口价格"天花板"效应增强，对国内价格的抑制和打压作用显著，国内农业产业安全面临挑战

我国农业进入了成本上涨时期，国内市场均衡价格与国际市场价格差距扩大的趋势不可逆。由于缺乏必要的关税水平，国内均衡价格也越来越

高于进口税后价格。随着大宗农产品全面净进口和进口量的增加,进口对国内价格的抑制和打压作用越来越广泛和显著。特别是近年来国际大宗农产品市场处于下行周期,农产品价格已跌至 2010 年以来最低点,这进一步增强了进口对国内价格的打压作用,给国内农业产业安全带来了越来越严峻的挑战。

1. 进口价格天花板效应使得粮食价格支持政策面临越来越大的挑战

粮食最低保护价和临时收储价是根据国内"生产成本加合理利润"或"生产成本加基本收益"的原则确定的,目的是为了发挥托底作用,避免谷贱伤农。近年来随着成本的上涨,2013 年我国大米国内价格开始高于国际市场,2014 年三大谷物国内价格全面高于国际市场价格,每吨大米价差 1 247 元、差幅 43%;小麦价差 175 元、差幅 7%;玉米价差 425 元、差幅 23%(表 9)。目前三大谷物国内价格已持续高于配额内进口税后价,玉米在 2014 年和 2015 年的一些时段已高于配额外进口税后价,预计"十三五"期末大米和小麦也将高于配额外进口税后价。尽管目前三大谷物进口量仍控制在关税配额量之内,其对国内价格的打压和抑制作用有限,但大麦、高粱、木薯、DDGs 因关税只有 2%~5%且没有配额管理,进口增长迅猛,2014 年进口 2 500 万吨,2015 年前 10 个月进口已超过 3 260 万吨。这些产品替代玉米进入国内饲料消费市场,对国内粮食价格特别是玉米价格造成越来越大的打压作用。国内最低保护价和临时收储价高于进口税后价(包括替代品相当的进口税后价),必然导致边收储边进口,不仅削弱了托市政策效果,而且使这些政策因成本过高而难以为继。目前国内临时收储的玉米顺价出库困难,玉米年库存成本高达 270 元/吨。受进口影响,粮食生产的成本收益率已连续 3 年下降,已经接近 1998—1999 年的水平。

表 9 2010—2014 年我国粮食国内外价差情况

单位:元/吨

年份	大米	小麦	玉米
2010	−249.0	−343.8	−144.9
2011	−249.0	−449.5	−496.4
2012	−181.4	−384.9	−351.1
2013	211.3	−130.6	−36.9
2014	1 246.8	174.9	425.3

注:价差=国内价格—国际价格;国际价格为进口到岸税后价格,国内价格为批发价。

数据来源:根据农业部《农产品供需形势分析月报》整理。

2. 受进口价格打压作用影响，棉花、食糖国内市场价格已跌破成本价

2012—2014 年，我国棉花国内成本价格比国际价格分别高 2 427 元/吨、5 053 元/吨和 4 000 元/吨。2014 年棉花实行了目标价格政策，目标价格为 19 800 元/吨；由于受进口价格的打压，国内棉花市场销售价格在 14 000 元/吨左右，新疆棉区需要支付的价差补贴达 5 800 元/吨左右，造成财政负担巨大；黄淮海等其他地区实施补贴 2 000 元/吨的政策，市场价格与补贴合计仍低于生产成本（表 10）。

表 10　2008—2014 年棉花价格及收益变化

单位：元/吨

项　目	2010	2011	2012	2013	2014
国际价格	19 152	26 811	15 581	15 665	15 074
国内市场价格	19 380	23 844	18 916	19 362	17 148
国内出售价格	24 765	18 051	18 242	18 672	13 328
国内成本	14 206	15 997	18 008	20 718	19 074
国内收益	10 559	2 054	235	−2 045	−5 746

注：国际价格为进口到岸税后价格，国内价格为批发价。

数据来源：价格数据来自农业部网站；其他数据根据《全国农产品成本收益资料汇编》数据折算。

2012—2014 年，食糖国际价格分别比国内成本价格低 851 元/吨、512 元/吨和 989 元/吨。2014 年我国食糖价格在进口的影响下跌至 4 450 元/吨，低于 5 164 元/吨的成本价，糖企全面亏损。为减少企业压力，广西不得不一再下调甘蔗收购价，由 2011/2012 榨季的 500 元/吨下调到 2014/2015 榨季的 400 元/吨。不考虑成本上涨因素，广西蔗农一个榨季净收入（与 500 元/吨蔗价比）减少 80 亿元左右。2014/2015 榨季广西甘蔗入榨量较上榨季减少 26.5%。在 400 元/吨的蔗价下，制糖企业经营仍面临很大困难，据中国糖协估计，2014/2015 榨季制糖企业在上一榨季全行业亏损 100 亿元的基础上继续亏损 20 亿元（表 11）。

3. 进口价格天花板效应对畜产品国内价格的影响日趋显著

由于国内畜产品质量安全标准的提高和生产成本的快速上涨以及国际市场价格的下跌，国内肉类产品和乳制品价格与国际价格的差距大幅扩大。随着自贸区建设中对畜产品关税的减让和取消、肉类产品和乳制品进口的

表 11 2010—2014 年食糖价格及收益变化

单位：元/吨

项　目	2010	2011	2012	2013	2014
食糖国际价格	6 516	6 870	5 440	4 475	4 175
食糖国内市场价格	5 611	7 184	6 173	5 371	4 450
食糖成本价格	4 245	6 117	6 291	4 987	5 164
甘蔗成本	288	341	389	416	436
甘蔗出售价格	451	488	469	438	405
甘蔗种植收益	164	147	80	22	−31

注：食糖国际价格为进口到岸税后价格，国内价格为批发价格。

数据来源：价格数据来自农业部网站；食糖成本价来自广西糖协（含税成本）；其他数据根据《全国农产品成本收益资料汇编》数据折算。

增长，进口对国内价格的打压作用将不断增强。国内牛肉价格自 2012 年下半年开始高于国际价格，每吨价格由 2012 年的 4.5 万元上涨到 2014 年的 6.3 万元，而澳大利亚进口牛肉到岸价从 2012 年的 4.5 万元跌至 2014 年的 3.5 万元。羊肉价格每吨从 2012 年的 5.2 万元上涨到 2014 年的 6.5 万元，而新西兰进口羊肉到岸价保持在 2.5 万元左右（表 12）。2014 年国际全脂奶粉价格从年初的 5 158 美元/吨降至年底的 2 576 美元/吨，跌幅达 50%；折合人民币约为 1.6 万元/吨，远低于国内奶粉生产成本 3.5 万~4 万元/吨。

表 12 2012—2014 年牛羊肉国内外价格比较

单位：元/吨

年份	牛肉		羊肉	
	国内价	进口到岸价	国内价	进口到岸价
2010	33 910	42 938	34 946	19 907
2011	37 148	43 965	41 795	23 464
2012	45 165	44 547	51 532	23 521
2013	58 813	30 161	61 883	24 250
2014	63 293	34 662	65 328	27 244

注：国内价格为全国批发市场平均价格，牛肉进口到岸价为澳大利亚去骨冻牛肉，羊肉进口到岸价为新西兰带骨冻羊肉。

数据来源：中国畜牧业统计、中国海关统计。

进口价格天花板效应带来的挑战，实质上是我国基于成本之上的国内粮食市场均衡价格高于国际市场价格，特别是高于进口税后价格所带来的挑战，相当程度上就是我国成本价高于进口税后价带来的挑战。

（三）国际市场波动传导加快，保持国内市场稳定面临挑战

近年来，受气候变化、生物质能源、投机资本等非传统因素的影响，国际农产品市场呈现波动性、不确定性和风险性加剧的态势，跨国公司和主要出口国对国际农产品市场的掌控能力进一步强化。自2008年世界粮食危机以来，国际农产品市场已经历了3次较大的波动（图1）。

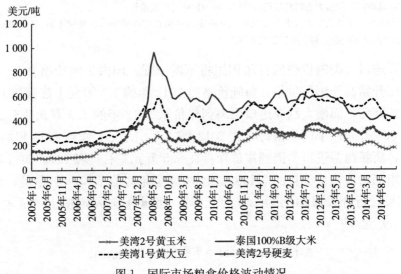

图1　国际市场粮食价格波动情况

通过进口，国际市场波动性、不确定性和风险性必然会传导到国内市场，影响国内生产和市场的稳定。而我国农业生产规模小，农业组织化程度低，农产品供需平衡脆弱，抵御国际市场影响的能力有限。当然不同产品关税水平和进口规模不同，受国际市场波动的影响程度也不同。大豆关税低、进口量大，国内价格的波动已完全取决于国际市场（除了近年来实施大豆临储政策外）（图2）。随着大宗农产品进口范围和进口量不断扩大，国际市场的波动性、不确定性、风险性将更加广泛更加直接地传导到国内市场，增加国内保持供需紧平衡的难度，给国内市场和产业稳定发展带来越来越大的挑战。

图 2　大豆国际国内价格波动情况

（四）贸易与外资进入相结合削弱了部分产业的控制力和定价话语权，对我国农产品长期供给安全带来了风险

这一问题突出表现在大豆和植物油上。大量进口使我国大豆、植物油等产品的自给水平大幅下降，大豆自给率已从 2001 年的 53％下降到 2014 年的不足 15％[1]；植物油自给率已从 2001 年的 59％下降到 2014 年的 25％[2]。在大豆和植物油进口快速增长的同时，外资凭借雄厚的资金技术优势以及对贸易渠道掌控的优势，通过兼并重组快速、全面进入国内大豆和植物油加工和流通领域。农业流通和加工环节一头连着千家万户小规模生产者，一头连接千家万户的消费者，谁控制了加工流通就控制了产业制高点。由于大豆和植物油自给率水平低，加之外资掌控了一半左右的大豆加工和大豆油生产，这大大削弱了我国对大豆和植物油产业的控制力和定价话语权。一方面使我们不得不为国外企业的垄断利润支付昂贵的代价，另一方面使我们很难对大豆和植物油产业进行有效调控。2008 年，国际市场价格剧涨，我国大豆进口成本大幅增加；之后大豆价格剧跌，进口继续增加，我国在东北对大豆实行大规模的临时收储政策效果非常有限。2014 年实施了目标价格政策，但也面临诸多实际困难。

---

① 数据来源：中国统计年鉴、中国海关统计。

② 数据来源：根据 FAO 数据计算。

三、提高农业开放水平的路径选择及政策建议

中国国情决定了我们必须立足国内确保大宗农产品基本供给，同时要更加充分有效利用国际市场和资源。提高农业开放水平的重点在于加强两个市场两种资源的统筹，平衡好进口需要与国内农业发展的需要，促进农产品贸易更好地与国内产业协调发展。基于我国农产品市场已高度开放，农业基础竞争力与主要出口国的差距难以改变，国际市场依然高度保护的现实，统筹的关键是确保国内农业产业安全，在保障国内粮食和大宗农产品基本供给能力的同时，为我国优势农产品出口、农业对外投资、农业走出去争取有利的国际市场准入条件。

（一）从农业产业发展阶段特征、竞争力状况和未来发展需要出发，把握主动、保持定力、发挥优势，在多双边贸易谈判中推动形成互利共赢、双向对等的农业开放格局

加入世贸组织后我国已深度融入全球经济，对外开放进入了新的发展阶段，由初期的单纯强调开放转向注重开放的内涵；由自主性的可纠错的开放转向基于多双边协定之上的约束性开放；由消除自身障碍、适应既有规则为主转向促进对等开放、争取有利外部环境和规则为主。因此，必须按照十八大"完善互利共赢、多元平衡、安全高效的开放型经济体系"的要求，按照五中全会"奉行互利共赢的开放战略""推进双向开放"的精神，把握主动、保持定力、发挥优势，推进互利共赢、对等相向开放，不断提升对外开放的质量和水平。

把握主动，就是要把握开放的主动权、主导权和对外谈判中的规则制定权和话语权。要从国内产业发展的现实和长远需要出发，着眼国内产业竞争力实际和变化趋势，提出对外开放区域布局、主攻方向和重点内容。要区分贸易、投资、服务、技术合作等不同领域，从政策法规、支持力度、现实发展不同层面，把握对外双向合作"进来"和"出去"两个方面存在的障碍和问题，明确对外开放和对外谈判中我们需要保护的底线，需要争取的重点。要针对中国国情，注重传统劳动密集型产业的保护；要根据劳动力成本阶段性变化趋势，为国内产业可持续发展保有必要的政策空间。

保持定力，就是要在错综复杂的形势中把握总体趋势，坚定不移走互利共赢对外开放之路。加入世贸组织后中国已深度融入全球经济。WTO

自其前身关贸总协定成立以来达成的协定涉及面非常广泛，包括货物、投资和服务市场准入，竞争规则和标准，利益保障和争端解决各个方面。这些协定、规则、争端解决机制以及各成员所作的承诺是贸易自由化和经济全球化健康规范发展的基础。当前的多双边贸易谈判包括跨太平洋伙伴关系协定（TPP）谈判，都是WTO附加（WTO＋），是在现有基础上相互给予新的优惠和进行利益交换。它们不否定也不可能替代WTO在管理世界贸易中的基础和核心作用。例如TPP的达成不改变TPP成员在WTO和其他相关自由贸易协定（FTA）中的承诺，不改变TPP成员遵循WTO协定和规则的义务。TPP成员间的特惠，其他成员无权享受，TPP达成的要求和标准也不能强加其他成员。TPP的体量大主要是因为美国和日本的经济、贸易体量大，美日因体量大而具有的影响力即便没有TPP也客观存在。中国的对外开放应根据自己的战略部署和整体布局稳步推进，要确保多双边贸易和投资谈判取得平衡对等、符合各自产业实际的结果，要在开放中确保国内产业健康、可持续发展。

发挥优势，就是要利用好我国市场巨大这一优势和重要筹码，在对外谈判中推进互利共赢、对等相向开放。对外谈判特别是多双边贸易和投资谈判，既是规则的制定，更是利益的互换和平衡。一个拥有13亿人口的市场与一个拥有3 000万人口的市场是不可同日而语的，同样一个专利产品在这两个市场推广使用的获利大小有天壤之别。中国已成为发达国家竞相争夺的货物和投资市场。美国彼得森国际经济研究所研究表明，如果中国加入TPP，无论是农业还是非农业，美国从中获益将大幅增加。要充分利用自身优势推进对等双向开放，要为未来谈判保留必要的筹码。

世界各国在多双边贸易谈判中对农业都给予更多的灵活性和保护。如号称高度开放的TPP，原则上要求所有货物贸易实现零关税、不允许有部门例外，但从谈判结果看相差甚远。美国对蔗糖等敏感产品仍高度保护，仅增加了国别配额；日本对大米、食糖、牛肉、猪肉等"神圣产品"的市场开放也非常有限。鉴于国际农产品市场依然高度保护，而我国农产品市场已高度开放，承诺的农产品关税和国内支持空间十分有限，保障粮食和大宗农产品"适度进口"所需调控手段不足的问题非常突出，必须在贸易谈判中确保粮食和主要大宗农产品关税不减让、配额不扩大、国内支持空间不减损；同时要为我国优势农产品出口和农业对外投资、农业走出去争取更加有利的市场准入条件，要进一步加大力度支持农产品市场多元化、农业走出去和农业科技合作。

（二）坚持"两反一保"条例的立法宗旨，充分利用 WTO 规则赋予的权利，建立和完善农业产业安全与产业利益保障机制

一是要建立完善重要农产品进口预警和保障措施启动触发机制。在进口剧增、产业受到损害和损害威胁时，采取贸易救济措施是 WTO 规则赋予的权利，是我国"两反一保"条例规定的法定手段，其核心就是通过征收额外关税确保进口产品价格不低于国内成本价，防止进口过度，确保国内产业具有合理的利润空间和健康发展的基础。我国承诺的约束关税低，贸易救济措施将成为应对价差扩大、保障粮食进口适度和产业安全最为有效的手段。

应借鉴 WTO 农业特保措施设置的以进口增幅和进口价格跌幅为基础的自动触发机制，建立我国粮棉油糖等重要农产品进口预警和一般保障机制刚性启动机制。明确基础进口数量，明确不同预警等级和启动保障措施的进口增幅触发标准。对不是在短缺情况下发生的进口过度和增长过快进行预警和采取救济措施。保障机制启动标准触发后，根据"两反一保"条例规定程序和要求实质启动，启动前进行预警。由于相关产品间具有很强的替代性，应建立基于同类产品进口总量增加幅度和各品种进口量增加幅度之上的刚性触发机制。总量增幅达到触发水平后，所有界定的同类产品进口均需征收附加关税或进行限制；即使总量增幅没达到触发水平，任何一个品种进口达到触发水平，该品种进口需征收附加关税或进行限制。这一机制应以公开、透明、明确且符合 WTO 规则和我国"两反一保"条例规定的方式实施。

二是要健全和完善农业贸易争端解决与农业利益保障机制。随着农业开放程度的提高和农产品贸易的发展，农业贸易争端和摩擦必然呈现增加的趋势。必须健全和完善农业贸易争端解决机制，切实保障国内农业企业的合法权益。在国内企业与国外发生贸易争端和摩擦时，要保证国内企业有利益诉求和寻求解决的国内部门和渠道，有公平解决问题的法律法规依据，有及时解决争端的有效机制。2014 年山东 2 200 吨大蒜被韩国退运后，大蒜出口企业给韩国总统写信寻求解决办法，这在一定程度上反映了我国目前涉外经济法规条例规定的不完善和利益保障机制的不健全。越是开放越需要完善相关法律，越需要健全利益保障机制。

三是要构建农业产业损害补偿机制。基于比较优势原则的农产品贸易发展必然对特定产业、特定地区和特定人群造成损害。建立产业损害补偿机制，及时对受到损害的农业产业、地区和农民提供必要补偿，促进其调整结构和提升竞争力，是国际通行做法。农业产品贸易损害补偿机制是由政府主导实施的。美国、欧盟、加拿大、日本、韩国、墨西哥、印度、阿根廷、南非等都建立了适应本国情况的产业损害补偿机制（又称"贸易调整援助制度"），对于扶持国内农业产业提高竞争力、保护农民利益发挥了重要作用。要借鉴国外成功经验，立足我国农业与农村经济实际情况，尽快研究建立农产品贸易损害补偿机制，以应对农产品贸易对农业产业、特定地区和农业生产者可能带来的不利影响，避免市场开放或贸易政策调整引发过度冲击，增强国内农业产业参与国际竞争和应对风险的能力。

（三）围绕"一带一路"战略，加大支持力度，务实推进大宗农产品市场多元化和农业"走出去"，提升对大宗农产品进口的掌控能力

要着力更加有效利用国际市场和资源，尤其是要围绕"一带一路"战略，加大对农产品贸易的战略规划，努力构建持续、稳定、高效的资源性农产品进口供应链，不断改善贸易环境，拓展贸易渠道，提升贸易水平，推进进口市场多元化。在坚持市场导向和企业自主决策的原则下，借鉴国外经验，抓住重点环节，突出重点领域，发挥企业主体作用，在"一带一路"战略指引下，务实稳步推动农业"走出去"。要强化政府对农产品海外营销促销的支持力度，积极促进优势农产品出口，增强对外投资和扩大出口结合度，培育以技术、标准、品牌、质量、服务为核心的农业国际竞争新优势。

（四）以降低成本、增强竞争力、稳定务农收益为目标，构建开放型农业支持政策体系，确保国内农业产业健康稳定发展

在缺乏欧盟、日本、韩国那样的高关税保护的情况下，加大我国财政支农力度具有更为重要的意义。

一要坚持"三农"投入只增不减，加快建立投入稳定增长机制。根据入世承诺，我国"黄箱"政策空间为占产品产值 8.5％的特定产品和占农业总产值 8.5％的非特定产品"微量允许"，我国"黄箱"政策总量可达农业总产值的 17％。近年来我国非特定产品黄箱政策空间使用比例均不足 20％，按 2013 年产值计算的未使用空间约 5 800 多亿元。总的来说，我国入世承诺主要对特定产品的价格支持政策特别是临时收储政策造成了约束，对财政支农政策基本没有约束。考虑到"绿箱"政策支持不受

WTO 限制，我国财政支农政策具有足够的空间，关键是我们能拿出多大财力来加强对农业的支持。

二要进一步优化支持结构。重点支持农业基础设施建设、农业结构调整、农业可持续发展、农业科技进步、农业经营方式创新等。

三要及时调整以顺价销售为基础的最低保护价收购和临时收储政策。要在适当完善的基础上继续对三大主粮进行最低保护价和临储价收购，放开收储企业收储粮销售，引入竞争机制适度扩大收储企业范围，在确定科学的计算方法基础上财政对收储企业进行价差补贴或市场价格损失保险补贴。这一改革思路的优点在于能保证种粮收益、增强国产粮食市场竞争力、提升企业经营效率，将原来最终由财政负担的收储价与市场价差价费用、库存费用、收储企业因缺乏经营动力而造成的效率损失费用、库存时间过长造成粮食损失费用 4 项费用减少到差价支付 1 项费用。

（主持人：倪洪兴、于孔燕、徐宏源、孙东升；成员：吕向东、刘武兵、马建蕾、李伟伟、李亮科；2015 年第 12 期）

当前糖业发展面临的
困境及应对建议

糖业发展不仅关系到我国食糖最基本的供给保障能力，而且关系到广西、云南、新疆等边疆和少数民族地区 4 000 万人口的就业、增收和社会稳定。近 3 年来，我国食糖进口大幅增加，国内糖价持续下跌，制糖企业全面亏损、融资困难，蔗农收入下降。

一、进口对国内产业的损害显著，
糖业发展面临困境

（一）食糖进口增长过快过猛，导致库存积压严重、市场供需失衡

近年来我国食糖产量在 1 100 万~1 300 万吨之间，而消费量在 1 300 万~1 400 万吨之间，产需缺口 200 万吨左右。2011—2013 年我国食糖净进口量分别为 286 万吨、370 万吨和 450 万吨，3 年累计净进口 1 106 万吨，占 2011—2013 年国内生产量的 26.4%，比上一个 3 年 338 万吨的净进口量增加 2.27 倍。近 3 年净进口量比正常产需缺口多出 500 多万吨。2014 年食糖进口高位继续增长，1—4 月累计净进口 112.1 万吨，同比增长 28.5%（表 1）。过量进口一是导致国内库存积压严重，根据中国糖业协会数据，2012/2013 榨季食糖期末库存总量约为 800 万吨，库存消费比高达 58%；二是造成供需失衡，国产食糖销售困难。截至 2014 年 5 月底，本榨季全国累计销售国产食糖 684.7 万吨，比上个榨季减少 236.5 万吨，累计销糖率 51.4%，同比下降近 20 个百分点（表 2）。

表 1　2007 年以来我国食糖净进口量

单位：万吨

时间	2007	2008	2009	2010	2011	2012	2013	2014 年 1—4 月
净进口量	108.3	71.7	100.1	167.2	286.0	370.0	449.8	112.1

表 2 2003/2004 榨季以来我国食糖供需及库存变化

单位：万吨、%

榨季	2003/ 2004	2004/ 2005	2005/ 2006	2006/ 2007	2007/ 2008	2008/ 2009	2009/ 2010	2010/ 2011	2011/ 2012	2012/ 2013	2013/ 2014
产 量	1 002	917	882	1 199	1 484	1 243	1 073	1 045	1 175	1 310	1 330
消费量	1 050	1 100	1 130	1 270	1 350	1 360	1 350	1 270	1 260	1 390	1 430*
净进口量	112	97	98	129	87	95	139	199	421	362	319*
净进口量占消费比例	11	9	9	10	6	7	10	16	33	26	22*
期末库存	335	248	98	156	377	355	217	191	527	808	1 022*
库存消费比	32	22	8	12	28	26	16	15	42	58	71*

注：期末库存包含国储、工业和商业库存在内。

＊为估计数。根据中国糖业协会数据，2013/2014 榨季收榨产量约为 1 330 万吨，消费量约为 1 390 万～1 430 万吨。因榨季尚未结束，进口量和期末库存目前为估计值。

数据来源：布瑞克公司。

（二）进口糖价过低，导致国内价格持续下跌，进口价格天花板效应增强

2011 年初以来，世界原糖价格持续下跌。配额内①进口原糖精炼税后价由 2011 年 1 月的 7 500 元/吨降至 2014 年 1 月的 4 000 元/吨，配额外②进口原糖精炼税后价由 9 700 元/吨降至 5 000 元/吨。而广西与甘蔗收购价 500 元/吨、475 元/吨和 440 元/吨对应的食糖含税成本价分别为 6 000 元/吨、5 700 元/吨和 5 500 元/吨。就均价而言，不仅配额内食糖进口价已大大低于国产食糖税后成本价，配额外进口糖价也低于国产糖税后成本价。

受低价食糖大量进口影响，国内市场价格持续下跌。2011 年 8 月柳州食糖现货价最高为 7 800 元/吨，同年 12 月跌至 6 300 元/吨，2012 年 8 月继续下跌至 5 700 元/吨。2013 年 1—5 月因国家收储，短期拉升至 6 000 元/吨，之后再次下跌，2014 年 1 月已跌至 4 400 元/吨（表 3）。糖价从 7 800 元跌至 6 500 元具有一定的合理回归因素，但从 6 500 元继续跌至 4 400 元主要是因为进口过度。由于配额外进口是完全放开的，内外差价的存在将刺激进口增长，未来配额外进口价格具有的天花板效应将不断增强。

---

① 15％关税加增值税、外贸代理费、运输和加工费等。

② 50％关税加增值税、外贸代理费、运输和加工费等。

表3 2011 年以来国内食糖价格与进口原糖精炼税后价格比较

单位：元/吨

时间	国内价格	柳州价格	进口平均价格	配额内进口税后价格	配额外进口税后价格
2011 年 1 月	6 997	6 998	5 247.6	7 560.7	9 709.6
2011 年 4 月	7 184	7 212	5 255.8	7 571.7	9 723.9
2011 年 8 月	7 667	7 678	4 379.1	6 392.1	8 185.4
2011 年 12 月	6 770	6 603	3 795.0	5 606.1	7 160.2
2012 年 1 月	6 467	6 458	3 932.1	5 790.6	7 400.8
2012 年 4 月	6 585	6 551	3 923.2	5 778.7	7 385.3
2012 年 8 月	5 750	5 796	3 723.6	5 510.1	7 034.9
2012 年 12 月	5 733	5 619	3 407.3	5 084.5	6 479.8
2013 年 1 月	5 553	5 526	3 167.7	4 762.1	6 059.3
2013 年 4 月	5 413	5 359	2 931.9	4 444.9	5 645.5
2013 年 8 月	5 320	5 275	2 739.9	4 186.6	5 308.6
2013 年 12 月	5 008	4 940	2 605.7	4 006.0	5 073.0
2014 年 1 月	4 622	4 473	2 644.0	4 057.4	5 140.1
2014 年 2 月	4 537	4 509	2 666.1	4 087.3	5 179.0
2014 年 3 月	4 592	4 557	2 738.2	4 184.2	5 305.5
2014 年 4 月	4 595	4 575	2 749.6	4 199.6	5 325.6

注：国内价格来自广西糖网（云南昆明、云南甸尾、广东湛江、广西南宁、广西柳州 5 大批发市场蔗糖平均价）；配额内与配额外进口原糖精炼税后价按照海关数据库进口原糖到岸价加上关税、增值税、运费、外贸代理费、加工费等折算。

（三）制糖企业全面亏损，蔗农收入大幅减少，金融风险不断增加

受进口打压、价格跌破成本影响，我国榨糖行业出现亏损，且亏损面逐年扩大。2011/2012 榨季糖企利润下滑至 25 亿元左右，同比下跌 78%；2012/2013 榨季糖企亏损 31 亿元，亏损程度接近 1998 年亚洲金融危机时期；预计 2013/2014 榨季制糖企业全面亏损，总亏损额将超过 100 亿元。广西作为主产区受到的冲击最为严重，2011/2012 榨季有 42% 的榨糖企业亏损；2012/2013 榨季亏损糖企已达 80%，亏损额 16 亿元；预计 2013/2014 榨季榨糖企业将全面亏损，亏损额将达到 50 亿元。

糖价低迷、企业亏损导致甘蔗收购价下跌、蔗农收入减少。为减缓糖企亏损压力，广西不得不下调甘蔗收购价，由 2011/2012 榨季的 500

元/吨下调至2012/2013榨季的475元/吨，而后下调到2013/2014榨季的440元/吨。若不考虑成本上涨因素，广西蔗农2013/2014榨季净收入因蔗价下调（与500元/吨比）而减少42亿元（表4）。收益下降使得蔗农生产积极性受到明显影响。据广西糖蔗协会估计，2014年广西糖蔗种植面积较2013年减少4%，其中新植蔗面积连续3年下滑减少约14%，部分地区出现弃管现象。

糖企全面亏损造成企业融资难。广西每年需要200多亿元的信贷资金和100多亿元的自有资金用于甘蔗收购及食糖生产。亏损导致榨糖企业还贷困难，很多榨糖企业的资产负债率在80%以上，当地商业银行已下调了制糖企业的信用等级，有的由4A级调至无等级。人民银行给当地商业银行发出了风险预警，对糖业产业前景不看好。此外，由于糖企亏损严重，给蔗农打白条的现象再次出现，截至2014年5月，全区还有41亿元蔗款未付。

表4　2002/2003榨季以来广西糖企制糖成本收益变化

单位：元/吨

榨　季	2002/ 2003	2003/ 2004	2004/ 2005	2005/ 2006	2006/ 2007	2007/ 2008	2008/ 2009	2009/ 2010	2010/ 2011	2011/ 2012	2012/ 2013
销售均价	2 345	2 604	2 966	4 714	3 785	3 465	3 535	4 984	7 078	6 379	5 546
完税成本	2 237	2 271	2 556	3 630	3 299	3 329	3 374	4 245	6 117	6 291	5 833
出厂成本	1 651	1 597	1 884	2 627	2 405	2 483	2 479	3 049	4 467	4 675	4 443
甘蔗成本	1 267	1 349	1 625	2 384	2 165	2 247	2 203	2 796	4 113	4 171	3 932
压榨成本	384	248	259	243	240	236	276	253	354	504	511
管理费用	228	258	306	348	320	323	410	449	593	650	562
税　费	357	417	366	655	574	522	484	747	1 056	966	828
净利润	108	333	411	1 085	486	136	162	739	961	88	−287

数据来源：广西糖协。

（四）国际糖价低迷将持续，国内糖业面临生存考验

国际糖业组织（ISO）数据显示，2012/2013榨季全球食糖产量达到1.84亿吨，过剩1 060万吨，库存消费比达到43.5%，为近5年来的新高。ISO预计2014/2015年度全球食糖仍产大于需，过剩约360万～380万吨，已连续5年过剩（表5）。在此供需形势下，全球食糖价格难以较大幅度回升，未来两年国际原糖价格仍将维持目前低位，我国糖业遭遇的

进口压力难以减缓，糖企面临持续亏损和生存考验。

表5　近年来全球食糖供需情况

单位：万吨、%

榨季	产量	消费量	过剩	期末库存	库存消费比
2000/2001	13 063	13 099	-36	6 085	46.5
2001/2002	13 717	13 550	167	6 201	45.8
2002/2003	14 847	14 187	660	6 857	48.3
2003/2004	14 228	14 369	-141	6 705	46.7
2004/2005	14 032	14 747	-715	5 937	40.3
2005/2006	15 047	15 365	-318	5 576	36.3
2006/2007	16 630	15 669	961	6 502	41.5
2007/2008	16 746	15 929	817	7 329	46.0
2008/2009	14 968	16 247	-1 279	6 233	38.4
2009/2010	15 813	16 278	-465	5 757	35.3
2010/2011	16 557	16 393	164	5 935	36.2
2011/2012	17 465	16 811	654	6 574	39.1
2012/2013	18 363	17 303	1 060	7 520	43.5

数据来源：国际糖业组织（ISO）。

二、造成糖业困局的根本原因是基础
竞争力不足、关税保护不够

（一）基础竞争力不足，与主要出口国存在的差距短期内难以根本改变

一是糖料生产规模的差距。广西有 790 个乡镇 800 多万人口种植甘蔗，甘蔗和食糖产量均占全国的 60% 以上，整个糖业涉及 2 000 万人，占总人口的 40% 多。受人口、资源和自然等客观因素制约，广西人多地少的矛盾突出，甘蔗户均生产规模仅 9 亩，99% 的蔗农为 50 亩以下的小规模农户（表6）。即使广西将一半蔗农稳定地转移出去，甘蔗生产规模也只能扩大到户均 1 公顷。农业是高度依赖自然资源的产业，生产规模决定了农业的基础竞争力。食糖主要出口国巴西、澳大利亚、泰国的甘蔗种植规模分别为 40 公顷、80 公顷和 25 公顷。

二是糖料生产在基础设施、技术运用和机械化方面的差距。我国甘蔗

生产规模小且以丘陵旱坡地为主，土地整理难度大、投入高，广西建设高产蔗田的亩均投入 5 000 元。适宜旱地种植的甘蔗品种少，品种繁育更新慢。农业机械化推进不仅需要以适度规模和土地平整为基础，而且需要种植、砍收、运输方式以及压榨工艺配套。这些因素直接制约了新品种推广、灌溉技术运用和机械化发展。

三是糖料生产成本和价格方面的差距。最近 5 年我国甘蔗生产成本快速上升。主产区砍蔗人工成本从每吨 60～80 元上升到 120～150 元，农资价格累计上涨近 70%，土地租金也在快速上涨，一些地区涨至 1 000 元/亩左右。目前我国每吨甘蔗的生产成本是巴西和泰国的 1 倍多。随着劳动力、土地、环保及物质成本的上涨和显性化，我国农业生产成本和价格将日趋与资源禀赋相近的日本、韩国接近，甘蔗成本价格与主要出口国差距的扩大趋势难以逆转。

食糖原料成本占总成本的 70%。2013 年广西甘蔗收购价是 440 元/吨，而巴西、泰国为 180～190 元/吨（表 7）。按 8 吨甘蔗榨 1 吨糖计算，我国食糖生产的原料成本比主要出口国高 1 900～2 000 元/吨。如果让蔗农有合理收益，甘蔗收购价回归到 500 元/吨，那么我国食糖原料成本将比主要出口国高 2 400～2 500 元/吨。

表 6　2013 年广西糖料蔗生产情况

单位：万亩、万户、%

种蔗规模	种蔗农户数	种蔗总面积	50 亩以下		50 亩以上		200 亩以上		500 亩以上	
			户数	面积	户数	面积	户数	面积	户数	面积
数量	181.6	1 631.0	180.0	1 472.4	1.6	158.6	0.1	34.9	0.02	17.0
比例	100.0	100.0	99.1	90.3	0.9	9.7	0.1	2.1	0.01	1.0

数据来源：广西农业厅。

表 7　巴西、泰国与中国甘蔗收购价比较

单位：元/吨

年份	巴西	泰国	中国
2008	124	173	275
2009	135	192	358
2010	200	202	500

（续）

年份	巴西	泰国	中国
2011	240	212	500
2012	235	193	475
2013	196	181	440

数据来源：巴西数据来自于巴西圣保罗州蔗产联盟（UNICA）报告；泰国数据来源于泰国工业部食糖与甘蔗委员会；中国数据来源于广西糖协。

（二）关税保护不够，难以在公平基础上与世界主要出口国进行竞争

一是我国食糖关税水平有限，不足以弥补不断扩大的基础竞争力差距。通过征收必要的关税，使进口糖进入国内市场后，能在高于国内成本价的基础上与国内产业公平竞争，这是国际上兼顾进口与国内产业发展的通行做法。世界各国普遍对食糖采取高关税保护，世界平均关税为97%，美国、欧盟、日本、印度、韩国食糖关税分别高达185%、218%、346%、150%、85%。但是，我国加入WTO时在农业方面作出承诺，对食糖实施关税配额管理，配额数量为每年194.5万吨，占所有WTO成员配额总量的50%；配额内关税15%，配额外关税50%。这一关税水平与我国食糖基础竞争力和主要出口国存在的差距不相匹配，与业已成倍增长的甘蔗生产成本差距不相适应。目前配额外进口糖税后价格已低于国产糖含税成本价，50%的配额外关税不足以起到有效的进口调控和产业保护作用。这一问题将随着我国甘蔗成本的进一步增加而更加突出。

二是食糖关税水平偏低，使中国成为国际糖市洼地。FAO数据显示，近年来全球食糖贸易量在5300万吨左右，不到世界总产量的1/3，贸易量约有一半由政府双边协议决定，另一半为自由贸易量，绝大多数来自巴西、泰国等生产成本较低的国家。由于世界各国普遍对食糖采取高关税保护，低关税的我国便成为国际食糖市场的洼地。在国际市场供给过剩、价格低迷时，大量过剩食糖势必涌向乃至倾销到我国，使国内糖业承受着市场被挤占、价格被抑制和打压的巨大压力（表8）。近年国际市场剧烈波动，我国食糖市场受到的影响日益加深，而有高关税保护的美国国内食糖价格保持平稳，欧盟白糖价格一直维持在630欧元/吨以上，高于国际市场价格近1倍。

表 8   2013 年我国食糖主要进口情况

单位：万吨、%

国　　家	进口量	占进口总量比重	比上年增长
总　　计	454.6		
巴　　西	329.4	72.5	65.6
古　　巴	43.6	9.6	2.2
危地马拉	34.1	7.5	392.0
韩　　国	22.6	5.0	5.0
泰　　国	12.9	2.8	−86.3
澳大利亚	10.0	2.2	210.1

　　三是关税保护不足使得临时收储政策失效并难以为继。为稳定和提振市场价格，国家对食糖实施临时收储政策。2012/2013 榨季国家计划临时收储食糖 300 万吨，先后 3 次挂牌收储，底价 6 100 元/吨。但由于关税保护不足，配额外进口食糖税后价格远低于收储价，造成"边收储、边进口"的状况，收储政策效果有限且因收储成本高而难以为继。

三、摆脱糖业困境的对策建议

　　上述分析不难看出，受人均土地资源和条件、劳动力转移进程等自然、社会、经济、技术条件的客观制约，通过品种改良、土地整治、适度规模经营、推进机械化提高糖业竞争力并非易事，需要较长的时间和较大的投入。大幅度增加对糖业的国内支持、借鉴国外经验实施产业损害补偿、实施目标价格进行差价补贴不仅受到国家财力的限制，而且面临较高的政策执行成本和许多实际困难。这些措施是提高我国糖业竞争力的重要手段，需要不断加大力度，持续推进，而非一日之功。

　　在当前糖价跌破成本、进口压力持续存在、国内糖业承受力已近极限而面临生存考验的情况下，应尽快启动贸易救济措施，即通过征收额外关税确保进口食糖价格不低于国内成本价，确保国内产业具有合理的利润空间和健康发展的基础。贸易救济措施包括反倾销、反补贴和一般保障措施。我国食糖进口以原糖为主，主要来自巴西、古巴、危地马拉、泰国和澳大利亚，这些国家制糖成本低、政府补贴少，要确定倾销和补贴事实很难，即使存在倾销和补贴，倾销和补贴幅度也比较小，据此可加征的附加关税也有限。相比而言，一般保障措施不针对特定的国家，加征的附加关税幅度以不对国内产业造成损害为限，保护更为有效有力。

如果按甘蔗价格 500 元/吨、食糖 6 000 元/吨的含税成本价推算，要保证国内食糖价格维持在 6 500 元/吨（相对于 2011 年 7 800 元/吨的价格，这是合理且可以接受的）合理水平，按当前国际价格，进口原糖至少需加征 50％左右的附加关税。加征后，我国食糖总的关税水平最高为100％左右，与世界 97％的平均水平相当（表 9）。

表 9 不同的国际价格水平和附加关税所对应的国内食糖价格

单位：元/吨

国际糖价	现有关税		附加 30％关税		附加 40％关税		附加 50％关税	
	15％	50％	45％	80％	55％	90％	65％	100％
17 美分/磅	4 200	5 300	5 160	6 300	5 500	6 600	5 800	6 900
16 美分/磅	4 000	5 100	4 900	6 000	5 200	6 300	5 500	6 600
15 美分/磅	3 800	4 900	4 700	5 800	5 000	6 000	5 300	6 300

四、实施贸易救济保护国内产业是国际通行做法

（一）采取贸易救济措施是 WTO 规则赋予的权利，也是我国"两反一保"条例赋予的法定手段

WTO 规则中有专门的反倾销、反补贴和保障措施协定，我国制定了相应条例，其立法宗旨就是要确保开放条件下的产业安全，它赋予了产业受到损害时采取贸易救济措施的合理性和合法性。贸易救济与贸易开放相生相灭，是开放条件下相当普遍和普通的做法。发达国家利用贸易救济措施的历史长达百年，发展中国家近 20 年采用贸易救济措施的做法也相当普遍。1995—2013 年各国发起的贸易救济措施调查数量高达 5 125 起，仅2013 年，各国就发起了 334 起贸易救济措施调查，发达国家和发展中国家各占一半。我国贸易量占世界总量的 10％，但针对我国的贸易救济措施占全球的 30％。我国食糖进口 70％来自巴西，在巴西 1995—2013 年启动的 347 起贸易救济措施调查中，有 78 起针对我国。我国利用贸易救济措施起步较晚，至今共发起了 219 起贸易救济措施调查，其中反倾销 211起，反补贴 7 起，一般保障措施 1 起。

（二）采取贸易救济措施是减缓贸易损害、确保产业安全最简便可行有效的手段

贸易救济措施核心内容就是在现有关税基础上对进口加征附加关税或对进口进行数量限制。只要关税加征的幅度足够，征收附加关税后，进口糖进入国内市场的价格将得到应有的提高，可有效减缓当前进口对糖业的影响和损害。目前我国糖业涉及数千万小农的生计，糖业受进口影响损害严重，启动贸易救济措施有充分的理由、具备了必要条件。尽管启动过程中会遇到一些技术性难题，需要符合我国"两反一保"条例和WTO有关透明度等要求，但只要坚持"两反一保"条例的立法宗旨，把维护国内产业安全放在第一位，扎实做好各项准备工作，是可以处理好各方关系、有效解决这些技术难题的。

（三）采取贸易救济措施可以较好兼顾国内各方利益

以增加附加关税为内容的贸易救济措施可以增加关税收入，不增加财政负担，还能减轻食糖收储的压力。对于当前过度扩张的原糖加工能力，可以参照加工贸易的做法，在征收附加税后通过提高出口退税力度，引导原糖加工企业积极参与国际市场的竞争。

（倪洪兴、宋聚国、张明杰、张永霞、李婷、徐锐钊；2014年第7期）

警惕我国农业面临的三大风险

　　农业是高度依赖自然资源的产业，土地经营规模决定了农业的基础竞争力。随着劳动力、土地、环境保护、质量安全成本的显性化和不断提高，我国农业进入了成本快速上涨时期，大宗农产品生产成本必然与瑞士、日本、韩国等国的水平日趋接近，与美国、加拿大和澳大利亚等主要出口国的差距不断拉大。国际市场农产品价格主要由出口国决定，以成本为基础的我国大宗农产品合理价格与国际市场价格差距扩大的趋势不可逆转。由于缺乏瑞士、日本、韩国等数百乃至上千的关税水平保护，也缺乏这些国家的农业支持力度我国农业特别是大宗农产品在全球化竞争中面临着重大风险和越来越严峻的挑战。

一、大宗农产品进口面临失控的风险

　　对于实施单一关税的进口农产品，我国的管控手段仅限于征收有限的关税。对于实施关税配额管理的农产品，以配额外关税税率的进口我国也是完全放开的，没有任何调控手段。当国内价格高于国际价格的幅度大于最高约束关税水平时，农产品进口面临失控的风险，"适度进口"的粮食安全战略将面临挑战。

　　近年来，我国棉花、食糖的国内外价差幅度已超过其配额外关税水平，以配额外关税进口的增势趋强。2011—2013 年，以配额外 50％税率进口食糖的数量分别为 97 万吨、180 万吨和 260 万吨；2013 年以配额外滑准税进口的棉花 189 万吨，以配额外 40％税率进口的棉花 51 万吨。虽然目前三大谷物进口量有限，保持在关税配额量之内，但按成本和价格增长趋势推算，今后 5～7 年粮食内外价差幅度将超过配额外关税 65％的水平，届时三大谷物以配额外关税税率进口将成为现实，配额外关税的"防火墙"作用将基本失效。

　　在资源刚性约束和需求刚性增长的情况下，适度进口大宗农产品是我国的必然选择。入世以来，我国农产品进口持续快速增长，年均增速超过

20％，进口额每 3 年翻一番。从 2011 年起，大宗农产品全面净进口。然而，近 3 年我国大宗农产品进口中相当一部分不是因为国内短缺，而是受内外价差所驱动，造成"国货入库、洋货入市""边进口、边积压"的怪象。粮食进口总体上以品种调剂为主，但特定品种进口受价差驱动显著，存在过量进口。在我国大米供求平衡、库存充裕的情况下，因越南籼米价格低廉，国内企业的进口动力强劲，造成南方籼稻库存积压，销售困难。玉米国内供给和库存充裕，但仍然保持一定数量的净进口，同时作为替代品的玉米酒糟、高粱和大麦进口快速增长，2014 年 1—5 月上述 3 个产品合计进口 620 万吨，比上年同期增加 2.75 倍。棉糖过度进口问题更为严重。2011—2013 年棉花累计进口 1 349 万吨，超出正常产需缺口 750 万吨，2013 年末国内库存达 1 148 万吨，库存消费比为 144％，约占全球总库存的 60％。食糖近 3 年进口超出正常缺口 500 万吨，2012/2013 榨季期末库存 800 多万吨，库存消费比高达 58％。食用油籽和植物油进口主要是因为多年来形成的巨大产需缺口，但油菜籽过量进口问题比较突出。由于不同植物油之间很强的替代关系，大豆、棕榈油的大量进口对我国以冬闲田种植为主的油菜籽生产造成了明显挤压，目前我国油菜生产主要靠临时收储政策支撑，近年来收储加工的 600 万吨菜籽油积压在库。

二、国内价格调控政策面临失灵的风险

为保障农民收益，确保大宗农产品合理的价格水平，我国对粮棉油糖实施最低保护价收购政策和临时收储政策。但是当进口税后价低于国内最低保护价或临时收储价格时，随着进口的不断增加，国内价格支持政策面临失灵的风险，"更好发挥 政府作用"、实现农业调控的目标面临挑战。

近 3 年来，大宗农产品进口税后价持续低于国内最低保护价和临时收储价，导致边收储边进口，不仅削弱了托市政策效果，而且使这些政策因成本过高而难以为继。目前我国玉米临时收储库存 1 亿吨，顺价出库困难，库容不足问题突出。棉花临时收储库存近 1 000 万吨，棉花库存 1 年的利息和维护成本每吨约 2 000 元。菜籽油临时收储库存高达 600 万吨，若按当前市场价格销售，即使能出库，亏损也会超过 150 亿元。食糖临时收储库存 500 万吨左右，根据收储价与目前市场价推算，隐亏超过 200亿元。

有些人把当前我国农产品价格上涨归因于最低保护价收购、临时收储

等支持政策，这是没有道理的。价格上涨本质上是成本上涨的传导。2006—2012 年，我国水稻、小麦、玉米、棉花、油菜籽、甘蔗的价格年均增长分别为 9.4%、7.1%、9.8%、7%、13.3%、10.2%，而同期这些产品成本年均增长分别为 11%、11.3%、11.8%、12.8%、15.7%、13.4%。粮棉油糖价格涨幅均低于成本涨幅，价格提高没能完全消化成本上涨。

最低保护价收购、临时收储这类价格支持政策在欧美国家的运用有相当长的历史，指责其有违"发挥市场在资源配置中的决定性作用"的观点是站不住脚的。此类政策之所以在我国实践中面临困境，原因在于我国缺乏与内外价差幅度相适应的关税政策来配套。高关税保护与价格支持政策结合，是世界许多国家用来弥补农业基础竞争力不足、确保国内农产品合理价格水平的通行做法。挪威、瑞士、日本和印度的农产品平均关税水平分别为 71%、85%、42% 和 114%，最高关税数百甚至上千，重要农产品的关税水平都非常高。受农业经营规模和基础竞争力制约，我国大宗农产品生产成本与世界主要出口国差距扩大的趋势不可逆转。在缺乏有效关税政策配套的情况下，通过价格支持政策来保持国内合理价格水平，将遭遇越来越大的困难。

三、大宗农产品生产面临难以持续的风险

一个产业如果不能获得合理的利润就不可能健康持续发展。高于生产成本的合理价格是产业健康发展的前提和基础。习近平总书记提出"让农业经营有效益、让农业成为有奔头的产业、让农民成为体面的职业"，强调的就是效益利润对于农业发展的重要性。当进口税后价低于国内成本价时，由于进口价格的天花板效应，国内产业面临难以持续的风险，给粮食安全和产业安全带来挑战。

近年来，随着国内成本的快速上涨，进口税后价开始低于国内成本价，进口对国内价格的抑制和打压问题日益突出。目前进口对国内粮价的总体影响较小，但越南低价大米进口对籼稻产区影响显著。2012 年和 2013 年进口大米税后价每吨分别为 3 300 元和 3 000 元，比稻谷最低收购价折合的大米价格分别低约 200 元和 800 元。进口使得南方籼米市场价格弱势运行，湖南、江西等省大米外销受阻，许多加工企业连续两年处于停产、半停产状态，呈现大面积亏损。

大豆是我国最早受到进口影响的大宗农产品，由于其关税只有 3%，进口价格直接成为国内价格的天花板，国内价格既不能随着需求的拉动而相应提高，也不能随着生产成本的上升而合理上升，大豆种植比较效益因此不断下降，生产波动下滑。就榨油大豆而言，产量由原来的 800 多万吨减少到不足 300 万吨。

近两年以滑准税进口的棉花税后价格与国内收储价格差距在 4 000～6 000 元/吨，进口税后价比国产棉成本价低 2 000～4 000 元/吨。在巨大的差价和进口压力下，国内棉花很难在市场上以高于成本的合理价格进行销售，不得不主要依靠临时收储，2012 年和 2013 年临时收储棉占国内产量的比例高达 95% 以上。

当前以配额外税率进口的原糖精炼税后均价基本在 5 000 元/吨左右。食糖进口价格过低，导致国内价格持续下跌。2011 年 8 月柳州食糖现货价最高 7 800 元/吨，2012 年 8 月跌至 5 700 元/吨。2013 年 1—5 月因国家收储短期回升至 6 000 元/吨，到 2014 年 1—4 月又跌至 4 500 元/吨。而广西与甘蔗收购价 500 元/吨对应的食糖税后成本价为 6 000 元/吨。糖价跌破成本，造成糖企全面亏损，为减少企业压力，广西不得不先将甘蔗收购价由 500 元/吨下调至 475 元/吨，再下调到 440 元/吨。在不考虑成本上涨因素的情况下，广西蔗农 2013/2014 榨季净收入因蔗价下调（与 500 元/吨比）减少 42 亿元，蔗农生产积极性受到明显影响。如果食糖进口压力再持续 1～2 年，我国糖业将面临生死考验。

（倪洪兴；2014 年第 8 期）

2014 年农产品贸易形势与凸显的问题

2014 年我国农产品进出口贸易保持高位增长，价差驱动特征显著，过度进口问题突出，对国内产业的影响加深。全年进出口额 1 945 亿美元，同比增长 4.2%。其中，进口 1 225.4 亿美元，增长 3.1%；出口 719.6 亿美元，增长 6.1%；贸易逆差 505.8 亿美元，减少 0.9%。按我国传统粮食口径，2014 年粮食进口总量达 1 亿吨，其中大豆进口 7 140 万吨，谷物进口 1 952 万吨，薯类（主要是干木薯）进口 867 万吨。若将 541 万吨玉米酒糟作为玉米制品纳入粮食范畴，粮食进口量达 1.06 亿吨。

一、贸易形势

（一）谷物净进口 1 875 万吨同比增长近四成，其中三大谷物进口 818 万吨，高粱大麦进口猛增至 1 119 万吨

2014 年谷物净进口达 1 874.7 万吨，同比增长 38%。由于 2014 年国产小麦品质高，品种调剂需要的小麦进口需求下降，进口量 300.4 万吨，同比下降 45.7%。玉米内外价差扩大，价差一度超过配额外关税 65% 的幅度，由于实施了转基因管理以及进口与库存配比销售等调控措施，玉米进口 259.9 万吨，同比下降 20.4%。大米进口保持增长，进口 257.9 万吨，增长 13.6%。在玉米进口得到控制的情况下，高粱、大麦进口增势迅猛，合计进口 1 119 万吨，同比增加了 778 万吨，增加 2.3 倍。由于酿酒产业相对稳定，高粱和大麦进口增加主要是替代玉米用作饲料。

（二）大豆进口 7 140 万吨，在上年的历史记录上再增一成，油菜籽进口继续大幅增加达 508 万吨，植物油进口 787 万吨

2014 年大豆进口 7 139.9 万吨，同比增长 12.7%。油菜籽进口 508.1 万吨，增长 38.7%。饲料需求是拉动大豆、油菜籽进口增长的重要因素，大豆压榨后 80% 是用于饲料的豆粕，菜籽粕也是重要的饲料原料。2014 年食用植物油进口 787.3 万吨，下降 14.6%。其中，棕榈油进口 532.4 万吨，下降 11%；豆油进口 113.5 万吨，下降 1.9%；菜籽油进口 81 万吨，下降 47％。由于进口油籽增加量折油大于植物油进口减少量，2014 年油籽及植物油进口总体保持增长。

（三）在库存积压价格下行的情况下，食糖、棉花进口减少但仍保持高位，分别进口 349 万吨和 267 万吨，棉纱进口 201 万吨

2014 年尽管食糖因库存积压、国内价格下跌导致内外价差缩小，进口动力有所减弱，但进口仍然保持高位达 348.6 万吨，同比下降 23.3％。由于实施目标价格政策，2014 年国内棉花市场价格下降，加之高库存压力，棉花进口下降 40.7％，但仍保持高位，达 266.9 万吨。同时，棉纱进口保持高位，进口 201 万吨，下降 4.2％。

（四）猪牛羊肉进口 115 万吨，与上年基本持平；奶粉进口 105 万吨，增幅达 22％

因国内供给有所增加，2014 年猪肉进口 56.4 万吨，同比下降 3.3％；猪杂碎进口 82 万吨，同比持平。牛羊肉进口上半年增势强劲，下半年因国内市场变化，进口减少，总体与上年持平。牛肉进口 29.8 万吨，增长 1.3％；羊肉进口 28.3 万吨，增长 9.3％。奶粉进口继续增加，全年进口 105.4 万吨，增长 22％；鲜奶进口 32 万吨，大幅增长 73.5％。

（五）优势农产品出口总体保持增长，水产品、蔬菜出口额分别达 217 亿美元和 125 亿美元，但水果出口顺差下降五成

2014 年水产品出口 217 亿美元，同比增长 7.1％；进口 91.9 亿美元，增长 6.3％；贸易顺差 125.1 亿美元，扩大 7.6％。蔬菜出口 125 亿美元，增长 7.9％；进口 5.1 亿美元，增长 21.7％；贸易顺差 119.9 亿美元，扩大 7.3％。水果出口 61.8 亿美元，终止了连续 4 年的增长，同比下降 2.3％；贸易顺差 10.6 亿美元，减少 51.2％。

二、凸显的问题

2014 年我国农产品进口额呈现上半年增势强劲、下半年减少、全年增势趋缓的态势。进口价格下跌，加之国内供给充足，2014 年农产品过度进口问题更加突出，我国农业基础竞争力不足、调控手段缺乏等问题凸显。

（一）进口过度问题更加突出

在资源刚性约束和需求刚性增长的情况下，适度进口大宗农产品是我国的必然选择。入世以来，我国农产品进口持续快速增长，年均增长率超过 20％，进口额每 3 年翻一番，大宗农产品已呈现全面净进口。近年农产品进口过度问题严重，2014 年更加突出。

粮食过度进口 5 000 万吨左右。按照目前的粮食消费水平计算，2014 年我国粮食总消费应该在 6.5 亿吨左右，仅需进口 5 000 万吨就可满足国内需求。2014 年进口的 1 亿吨粮食中有近 50％是过度进口，这导致了在储备充足的情况下，大米、玉米、小麦库存增加了 4 500 万吨左右。

棉花和食糖进口几乎全部属于过度进口。2011—2013 年我国累计进口棉花 1 349 万吨，超出正常产需缺口 750 万吨，国内库存大量积压，期末库存达 1 148 万吨，库存消费比高达 144％。2011—2013 年我国食糖累计净进口 1 106 万吨，超出正常缺口 500 万吨，导致库存积压，期末库存达 800 多万吨，库存消费比高达 58％。库存再加上棉糖的国内生产量，2014 年我国这两个产品不存在供需缺口，但由于差价驱动，棉花进口仍然达到 267 万吨的高位，此外还进口棉纱 200 多万吨；食糖进口 349 万吨。这导致了国内库存的进一步增加，棉花库存增加 180 多万吨，食糖库存增加 150 多万吨。

植物油进口大部分是为了弥补国内产需缺口，但也存在过度进口，近年来收储加工的 600 多万吨菜籽油积压在库。2014 年大豆进口 7 140 万吨、油菜籽进口 508 万吨、植物油进口 787 万吨，油籽及植物油进口综合折油超过 2 400 万吨。多年来，食用油籽存在巨大产需缺口导致大量进口，除大豆外，油菜籽的过量进口问题也比较突出。由于植物油之间具有很强的替代性，进口对我国以冬闲田种植为主的油菜生产造成明显挤压。

乳制品过度进口问题也比较严重。2014 年我国奶类产量 3 890 万吨（同比增长 6.6％），奶粉进口 105.4 万吨、鲜奶进口 32 万吨。进口乳制品折鲜奶超 1 000 万吨，约占国内鲜奶产量的 1/4。乳制品的过度进口挤占了国产鲜奶市场，导致国内原奶销售困难，奶价下跌。

（二）农业基础竞争力先天不足问题更加显著

农业是高度依赖自然资源的产业，土地经营规模决定了农业的基础竞争力。我国农业平均规模只有 0.5 公顷，即使按联合国《世界城镇化展望》的预测结果，到 2050 年我国农村人口减少至 3 亿～4 亿，农业土地经营规模也只有 1 公顷。尽管我国在劳动力密集型农产品上有一定比较优势，通过适度规模经营、科技进步等措施提高农业竞争力仍有一定余地，但从整体看，我国农业基础竞争力先天不足，与主要农产品出口国的差距难以根本改变。近年来，随着劳动力、土地、环境保护、质量安全成本的显性化和不断提高，我国农业进入了成本快速上涨时期，基于成本之上的我国大宗农产品价格与世界市场价格差距扩大的趋势不可逆转。

2014 年粮食、肉类、乳制品内外价差显著。大米进口到岸价与国内市场批发价的差价为 1.26 元/千克、小麦为 0.94 元/千克、玉米 0.74 元/千克，大麦、高粱进口到岸价比国内玉米价低 0.89 元/千克和 0.87 元/千克；牛肉和羊肉进口到岸价比国内低 29 元/千克和 38 元/千克，奶粉进口到岸价折原奶比国内低 0.52 元/千克。2014 年棉花、食糖在大量进口、库存压力影响下，国内市场价格大幅下跌，内外差价大幅缩小，但这种缩小是以国内价格跌破成本为代价的，内外价差给农业产业带来的巨大压力依然存在。

（三）保护和调控手段缺乏的问题更加明显

由于耕地和劳动力不能跨国自由流动，各国农业基础竞争力存在比工业更加难以克服的差距。国际经验表明，通过合理的关税保护，并辅之以农产品特保措施是克服基础竞争力差距、确保国内产业健康发展的关键措施。但由于我国农业在入世中做出了巨大而广泛的承诺，农产品关税水平太低，不足以弥补国内外农产品竞争力差距造成的价差，不足以起到"防火墙"的作用，不足以对农产品进口进行有效调控。这是造成过度进口的政策性原因。

2014 年由于有关税配额措施并实施了转基因管理，玉米进口得到控制，但作为替代品的大麦、高粱、DDGs 进口猛增，合计进口 1 660 万吨，比上年增加 920 万吨。棉糖由于价差扩大，2011—2014 年食糖以配额外 50%税率进口的数量分别为 97 万吨、180 万吨、260 万吨和 155 万吨；棉花以配额外税率进口 162 万吨、347 万吨、256 万吨和 72 万吨，其中 2013 年关税配额外以 40%税率进口 51 万吨。我国乳制品进口关税 15%左右，中新自贸区协定下从新西兰进口奶粉的关税已降至 3.3%（到 2019 年降税为零）。2014 年奶粉进口量 105 万吨，其中从新西兰进口 74 万吨，占进口总量的 70%。值得关注的是，2014 年玉米内外价差一度超过配额外关税 65%的幅度，如果今后 5~7 年粮食价差超过 65%，而我对以关税配额外税率进口无任何调控手段，届时我适度进口的粮食安全战略将面临挑战。

（四）"天花板"效应对产业影响进一步加深

在开放条件下，关税水平决定了防火墙的高低，也决定了价格"天花板"的高低。由于我国关税水平低、成本上涨快，一些产品进口税后价低于我国的成本价。随着进口量的增加，进口对国内价格的打压作用越来越显著。国际大宗农产品价格仍处于下行周期，2014 年跌至 2010 年以来的最低点，进一步增强了进口对国内价格的打压作用。

2014 年，我国食糖价格在进口的影响下跌至 4 000 元/吨，低于成本价，糖企全面亏损。为减少企业压力，广西不得不一再下调甘蔗收购价，2014 年已降至 400 元/吨，低于蔗农生产成本。广西蔗农一个榨季净收入因蔗价下调（与 500 元/吨比）减少 70 亿元。即便蔗价 400 元/吨，糖企依然亏损，生产经营难以为继。

2014 年棉花实行了目标价格政策，目标价格为 19 800 元/吨。受进口价格打压，国内市场价格只有 14 000 元/吨。据此新疆地区棉花生产需要补贴 5 800 元/吨，财政负担巨大；黄淮海等其他地区实施补贴 2 000 元/吨的政策，市场价格与补贴合计 16 000 元/吨，仍低于生产成本。

2014 年国际奶粉价格由年初的 4 844 美元/吨跌至年底的 2 359 美元/吨，受国际价格下跌和大量进口影响，国内原奶价格从 4.26 元/千克跌至 3.80 元/千克，乳企在利润下降的压力下拒收奶农牛奶，杀牛倒奶的情形再次发生。

2014 年稻谷、小麦、玉米在政策性收储的支持下价格相对稳定，但受进口影响成本收益率连续三年下降，已经接近 1998—1999 年的水平。预计今后 2 年国际农产品市场价格持续低迷，而国内成本刚性增长，进口对国内价格的打压进一步增强。

（五）传统优势农产品竞争力下降

蔬菜、水果、水产品等劳动密集型产品是我国的传统优势出口产品，对带动农业增值增效、农民就业增收具有重要作用。近年来随着国内生产成本上升、人民币升值、其他发展中国家同构竞争的增强，长期以来我国农产品出口所依赖的价格竞争优势不断受到削弱，出口增长乏力。2014 年水果出口 61.8 亿美元，同比下降了 2.3%；进口 51.2 亿美元，增长 23.1%；贸易顺差 10.6 亿美元，减少 51%。2014 年 4 月至 7 月水果贸易持续逆差。以贸易量衡量，水果出口量 436 万吨，进口量 401 万吨，净出口量萎缩至 35 万吨，已低于入世初期的水平。

三、对策建议

在开放条件下，要有效应对国外大规模、商业化农场带来的挑战，除了练好内功，通过适度规模经营、培育新型经营主体、加快科技进步、强化社会化服务尽力提高自身竞争力外，必须针对我国农业特点和发展阶段，切实加强对我国农业特别是大宗农产品的支持和保护。

(一) 建立健全财政支农增长长效机制

在缺乏欧盟、日本、韩国那样的高关税保护的情况下，加强我国财政支农力度具有更为重要的意义。加大农业支持与发挥市场在资源配置中的决定性作用并不矛盾，不应要求农民在土地使用上按用途管理政策办，而在收益上完全让市场来决定。要在更深意义上认识国家对粮食和农业的支持性质，明确政府的责任，切实加大对粮食和农业的支持。我国黄箱支持承诺主要对特定产品的价格支持政策特别是临时收储政策造成了约束，对财政支农政策基本没有约束。我国财政支农政策具有足够的空间，关键是我们能拿出多大财力来加强对农业的支持。此外，"绿箱"政策支持不受WTO限制，这些支持可广泛用于基础设施建设、科研推广、公共服务，对降低农业生产成本、缓解国内价格上升的压力具有重要作用。

(二) 积极推进农业产业安全战略

在关税难以有效调控进口的情况下，亟须研究建立贸易救济和产业损害补偿机制，使得产业在受到进口损害和损害威胁时，能够减缓进口冲击，维持产业的基本生存和发展基础。"两反一保"等贸易救济措施是WTO规则赋予所有成员的权利，被广大成员广泛使用，核心就是通过征收额外关税确保进口产品价格不低于国内成本价，确保国内产业具有合理的利润空间和健康发展的基础。必须坚持"两反一保"条例的立法宗旨，依法推进贸易救济常态化、制度化，切实维护农业产业安全。要特别重视建立产业损害补偿机制，加强对受损害产业的支持。要务实推进农业"走出去"和市场多元化战略，提高对利用国际市场和资源的掌控能力。

(三) 强化金融等部门责任

农村金融服务滞后的最根本的原因是，提供农村金融的风险大、比较收益低。近年来，虽然出台了一系列扶持农村金融发展的政策，但这些优惠政策远远不足以弥补农村金融服务与其他领域金融服务的收益差距，金融机构仍没有积极性开展农村业务。应借鉴其他国家的成功经验，通过立法等制度性安排，明确金融机构在支持和服务粮食安全方面的责任。可借鉴储备金制度，规定任何从事放贷业务的金融机构，不论是内资还是外资、国有还是民营，都必须有一定比例的贷款直接或通过小额信贷机构、农村信用合作社等投向农业和粮食生产。要研究建立必要的制度，强化大型涉农企业在大宗农产品市场供给稳定方面的保障责任，规定规模以上粮油经销企业必须建立相应规模的粮食安全储备库存，明确其在粮食安全方面的法定保障责任。

（四）切实保护好有限的关税和国内支持政策空间

关税是最有效的边境保护措施。挪威、瑞士、日本和韩国农产品平均关税分别为 71%、85%、42% 和 56%，最高关税分别为 1 062%、1 909%、1 706% 和 887%，这就是为什么这些国家农业竞争力不强，但天花板效应不突出的原因。我国入世时承诺的关税政策空间十分有限，平均关税 15%，最高关税 65%。我国国内支持政策空间也十分有限，与其他 WTO 成员相比，我国没有 AMS 黄箱支持，微量许可占农业产值 8.5%，低于其他发展中成员 10% 的水平。其他发展中成员可普遍享受"发展箱"待遇，即对生计型农业和环境脆弱地区农业的黄箱支持政策不受任何限制。目前印度"发展箱"支持占农业产值的 17.9%，而我国不能享受此待遇。当前，我国保障"适度进口"所需调控手段不足的问题非常突出。必须从统筹两个市场两种资源、确保国内产业安全的需要出发，着力提高农业对外开放质量，在多双边谈判中切实维护好我国有限的关税政策和国内支持空间。

（倪洪兴、徐宏源、赵军华、吕向东、刘武兵、徐锐钊、马建蕾、黄飞、施展；2015 年第 1 期）

中国国际渔业博览会 20 年成长之路

    2015 年 11 月 6 日，第 20 届中国国际渔业博览会暨中国国际水产养殖展览会（以下简称"渔博会"）在青岛（即墨）国际会展中心落下帷幕。本届展会展出面积 8 万平方米，有来自全球 46 个国家和地区的 1 350 多家企业参展，3 万多名贸易商和专业观众与会参观洽谈。经过 20 年的成长，渔博会已成为世界第二、亚洲第一的渔业专业展会，为促进中国乃至世界渔业发展搭建了平台，也为农业展会的发展提供了宝贵经验和借鉴。

一、展会基本特点

    自 1996 年创办以来，渔博会采取巡回办展的方式，先后在青岛、北京、上海、大连、广州等地举办，带动了举办地水产业的快速发展，展会自身也不断壮大。展览规模从最初的 6 000 平方米扩大到 8 万平方米，参展企业数量增加了 3.5 倍，专业观众数量增加了 7.2 倍。在发展过程中，渔博会逐步形成了参与度高、专业性强、国际化程度高、市场化取向显著等特点。

（一）展会参与度日益增强

    一方面，参展企业覆盖面越来越广。展会举办初期，只有来自全球十几个国家（地区）的企业参展，也很少有国家展团。现在则已覆盖了全球全部水产业集中区域，国家展团有 20 多个，国内方面除西藏等个别省份外已基本全覆盖。另一方面，专业观众来源范围也越来越广。贸易商和专业观众的来源地由原来的 40 多个国家（地区）发展到 110 个。此外，观众的质量和层次也不断提高。本届展会中，冰岛、阿根廷等 12 个国家的渔业部长或其他高级别官员到会参观，助阵本国企业推广产品。

（二）产业相关度不断提升

    渔博会展出的海淡水产品占 53.3%、养殖技术与品种占 11.8%、加工及养殖设备占 21.9%、水产服务及媒体占 12.2%，以此四大板块为主体，涵盖了水产业全产业链，形成了下游产业参展商又是上游展商直接客户和采购商的良性互动结构，从而成为服务水产行业的"一站式"平台。同期还举办丰富的宣传、交流、推介活动，使展会成为"产品流、资金流、信息流"高度密集的专业化平台，本届展会组织了"渔业加工中制冷的奥秘""高密度健康鱼类养殖溶氧技术"等 11 项专场活动。

（三）国际化比例持续攀升

渔博会海外展区占总展出面积的比重曾多年维持在 25％左右，最近几年攀升到约 40％，个别年份甚至超过 45％，为国内同类展会中外商所占比例之最。境外采购商和专业观众的比重也由最初的 12％提升到 19.6％。大量外商的参与拉动了国内企业参加（参观）展会的积极性，也提高了渔博会的全球知名度和影响力。目前，渔博会已成为亚洲最大的国际水产贸易交流平台，与欧洲布鲁塞尔渔展、美国波士顿渔展齐名。

二、高效的市场化运作模式

市场导向和市场化运作是渔博会的基本做法，也是渔博会成功的重要因素。通过这一模式，渔博会实现了展商、采购商、举办地、主办单位良性互动，得到了参展商、专业观众等业内人士的广泛认同。

（一）采用现代化手段，开展常规组展招商

在招展、招商方面，采用电话、直邮、传真、网络等手段直接面向企业招展、招商。放大资料宣传效果，在注重展会宣传的同时，融入国际通行的视觉形象系统（VI）理念，统一包装展会所有对外宣传，使整个宣传保持连续性、可视性、认同性，给业内人士留下深刻印象。

（二）运用互联网，与展商和观众实时互动

目前，渔博会的网络订售方式已经非常成熟。展位订售均在线实时进行，参展商可以通过网上展位图直观地自主选择展位，与展会主办单位实时互动，这样既公开、公平，又让展商满意信服。参展指南中的各项服务内容也在网上互动提交，保证了信息的准确和及时，降低了展会成本。目前，组展和展位订售已实现 100％在线完成，观众网上预登记率已达 63.3％。

（三）利用呼叫中心，为采购商和专业观众提供一对一服务

专业观众尤其是采购商的比例是影响展会效果和功能目标实现的最重要因素。渔博会利用多年积累的买家数据库系统，在展会前 3 个月，通过呼叫中心对数据库内的买家进行一对一电话展前预登记服务，同时根据买

家需求安排展会活动，使其有所可看、有所可谈，从而留住了众多采购商和贸易观众，保证了高质量的观众群。

（四）通过信息化管理手段，提升服务和管理效率

从 2006 年开始，渔博会采用了国际知名的澳大利亚信息管理公司提供的"展商、观众信息采录系统"，实现观众注册全程信息化管理，引入了二维码信息识别方式，实行参观证件现场打印，使展会观众管理工作有了质的飞跃。尽管观众数量连年创新高，但注册现场秩序井然，每位观众平均等候时间不超过 2 分钟。展会上采录的展商和观众有效信息率达到了95％，为以后的招展招商工作提供了可靠的信息。

（五）集中优势资源，为展会提供全方位服务

展览会涉及环节多，影响面广，资源配置复杂，必须依靠市场运作节约成本、提高效率。渔博会一开始就实行市场化运作，运输、搭建、酒店、交通等由展商自主选择，减少中间环节，主办方、展商、场馆、观众等相互配合，形成了灵活、自主、高效的多层次合作机制，有效地提升了展会服务水平。

三、展会成长的决定因素

渔博会能够稳健快速成长，取决于以下五个方面的因素。

（一）水产业的持续稳定发展，提供了坚实的产业基础和内在动力

渔博会能够在 20 年时间内从无到有，迅速成长为与欧洲布鲁塞尔渔展齐名的全球两大渔展之一，得益于我国水产业的持续、稳定、快速发展。水产业是我国市场开放最早的产业，市场化进程起步早，产供销一体化管理程度高，国际贸易规模大（2014 年我国水产品贸易总额突破 300亿美元）。水产业的发展为渔博会的成长提供了内在动力和需求，为展会发展奠定了十分重要的产业基础。渔博会以促进贸易为目标的清晰的办展思路和功能定位，正是顺应了这一趋势和需要。

（二）政府到位不越位的支持，彰显了展会的公益性和影响力

渔博会的举办得到了农业部领导的高度重视，每届展会部领导都亲临现场指导；国际司、市场司在具体工作上给予必要的支持；渔业局经常在渔博会期间举办有影响力的配套主题活动。这些支持彰显了展会的公益性，提升了展会的信誉度、知名度和影响力。同时，也给予了主办单位、参展商和采购商充分的自主权，不干涉主办单位招展、招商工作，不下发红头文件要求企业参展参观，确保展会各参与主体自主自愿、按市场规则进行决策和选择。

（三）市场化运作模式，保证了展会各要素的高效配置和展会功能的实现

组织展会是一项复杂的系统工程，涉及场馆、参展商、采购商、广告宣传、设计中介、搭建公司、交通运输、住宿餐饮等众多行为主体以及招展、招商、搭建、展场管理等各个环节。渔博会坚持以市场为导向，以服务展商和采购商为宗旨，遵循市场规则、尊重市场选择，采用市场化的运作模式组织开展展会各项工作。特别是招商招展工作，通过市场化运作、开放式组展、信息化招商，直接面向企业和观众，做到公正、公开、透明、及时、高效。不仅保证了展会各要素得到高效配置，而且确保了展会贸易对接功能的充分实现。

（四）专业化的办展团队和高效的服务，助推了展会品牌稳定成长

作为一种特殊的服务产品，展会的核心价值体现在组展办展全程的服务水平上。优化展会要素组合，以最优的方式满足参展企业和观众的各项合理需求，是专业化的办展团队的基本功。渔博会创办 20 年来，其核心办展团队始终保持稳定，展会组织管理人员与展会一起成长，目前所有项目管理人员均拥有"注册会展经理（CEM）"认证资格。提供展会相关服务如设计、搭建、运输、数据库及用户管理等的均为专业展会服务公司，且多为相对固定的合作关系。企业参加渔博会可以得到成熟、稳定的服务和可预期的收益。专业化的优质服务留住了逾 70％重复参展客户，助推了渔博会的持续稳定发展。

（五）国际化的合作机制和良好合作伙伴，是展会快速提升的重要助力

渔博会能够迅速成长为世界顶尖、具有全球影响力的国际性展会，与其国际化的办展机制是分不开的。总部位于美国西雅图的美国海洋展览公司作为渔博会的海外协办机构，与展会主办机构中国贸促会农业行业分会建立了"优势互补、分工合作、互利共赢、风险共担"的合作关系，分别负责国内外招展招商和展会服务。海外协办机构的参与，引入了国际会展行业最先进的管理方式和运营理念，在提升渔博会整体办展水平、强化市场运作机制、增强对海外企业的吸引力和服务能力等方面都发挥了重要作用。

20 年来，渔博会在促进世界渔业和水产品贸易发展的同时，自身也成为中国农业对外合作的丰硕成果和世界瞩目的展会品牌。尽管未来的发展还面临着诸多的挑战和不确定因素，但通过不断吸收先进理念和方法，引进高效管理手段，提升服务质量和扩大宣传推介，渔博会也将不断完善，在做大做强展会自身的同时，引领和带动行业走向规范、健康、可持续发展之路。

（于孔燕、潘久、刘启正、江月朋、张晓颖；2015 年第 11 期）

我国水果出口现状及面临的挑战

我国是世界上第一大水果生产国和第四大水果出口国。近十年来水果出口额总体呈增长趋势，但 2008 年金融危机以来增速放缓，2013 年仅增长 2.4%，为十年来的次低。我国水果出口增长乏力，既与世界经济增长放缓、出口面临关税和非关税壁垒相关，也与国内生产成本上升和人民币升值导致出口价格竞争力下降、国内高中端水果市场消费趋于旺盛等因素密不可分。

一、我国水果贸易现状

（一）贸易规模

近 10 年来，我国水果出口额呈增长态势，由 2003 年的 13.7 亿美元增加到 2013 年的 63.2 亿美元，年均增长 16.5%。其中，前 5 年年均增长 25.3%；2008 年以来年均增长 8.4%，主要是鲜果出口的增长，加工水果中果汁出口下降，罐头等小幅增长（图 1）。

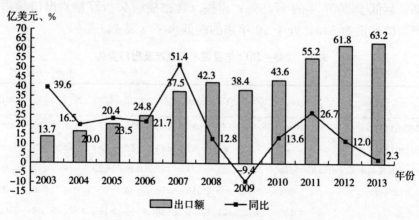

图 1　2003—2013 年我国水果出口额变化

从出口量看，前期快速增长，金融危机以来呈下降趋势。鲜冷冻水果

出口由 2003 年的 148.8 万吨增至 2009 年的 332.6 万吨，此后降至 300 万
吨左右，2013 年为 303.2 万吨，略高于 2008 年的出口水平；果汁、罐头
出口量变化情况与鲜冷冻水果相似，2013 年分别为 66.8 万吨和 61.6 万
吨，分别低于 2005 年和 2007 年的出口水平（图 2）。

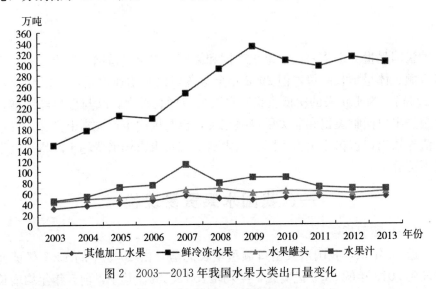

图 2　2003—2013 年我国水果大类出口量变化

　　我国水果出口量占总产量的比例呈下降趋势。2012 年，鲜苹果出口
量（含苹果汁折算量）占国内产量的比重为 12.5%，为近 10 年来的最低
水平，远低于 2007 年的 27.9%；柑橘（含柑橘罐头折算量）出口量占国
内产量的比重为 5%，处于 10 年来的较低水平（表 1、表 2）。

表 1　2003—2012 年我国苹果生产及出口变化

单位：万吨、%

年份	2003	2004	2005	2006	2007	2008	2009	2010	2011	2012
鲜苹果出口量	61	77	82	80	102	115	117	112	103	98
苹果汁出口量	42	49	65	67	104	69	80	79	61	59
苹果汁折算成鲜苹果的出口量	273	319	423	436	676	449	520	514	397	384
苹果出口量合计	334	396	505	516	778	564	637	626	500	482
苹果产量	2 110	2 368	2 401	2 606	2 786	2 985	3 168	3 326	3 598	3 849
出口量占产量的比重	15.8	16.7	21.0	19.8	27.9	18.9	20.1	18.8	13.9	12.5

　　注：苹果汁按 1∶6.5 折算成鲜苹果。

　　数据来源：中国海关统计，国家统计局。

表 2　2003—2012 年我国柑橘生产及出口变化

单位：万吨、%

年份	2003	2004	2005	2006	2007	2008	2009	2010	2011	2012
鲜柑橘出口量	29	36	47	44	56	86	111	93	90	108
柑橘属水果罐头出口量	25	28	30	32	34	35	32	34	34	34
柑橘罐头折算成鲜柑橘的出口量	38	42	45	47	51	53	48	50	51	51
柑橘果汁与其他加工品出口量	0.77	0.62	0.73	1.2	1.5	2.1	2.3	2.6	2.4	1.0
柑橘出口量合计	67	78	92	91	107	139	159	143	141	159
柑橘产量	1 345	1 496	1 592	1 790	2 058	2 331	2 521	2 645	2 944	3 168
出口量占柑橘产量的比重	5.0	5.2	5.8	5.1	5.2	6.0	6.3	5.4	4.8	5.0

注：柑橘罐头按 1∶1.5 折算成鲜柑橘。橙汁在国际市场上是最受欢迎的饮料之一，世界橙产量的 45% 左右用于橙汁加工。我国橙汁出口规模较小，与柑橘罐头相比可以忽略不计。

数据来源：中国海关统计，国家统计局。

近 10 年来我国水果进口增速快于出口增速。进口额由 2003 年的 5 亿美元增加到 2013 年的 41.6 亿美元，年均增长 23.5%，高于 16.5% 的出口年均增速。其中，鲜冷冻水果进口额年均增长 25.3%，每 3 年翻一番，进口量由 2003 年的 96.4 万吨增加到 2013 年的 296.9 万吨，年均增长 11.9%；水果汁进口额年均增长 12%，每 6 年翻一番，进口量由 2003 年的 6.2 万吨增加到 2013 年的 11.2 万吨，年均增长 6%。水果罐头进口额年均增长 19.6%，每 4 年翻一番，进口量由 2003 年的 0.6 万吨增加到 2013 年的 2.9 万吨，年均增长 17.5%。

（二）品种结构

我国鲜冷冻水果出口以苹果、柑橘、梨等温带水果为主，2013 年出口 35 亿美元，占水果出口总额的 55.4%，比 2003 年的 36.6% 提高了 18.8 个百分点；加工水果以苹果等果汁和柑橘等罐头为主，2013 年出口 10.1 亿美元和 6.9 亿美元，分别占水果出口总额的 16.1% 和 10.9%，低于 2003 年的 20.4% 和 19.7%（图 3）。

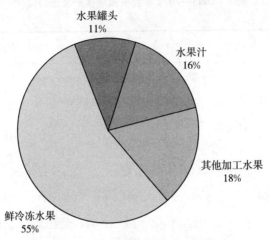

图 3　2013 年我国水果出口结构

　　我国水果进口以鲜冷冻水果为主，2013 年占进口总额的 86.9%，高于 2003 年的 75.5%。进口的鲜冷冻水果中以热带水果为主，2013 年主要进口葡萄、榴莲、龙眼、火龙果、柑橘、香蕉、樱桃、山竹果、猕猴桃等（图 4）。进口的加工水果有冷冻橙汁、桃罐头、菠萝罐头等。

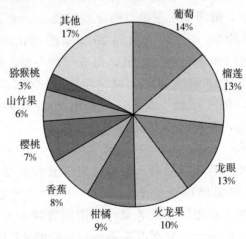

图 4　2013 年我国水果进口主要品种

（三）市场结构

　　2013 年，我国水果出口前五大市场是美国、日本、泰国、马来西亚和越南，分别占水果出口总额的 16.3%、10.9%、10.2%、7.9%、

7.6%，合计占52.9%。其中，鲜冷冻水果出口以东盟、俄罗斯、印度等周边发展中贸易伙伴为主，加工水果以美国、日本等发达国家为主（图5、表3）。

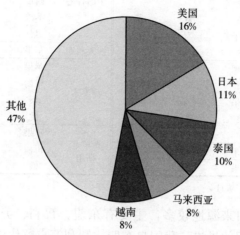

图5　2013年我国水果出口市场结构

表3　近年出口额超过1 000万美元的市场及水果品种

出口市场	2013年	2008年	2003年	出口市场	2013年	2008年	2003年
欧盟	柑橘	柑橘	柑橘	俄罗斯	苹果	苹果	苹果
	葡萄	葡萄			柑橘	柑橘	
	苹果	苹果	苹果		桃	桃	
	梨	梨			梨	梨	梨
	草莓	草莓	草莓		草莓	草莓	
	荔枝	荔枝			葡萄	葡萄	
		菠萝	菠萝				
		梅李杏	桃				
东盟	荔枝	荔枝		日本	苹果	苹果	苹果
	柑橘	柑橘	柑橘		柑橘	柑橘	柑橘
	甜瓜				桃	桃	桃
	葡萄	葡萄			草莓	草莓	草莓
	苹果	苹果	苹果		葡萄	葡萄	
	梅李杏			印度	苹果	苹果	

（续）

出口市场	2013年	2008年	2003年	出口市场	2013年	2008年	2003年
东盟	草莓 桃 梨 柿子 枣	梨	梨	中国香港	柑橘 西瓜 苹果 梨	柑橘 苹果	柑橘
				澳大利亚	苹果	苹果	苹果
美国	柑橘 梨 苹果 桃	柑橘 梨 苹果 桃 菠萝	柑橘 苹果 菠萝	加拿大	苹果 柑橘 梨 桃	苹果 柑橘 梨	苹果 柑橘
南非	苹果	苹果		哈萨克斯坦	苹果 柑橘 桃	苹果	
沙特阿拉伯	苹果	苹果					

数据来源：中国海关统计。

　　我国水果进口来源地较多，主要有东盟、智利、美国等（表4）。随着自贸区建设进程的推进，我国自东盟、智利等自贸伙伴进口的水果品种和规模不断扩大，尤其与东盟已互为重要的水果贸易伙伴。

表4　近年进口额超过1 000万美元的来源地及水果品种

进口来源地	2013年	2008年	2003年	进口来源地	2013年	2008年	2003年
欧盟	猕猴桃 柑橘			美国	葡萄 柑橘 樱桃 梅李杏	葡萄 柑橘 苹果	葡萄 柑橘 苹果
东盟	榴莲 龙眼 火龙果 香蕉 山竹果 椰子 菠萝 西瓜 荔枝 柑橘 芒果	榴莲 龙眼 火龙果 香蕉 山竹果 椰子 菠萝 西瓜	榴莲 龙眼 香蕉 山竹果	秘鲁	葡萄	葡萄	
				厄瓜多尔	香蕉		
				智利	樱桃 葡萄 梅李杏 苹果 猕猴桃 蔓越橘及越橘	樱桃 葡萄 苹果	葡萄
新西兰	猕猴桃 苹果	猕猴桃	柑橘	巴西	柑橘	柑橘	柑橘
澳大利亚	葡萄 柑橘			南非	柑橘 葡萄 桃		

（四）中国水果贸易在世界中的位置

据联合国 Comtrade 数据，2012 年我国水果出口额低于美国、西班牙、荷兰，排名第四。其中，鲜苹果、苹果汁、柑橘罐头出口均排名第一，占全球出口比例分别为 13.3％、40.1％、49.2％（图 6、图 7、图 8）。

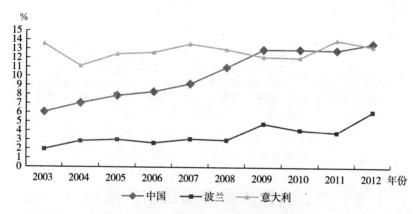

图 6　前三大鲜苹果出口国出口份额变化

数据来源：联合国 Comtrade 数据库。

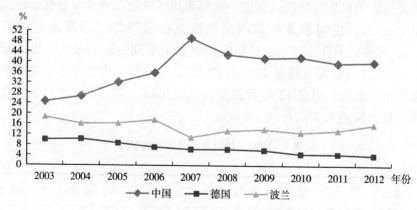

图 7　前三大苹果汁出口国出口份额变化

数据来源：联合国 Comtrade 数据库。

2012 年我国水果进口额在全球排名第十，增速在全球排名第一，为 19.7％。

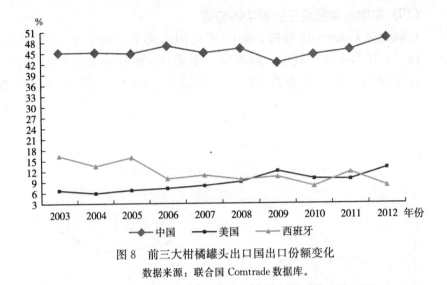

图 8　前三大柑橘罐头出口国出口份额变化

数据来源：联合国 Comtrade 数据库。

二、我国水果出口面临的挑战

（一）金融危机以来世界经济增长缓慢给我国水果出口增长带来困难

国际货币基金组织发布的《世界经济展望》表明，2008—2009 年受金融危机影响世界经济陷入衰退，近年来缓慢恢复，增速明显低于危机前水平（表 5）。我国水果出口增速也从危机前的 25.3% 降至危机后的 8.4%。其中，果汁出口因发达国家经济衰退受到的影响最大，出口额由 2007 年的 13.3 亿美元降至 2013 年的 10.1 亿美元。欧盟曾经是我国最大的果汁出口市场，但 2013 年我国仅对欧盟出口 4 774.2 万美元，占我国果汁出口总额的 4.7%。

表 5　2003—2014 世界经济增速变化

单位：%

年份	2003	2004	2005	2006	2007	2008	2009	2010	2011	2012	2013	2014
世　界	4.0	5.3	4.9	5.1	5.0	2.8	−0.6	5.3	3.9	3.2	3.0	3.6
发达经济体	1.9	3.2	2.6	3.0	2.6	0.2	−3.2	3.2	1.6	1.4	1.3	2.2
美　国	2.7	3.9	3.2	2.8	2.0	0.0	−2.6	3.0	1.7	2.8	1.9	2.8
欧元区	0.7	2.1	1.3	2.8	2.6	0.5	−4.1	1.9	1.5	−0.7	−0.5	1.2
日　本	1.4	2.3	2.6	2.4	2.1	−1.2	−5.2	4.4	−0.7	1.4	1.5	1.4

（续）

年份	2003	2004	2005	2006	2007	2008	2009	2010	2011	2012	2013	2014
新兴及发展中经济体	6.5	7.7	7.4	7.9	8.0	6.0	2.5	7.5	6.2	5.0	4.7	4.9
俄罗斯	7.3	7.2	6.4	7.4	8.1	5.2	−7.9	4.3	4.3	3.4	1.3	1.3
印度	7.4	8.0	8.5	9.8	9.3	6.4	5.7	10.8	7.1	4.7	4.4	5.4
东盟5国*	5.4	5.8	5.1	5.7	6.3	4.7	1.7	7.0	4.5	6.2	5.2	4.9
中国	9.5	10.1	10.2	11.6	11.9	9.6	9.1	10.4	9.2	7.7	7.5	7.3

* 包括印度尼西亚、马来西亚、菲律宾、泰国和越南。

（二）我国水果生产和贸易成本不断上升、出口价格竞争力下降

苹果是我国出口额最大的水果产品，近年来生产成本逐年上涨，尤以物质服务费用和人工成本增长显著。2005—2011年全国苹果亩均成本中的物质投入与服务费用从559元上涨到1 917元，增加了2.4倍，人工成本从605元上涨到1 944元，增加了2.2倍。随着苹果生产成本的增加，苹果产地价格也水涨船高，每千克苹果平均售价从1.54元上涨到4.46元，增加了1.9倍（表6）。再加上出口认证、运输等综合成本均上涨，出口鲜苹果和苹果汁的价格大幅上涨，我国苹果及其加工品的价格竞争力下降。

表6 近年来苹果成本收益变化情况

项 目	单位	2005	2006	2007	2008	2009	2010	2011
每亩								
主产品产量	千克	1 826.50	1 941.90	1 726.80	1 966.10	1 961.50	1 864.30	1 966.70
产值合计	元	2 817.55	3 243.60	4 837.00	4 203.10	6 462.30	8 881.20	8 772.60
主产品产值	元	2 815.18	3 234.30	4 830.10	4 197.80	6 457.40	8 876.00	8 768.70
副产品产值	元	2.37	9.27	6.90	5.35	4.86	5.23	3.90
总成本	元	1 283.69	1 606.80	2 394.40	2 257.60	3 521.00	3 849.50	4 160.60
生产成本	元	1 163.82	1 487.60	2 174.40	2 053.00	3 312.70	3 589.70	3 861.50
物质与服务费用	元	559.15	735.41	1 357.50	1 051.50	1 823.70	1 882.50	1 917.30
人工成本	元	604.67	752.14	816.88	1 001.50	1 489.00	1 707.20	1 944.20
家庭用工折价	元	501.53	581.02	463.76	675.65	633.81	858.03	1 112.30
雇工费用	元	103.14	171.12	353.12	325.85	855.16	849.17	831.87
土地成本	元	119.87	119.22	220.08	204.58	208.31	259.82	299.13

（续）

项　目	单位	2005	2006	2007	2008	2009	2010	2011
流转地租金	元	2.84	10.27	11.45	19.66	16.80	39.30	25.77
自营地折租	元	117.03	108.95	208.63	184.92	191.51	220.52	273.36
净利润	元	1 533.86	1 636.80	2 442.60	1 945.50	2 941.30	5 031.70	4 612.00
现金成本	元	665.13	916.80	1 722.00	1 397.10	2 695.70	2 771.00	2 775.00
现金收益	元	2 152.42	2 326.80	3 115.00	2 806.10	3 766.60	6 110.20	5 997.60
成本利润率	%	119.49	101.87	102.01	86.18	83.54	130.71	110.85
每50千克主产品								
平均出售价格	元	77.06	83.28	139.86	106.75	164.60	238.05	222.93
总成本	元	35.11	41.25	69.23	57.34	89.68	103.18	105.73
生产成本	元	31.83	38.19	62.87	52.14	84.38	96.22	98.13
净利润	元	41.95	42.03	70.63	49.41	74.92	134.87	117.20
现金成本	元	18.19	23.54	49.79	35.48	68.66	74.27	70.52
现金收益	元	58.87	59.74	90.07	71.27	95.94	163.78	152.41
附:								
每亩用工数量	日	39.82	41.64	36.28	39.41	42.30	43.69	40.32
每亩主产品已出售数量	千克	1 652.30	1 794.90	1 615.40	1 827.10	1 852.60	1 760.00	1 870.00
每亩主产品已出售产值	元	2 554.15	3 012.80	4 595.60	3 962.30	6 222.80	8 436.80	8 441.20
商品率	%	91.80	94.80	97.00	96.30	97.41	98.41	98.88
每亩成本外支出	元	0.52	3.42	2.15				

数据来源：《2012全国农产品成本收益资料汇编》。

　　从水果大类产品出口均价看，近10年来我国水果出口价格总体呈上升趋势。柑橘罐头出口均价由2003年的每吨634.3美元升至2012年的1 301.5美元，年均上涨8.3%，2013年回落至1 072.8美元（图9）。我国苹果汁出口早期靠低价打天下，但经过10多年的发展，出口均价已经处于国际同类产品价格的高位，2012年仅次于智利（表7）。我国鲜苹果等鲜果出口均价近年来呈加速上涨趋势。2013年鲜苹果、鲜葡萄、鲜桃的出口均价分别达到2009年的1.7倍、3倍和2.9倍，年均增速分别达到14.3%、31.4%和30.1%（图10）。出口价格上涨，并不意味着利润同步上涨。据部分陕西苹果出口企业介绍，鲜苹果出口利润主要来自5%的出口退税。

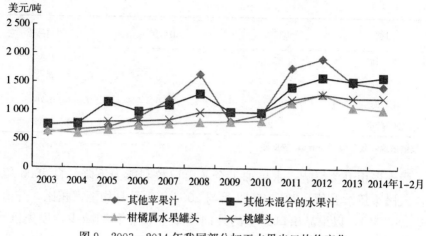

图9 2003—2014年我国部分加工水果出口均价变化

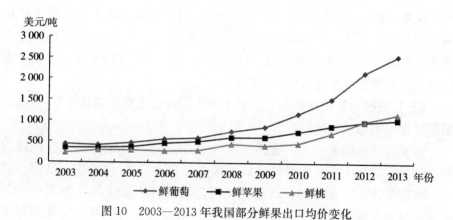

图10 2003—2013年我国部分鲜果出口均价变化

表7 2012年世界前十大苹果汁出口国苹果汁出口情况

单位：万美元、万吨、美元/千克

国别	出口额	出口量	出口均价
中 国	114 200.4	59.2	1.93
德 国	26 938.0	31.2	0.86
波 兰	46 467.3	27.2	1.71
奥地利	16 737.6	10.8	1.55
意大利	12 224.4	10.6	1.16
乌克兰	15 600.7	8.5	1.84

（续）

国别	出口额	出口量	出口均价
智利	11 355.3	5.8	1.96
匈牙利	9 133.7	5.8	1.58
比利时	3 920.2	5.0	0.79
土耳其	7 972.3	4.3	1.85

数据来源：联合国 Comtrade 数据库。

受人民币升值影响，水果加工企业出口盈利能力下降。自 2005 年以来，人民币持续升值（2013 年 12 月与 2006 年 1 月月均汇率相比，升值幅度达 24.2%），以果品出口为主的外向型果业企业利润减少，损失巨大。仅 2007 年 1 月至 2008 年 10 月，陕西海升、恒兴、通达三家果汁企业就因人民币升值损失利润 1.84 亿元人民币。另一方面人民币升值及生产成本的提高使苹果汁出口价格上升，竞争力下降。全国最大的果汁出口企业陕西海升集团 2008 年首次出现亏损，2012 年、2013 年两年再次亏损，人民币不断升值是导致其亏损的原因之一。

（三）关税及非关税壁垒使我国水果出口企业在竞争中处于不利地位，增加了出口困难

水果被许多国家列为"敏感产品"，为保护本国果农利益，往往设置较高的关税，如印度、韩国的进口苹果关税高达 50% 和 45%；欧盟、挪威、韩国等还实行复合税、季节性关税，欧盟对苹果汁征收 18%～30% 的从价税和每吨 184～193 欧元的从量税；有些还实行关税配额管理等非关税措施。

欧盟于 2004 年对我国柑橘罐头实施 4 年的保障措施，2008 年又采取反倾销措施，每吨征收 531.2 欧元反倾销税，使我国柑橘罐头企业不得不退出欧盟市场。

我国水果等食品出口面临实施卫生与植物卫生措施（SPS）等技术性贸易措施带来的挑战。根据《中国技术性贸易措施年度报告（2013）》数据，2011 年、2012 年我国水果等农产品出口企业受国外 SPS 措施影响的总体比例为 44.2% 和 27.1%。国际上对水果的进口风险评估严格，美国、日本、韩国等至今未完成关于进口我国苹果和梨的风险评估，美国、澳大利亚、新西兰等禁止进口我国猕猴桃，美国、加拿大、澳大利亚、韩国、

日本、南非等禁止从我国进口柑橘。2012 年因国外技术性贸易措施导致
我国部分出口农产品被国外扣留、销毁、退货，农产品直接经济损失为
41.5 亿美元，对欧盟、韩国、美国、日本农产品出口的直接损失额分别
为 9.6 亿美元、7.3 亿美元、6.2 亿美元、5.7 亿美元。国际市场日益严
格的技术性贸易措施使我国农产品出口企业在技术改造、检验、检疫、认
证等方面的成本增加，出口竞争力受到削弱。

（四）国内高中端水果市场需求旺盛，部分企业日益重视开发国内市场

国内高中端市场需求日趋旺盛，带动进口大幅增加的同时也对水果出
口增长带来一定影响。近 10 年来，我国城市居民鲜果消费总量呈高位增
长态势，水果进口价格加速上涨（图 11），柑橘、葡萄、猕猴桃以及多种
热带水果等高中端进口水果尤其受到市场欢迎。

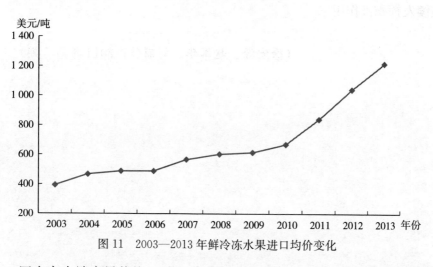

图 11　2003—2013 年鲜冷冻水果进口均价变化

国内高中端水果价格上涨、消费趋于旺盛，优质水果内销利润增加，
部分出口商开始转换思路，将营销策略从"优质水果优先满足出口"转变
为"优先满足内需"，积极寻求开拓内销渠道，相应减少水果出口量。据
陕西华圣企业集团介绍，本世纪初鲜苹果出口占其销售总量的 80%，但
近年来国内销售比例不断增加，2013 年已达 80%，主要原因在于国内大
城市消费市场行情看涨（2014 年初华圣苹果在西安超市的售价达每斤
10~12 元）。另据果汁生产商海升集团介绍，虽然近期我国水果加工品的
人均消费水平与国外相比存在一定差距，但随着我国经济发展和居民消费

层次的提升，特别是随着城市消费群体的扩大和年轻一代饮料消费习惯的形成，我国加工水果消费形势看好，苹果汁等产品的国内市场开发将更加受到国内企业的重视。

虽然我国水果出口面临诸多挑战，但从鲜苹果、苹果汁、柑橘罐头等几个在国际市场占有较大份额产品来看，在一段时期内仍将具有一定的出口竞争力，但是竞争优势明显减弱。据农业部农产品市场监测预警体系专家预测，未来10年我国水果产量将继续稳步增长，城市人均水果消费量年均增长1.2%，农村人均增长3.5%，水果平均批发价格年均增长3%~4%，鲜果出口年均增长3%，进口年均增长2.5%。由于水果发展对我国部分地区农民就业、农民增收乃至当地社会稳定具有重要作用，应统筹考虑国际、国内市场需求，继续采取相应出口促进措施，帮助企业克服水果出口面临的困难，确保出口在保障我国水果产业健康稳定发展方面继续发挥积极作用。

（徐宏源、赵军华、刘丽佳；2014年第5期）

国际组织预计未来 10 年全球农产品供给充裕实际价格下降

2015 年 7 月 1 日，经济合作与发展组织（OECD）、联合国粮农组织（FAO）联合发布《2015—2024 年农业展望》，对未来 10 年尤其是 2020 年及 2024 年全球大宗农产品生产、库存及价格等进行了预测。预测认为，未来 5～10 年全球农作物产量将进一步增加，来自发展中国家的需求增长将放缓，生物燃料需求趋于稳定，主要农产品供需总体将保持宽松，实际价格将持续回落但不低于 2007 年前的水平。

一、谷　　物

预计到 2020 年，小麦、粗粮①、大米三大谷物产量达 26.8 亿吨，比基期（2012—2014 年平均值）增加 2.3 亿吨，其中小麦产量为 7.6 亿吨、粗粮 13.8 亿吨、大米 5.4 亿吨。三大谷物库存比基期增加 0.9 亿吨，达 6.7 亿吨，其中小麦和粗粮库存增加，大米库存变化不大。三大谷物库存消费比保持在 25.3％的较高水平，大大高于 FAO 设定的 17％～18％的粮食安全警戒水平。贸易量预计达 3.78 亿吨，占全球产量的比重有所增加，其中小麦、粗粮、大米贸易量在全球产量中的比重将分别为 21％、12％、9％。到 2024 年，小麦消费量预计在基期的基础上增加 13％，其中食品消费占总消费的 69％；饲料将增加 1.6 亿吨，占粗粮消费增加总量的 67％；食用大米的消费预计增加 5.6 亿吨（表 1）。

短期看，由于经济增速放缓、库存积压以及石油价格低迷，谷物的实际价格可能持续下降。中期看，名义价格将略有上升，但低于此前 10 年的年均增长率，而实际价格将依然缓慢下降（图 1）。若发生特殊天气影响生产，则有可能出现国际市场价格陡涨的情况。

---

① FAO 统计口径，包括玉米、高粱、大麦、燕麦、黑麦等。

表1 2015—2024 年谷物供需预测

单位：亿吨、%

产品情况		基期年平均值 （2012—2014）	2015 年	2020 年	2024 年	年均增长率
小麦	产量	7.00	7.24	7.56	7.87	1.17
	消费量	6.94	7.11	7.53	7.84	1.22
	出口量	1.48	1.51	1.60	1.65	1.09
	期末库存	1.81	2.11	2.27	2.38	2.80
粗粮	产量	12.55	12.76	13.82	14.49	1.45
	消费量	12.15	12.80	13.71	14.40	1.71
	出口量	1.59	1.55	1.71	1.85	1.50
	期末库存	2.20	2.51	2.67	2.71	2.10
大米	产量	4.94	5.06	5.38	5.64	1.34
	消费量	4.89	5.06	5.36	5.62	1.40
	出口量	0.40	0.43	0.47	0.52	2.67
	期末库存	1.78	1.78	1.75	1.85	0.35
三大谷 物合计	产量	24.49	25.06	26.76	28.00	1.35
	消费量	23.98	24.97	26.60	27.86	1.51
	出口量	3.47	3.49	3.78	4.02	1.48
	期末库存	5.79	6.40	6.69	6.94	1.83

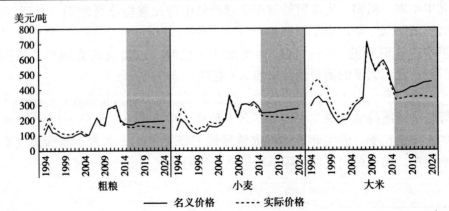

图1 1994—2024 年谷物价格走势

二、食用油籽和植物油

预计到 2020 年,食用油籽产量比基期增加 0.6 亿吨,达 4.9 亿吨;库存略增 200 万吨,达 4 300 万吨;贸易量增加 3 100 万吨,达 1.5 亿吨,增速将放缓,但在全球产量中所占比重仍保持在 31% 的高位。植物油产量增加 2 800 万吨,达 2 亿吨,其中棕榈油增幅较大;库存将比基期增长 200 万吨左右;贸易量增加 700 万吨,达 7 700 万吨。到 2024 年,食用油籽库存将以年均 0.8% 的增长率微增至 4 400 万吨,植物油库存将增至 2 500 万吨(表 2)。

表 2　2015—2024 年食用油籽和食用植物油供需预测

单位:亿吨、%

产品情况		基期年平均值 (2012—2014 年)	2015 年	2020 年	2024 年	年均增长率
食用油籽	产量	4.25	4.51	4.87	5.16	1.96
	消费量	4.28	4.51	4.86	5.16	1.87
	出口量	1.21	1.38	1.50	1.57	2.69
	期末库存	0.41	0.51	0.43	0.44	0.80
植物油	产量	1.69	1.79	1.97	2.11	2.20
	消费量	1.68	1.79	1.97	2.10	2.31
	出口量	0.70	0.70	0.77	0.82	1.58
	期末库存	0.23	0.24	0.25	0.25	0.87

未来 10 年,油籽及植物油的名义价格预计将上涨,但涨幅略低于通货膨胀率,因此实际价格将有小幅下跌(图 2)。

图 2　2004—2024 年油籽名义价格走势

三、食　糖

预计到2020年，食糖产量比基期增加1 900万吨，达2亿吨。库存增加1 800万吨，库存消费比略有下降，仍将保持在34.6%的较高水平；贸易量在全球产量中的比重将略有增加，食糖出口将集中在少数几个国家。到2024年，巴西仍然是世界第一大食糖出口国，其份额将占全球总出口的40%，而进口国家则多样化（表3）。

表3　2015—2024年食糖供需预测

单位：亿吨、%

供　需	基期年平均值 （2012—2014年）	2015年	2020年	2024年	年均增长率
产　量	1.82	1.81	2.01	2.21	1.93
消费量	1.74	1.81	1.99	2.14	2.09
期末库存	0.70	0.69	0.69	0.79	1.10

2014年食糖价格跌至2010年以来最低点，并将继续面临下行压力，预计未来5~10年世界食糖价格将会继续波动，名义价格可能上升而实际价格则可能下降。巴西产糖成本及用于制糖和生物乙醇的甘蔗比例将成为决定世界糖价的主要因素（图3）。

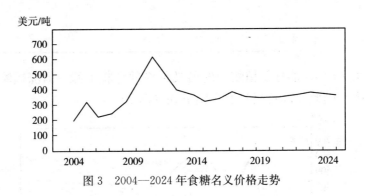

图3　2004—2024年食糖名义价格走势

四、棉　花

预计到2020年，产量变化不大，仅比基期增加130万吨，为2 730万吨。消费量增加440万吨，导致库存下降360万吨，但库存消费比仍高达

55.3%。中国将继续保持棉花最大消费国地位，但增速低于印度、孟加拉国、越南等其他国家。贸易量增加 60 万吨，达 940 万吨，贸易量在全球产量中所占比重预计将达 34%（表 4）。到 2024 年，美国预计将维持其第一大出口国的地位，在国际市场的份额将占 24%；印度将仍为第二大出口国，所占比例将由基期的 18% 增至 2024 年的 20%。而中国预计将继续成为第一大进口国，到 2024 年约占世界进口份额的 39%。孟加拉国的进口份额增量最大，从基期的 10% 预计增长到 2024 年的 13%。

表 4　2015—2024 年棉花供需预测

单位：百万吨、%

供　需	基期年平均值 （2012—2014）	2015 年	2020 年	2024 年	年均增长率
产　量	26.0	25.1	27.3	29.9	1.41
消费量	23.8	25.7	28.2	30.4	2.48
出口量	8.8	8.0	9.4	10.5	1.78
期末库存	19.2	20.6	15.6	14.0	−3.11

未来 5～10 年价格基本稳定，因中国消化储备棉短期内世界棉花价格可能会下降，2024 年棉花名义价格和实际价格都将低于基期水平，其中实际价格较基期水平下降 23%，较 2000—2009 年平均水平下降 9%（图 4）。

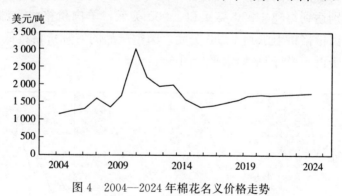

图 4　2004—2024 年棉花名义价格走势

五、肉　　类

预计到 2020 年，牛肉、猪肉、禽肉、羊肉产量分别比基期增加 500 万吨、1 000 万吨、1 700 万吨和 200 万吨，达 7 200 万吨、1.25 亿吨、1.25 亿吨和 1 600 万吨。猪肉和牛肉消费基本稳定，禽肉增长较快（表

5）。贸易增速将下降，贸易量占全球肉类产量的比重约为 11％。到 2024 年，发达国家年人均肉类消费量将达 68 千克，将是发展中国家的 2.4 倍，但消费增速低于发展中国家。

表5　2015—2024 年肉类产品供需预测

单位：百万吨、%

产品情况		基期年平均值（2012—2014 年）	2015 年	2020 年	2024 年	年均增长率
牛肉	产量	67.14	68.09	72.01	75.39	1.17
	消费量	66.70	67.58	71.47	74.86	1.16
猪肉	产量	115.32	118.44	125.07	128.76	1.11
	消费量	114.64	118.23	124.60	128.27	1.13
禽肉	产量	107.64	111.95	124.63	133.79	2.20
	消费量	107.08	111.11	123.81	132.96	2.19
羊肉	产量	13.96	14.46	15.92	17.12	2.06
	消费量	13.85	14.42	15.87	17.07	2.12

除牛肉外，其他肉类产品名义价格仍将保持高位，但将低于 2014 年水平。牛肉价格的高位水平仍将保持两年。到 2024 年，牛肉和猪肉价格预计将分别达到每吨 4 900 美元和 1 900 美元，羊肉价格将上涨到 4 350 美元，禽肉价格将上涨到 1 550 美元。肉类产品的实际价格将低于基期水平，但高于近 10 年的平均水平（图5）。

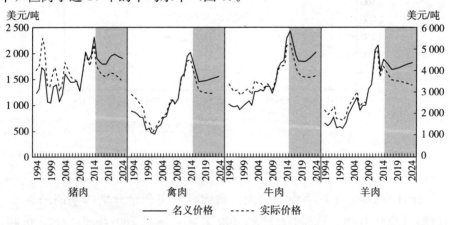

图5　1994—2024 年肉类产品价格走势

六、奶制品

预计 2020 年，牛奶产量比基期增加 8 600 万吨，达 8.5 亿吨，年均增长 1.8%。其中脱脂奶粉达 445 万吨，全脂奶粉达 602 万吨。消费量与产量接近持平（表 6）。发展中国家人均奶制品消费年均增长 1.4%～2%，发达国家年均增长 0.2%～1%。贸易量的增长，主要由美国、欧盟、新西兰、澳大利亚和阿根廷的出口扩张所带动。到 2024 年，全球牛奶生产有望比基期增加 1.8 亿吨，其中 75% 的增长主要来自于发展中国家，特别是亚洲地区。

表 6 2015—2024 年奶制品供需预测

单位：百万吨、%

产品情况		基期年平均值 （2012—2014 年）	2015 年	2020 年	2024 年	年均增长率
脱脂奶粉	产量	3.80	4.08	4.45	4.78	2.30
	消费量	3.83	4.06	4.45	4.78	2.24
全脂奶粉	产量	4.84	5.22	6.02	6.66	3.23
	消费量	4.85	5.22	6.02	6.66	3.21

2014 年部分奶制品的国际价格比 2013 年的高点略低，未来 10 年内名义价格预计将趋稳，实际价格可能将略有下降，但仍将高于 2007 年以前的水平（图 6）。

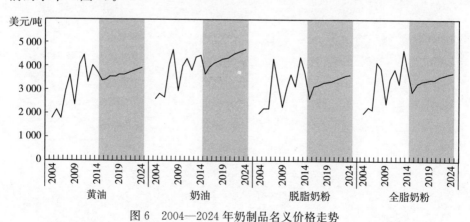

图 6 2004—2024 年奶制品名义价格走势

此外，未来 5～10 年全球水产品产量将稳步增长，尤其是养殖产量增加较快，2023 年将首次超过捕捞量。

中国将是一些主要农产品的进口国，将成为全球第二大粗粮进口国，油籽、脱脂奶粉、全脂奶粉、棉花等进口将占全球进口总量的 61%、15%、25%、40%。

（徐宏源、赵军华、宗会来、江月朋、施展、杨静；2015 年第 8 期）

近年来全球玉米生产贸易形势及未来预测

近年来，全球玉米生产总体保持增长趋势，供给充裕，需求稳定增加，价格持续下行。未来美国等主要玉米生产国产量将进一步增加。中国玉米自 2010 年首次净进口以来进口量快速增加，同时高粱、大麦、玉米酒糟（DDGs）等替代产品进口增势迅猛。在 2015 年 9 月国家公布临储价格调整、国内价格下降的新形势下，由于内外价差依然较大，玉米及替代品进口压力近期不会明显缓解，中国玉米产业健康稳定发展仍将面临严峻挑战。

一、玉米生产情况与未来走势

（一）全球玉米产量稳定增长供给充裕，美国、中国、巴西等是主要生产国

联合国粮农组织（FAO）数据表明，1961 年以来全球玉米产量总体呈增长趋势。1961—1970 年平均产量为 2.38 亿吨，1991—2000 年增至 5.58 亿吨，每 10 年平均增产 32.8%。进入新世纪以来，玉米产量总体上延续了 40 年来的增长势头，由 2001 年的 6.16 亿吨增至 2013 年的 10.18 亿吨，年均增长 4.3%。根据国际谷物理事会（IGC）数据，2014、2015 年全球产量小幅回调至 10.05 亿吨和 9.67 亿吨，但仍将是历史上第二和第三高产年（图 1）。

美国和中国一直是最主要的玉米生产国，产量合计超过全球一半。2013 年，美国和中国玉米产量分别为 3.54 亿吨和 2.18 亿吨，占全球产量的比重分别为 34.7% 和 21.5%。此外，巴西、欧盟、阿根廷、乌克兰、印度和墨西哥也是世界主要生产国（地区），2013 年产量合计占全球的 1/4。特别是乌克兰，随着单产提高以及种植面积扩大，2008—2013 年产量从 1 144.7 万吨增至 3 095 万吨，年均增长 22%，超过印度和墨西哥成为世界第五大玉米生产国。同期美国的玉米产量年均增长 2.9%、中国增

长5.7%、巴西增长6.4%、欧盟增长0.3%（表1）。

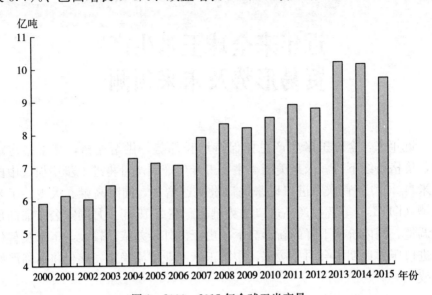

图1　2000—2015年全球玉米产量

数据来源：2000—2013年数据来自FAO统计，2014—2015年数据为IGC估计数。

表1　2008—2013年全球主要玉米生产国产量及所占比重

单位：万吨、%

国别 (地区)	2013年		2012年		2011年		2010年		2009年		2008年	
	产量	占比	产量	占比	产量	占比	产量	占比	产量	占比	产量	占比
美 国	35 369.9	34.7	27 382.0	31.2	31 394.9	35.4	31 616.5	37.1	33 254.9	40.5	30 714.2	37.0
中 国	21 848.9	21.5	20 813.0	23.7	19 278.1	21.7	17 742.5	20.8	16 397.4	20.0	16 591.4	20.0
巴 西	8 027.3	7.9	7 107.3	8.1	5 566.0	6.3	5 536.4	6.5	5 072.0	6.2	5 893.3	7.1
欧 盟*	6 652.5	6.5	5 990.9	6.8	7 027.1	7.9	5 920.4	7.0	6 002.6	7.3	6 541.3	7.9
阿根廷	3 211.9	3.2	2 380.0	2.7	2 380.0	2.7	2 266.3	2.7	1 312.1	1.6	2 201.7	2.7
乌克兰	3 095.0	3.0	2 096.1	2.4	2 283.8	2.6	1 195.3	1.4	1 048.6	1.3	1 144.7	1.4
印 度	2 329.0	2.3	2 226.0	2.5	2 176.0	2.5	2 172.6	2.6	1 672.0	2.0	1 973.1	2.4
墨西哥	2 266.4	2.2	2 206.9	2.5	1 763.5	2.0	2 330.2	2.7	2 014.3	2.5	2 432.0	2.9
全 球	101 811.2		87 792.4		88 766.5		85 125.7		82 020.3		83 061.1	

注：欧盟统计中无塞浦路斯、爱沙尼亚、芬兰、爱尔兰、拉脱维亚、马耳他和瑞典的数据。

数据来源：FAO。

（二）玉米主要生产国增产潜力大

美国。是第一大玉米生产国，也是中国玉米进口主要来源国之一。近年由于生物乙醇的发展对玉米的需求持续大幅增加，拉动美国玉米产量不断增加。生物乙醇用玉米由 2001 年的 0.18 亿吨增加到 2010 年的 1.3 亿吨，同期玉米产量由 2.4 亿吨增加到 3.2 亿吨，美国玉米产量在需求拉动下具有巨大增长潜力。2011 年以来，生物乙醇玉米用量基本稳定在产量的 40% 左右，但受饲料消费、出口需求拉动，产量仍保持增长势头，2013 年达 3.5 亿吨的历史高位，2014 年预计增加到 3.6 亿吨（表 2）。虽然玉米与大豆存在替代种植关系，但从大豆产量稳中趋增的变化趋势看，美国玉米产量增长趋势不会受到大豆产量增长的影响。

表 2　2000/2001—2015/2016 年度美国玉米和大豆产量

单位：亿吨、%

年　度	玉米产量	玉米产量占全球的比重	大豆产量
2000/2001	2.52	42.6	0.75
2001/2002	2.41	40.1	0.78
2002/2003	2.28	37.7	0.75
2003/2004	2.56	40.8	0.66
2004/2005	3.00	41.8	0.85
2005/2006	2.82	40.3	0.83
2006/2007	2.68	37.3	0.87
2007/2008	3.31	41.6	0.73
2008/2009	3.06	38.3	0.80
2009/2010	3.32	40.2	0.91
2010/2011	3.16	37.8	0.90
2011/2012	3.13	35.2	0.84
2012/2013	2.73	31.4	0.82
2013/2014	3.51	35.4	0.91
2014/2015	3.61	35.8	1.06
2015/2016	3.44	35.4	1.05

数据来源：美国农业部。

南美。是全球主要玉米产区之一，产量占全球 13% 以上，其中巴西和阿根廷产量仅次于美国和中国。2000—2013 年，巴西产量由 3 187.9 万吨增至 8 027.3 万吨，年均增长 7.4%；阿根廷产量由 1 678.1 万吨增至 3 211.9 万吨，年均增长 5.1%。由于玉米是南美最重要粮食作物，未来两国的玉米产量预计将会继续保持增长。2014 年，中国与巴西签署了《关于巴西玉米输华植物检疫要求议定书》，巴西向中国出口玉米的可能性增加，其土地资源优势下的生产潜力将进一步得到释放。虽然阿根廷对玉米出口征收 20%关税，但由于其近期大选后新政府可能会调整出口征税政策，其玉米出口量将会增加，从而激励产量增加。

乌克兰。拥有世界上 1/3 的黑土带，农业资源条件得天独厚，被誉为"欧洲粮仓"。2008 年以来，乌克兰玉米产量以年均 22%的速度大幅增加，一方面源自单产提高，更主要的原因是种植面积的扩大。2013 年乌克兰玉米种植面积达 483 万公顷，是 2000 年的 3.8 倍。由于乌克兰国内农业投入不足、基础设施落后，目前尚有 40%左右的农业生产潜能没有得到发挥。随着中国与乌克兰经贸关系的进一步深化，为增加对中国的出口，乌克兰会继续挖掘其巨大的玉米生产潜力（图 2）。

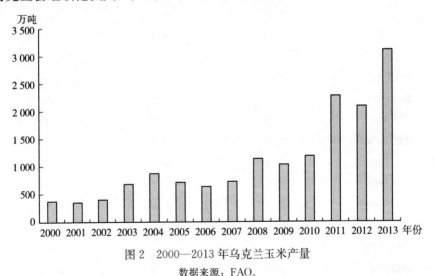

图 2　2000—2013 年乌克兰玉米产量

数据来源：FAO。

（三）未来走势

根据 OECD/FAO 预测，虽然近年来主要生产国玉米丰收导致全球粗粮（主要为玉米）库存创历史新高，但全球粗粮产量将继续保持增长势头，到 2024 年将达 14.4 亿吨，期末库存 2.7 亿吨。受美国乙醇混合量

10％的上限政策和全球油价低迷影响，未来用于制造生物乙醇的需求增长将放缓，饲用消费将成为以玉米为主的粗粮消费的主要推动因素，2024年饲用消费的增加量将占粗粮消费增长总量的2/3。总体看，未来5～10年全球玉米供给充裕，能够满足消费增长的需要。

二、主要贸易国玉米进出口情况与未来走势

（一）全球玉米贸易量呈增长趋势，出口集中度较高

玉米是产量最高、贸易量最大的谷物产品。近年来，全球玉米贸易增长较快。从出口量来看，2001年为8 381.6万吨，2005年增加到8 966.8万吨，2010年为1.09亿吨，2014年继续增至1.39亿吨，年均增长4％，与产量增长率基本保持一致。贸易量持续增长，但贸易量占产量的比重基本保持稳定，2001年为13.6％、2005年为12.6％、2010年为12.8％、2014年为13.8％。

美国、巴西、阿根廷和乌克兰也是玉米主要出口国。近年来，美国出口量稳定在4 000万吨以上，除2013年外，均居全球出口第一位，2014/2015年度出口量占其总产量的13.1％。近年来美国玉米出口面临其他国家的激烈竞争，2013年巴西为全球第一大玉米出口国；乌克兰的出口也快速增长，2013年超过阿根廷跃居全球第三位。2014年，美国玉米出口量占全球出口总量的比重为35.7％，巴西为14.8％，乌克兰为12.6％，阿根廷为11.4％（表3）。

表3　2010—2014年全球主要玉米出口国出口量及所占比重

单位：万吨、％

国　别	2014年		2013年		2012年		2011年		2010年	
	出口量	占比	出口量	占比	出口量	占比	出口量	占比	出口量	占比
美　国	4 960.6	35.7	2 407.3	19.6	3 146.3	26.3	4 583.1	42.2	5 085.4	46.9
巴　西	2 063.9	14.8	2 661.0	21.6	1 977.5	16.6	1 576.7	14.5	1 752.5	16.2
乌克兰	1 754.6	12.6	1 672.0	13.6	1 562.3	13.1	779.6	7.2	638.9	5.9
阿根廷	1 585.2	11.4	1 999.9	16.3	1 781.6	14.9	945.9	8.7	1 078.9	9.9
法　国*	562.3	4.0	602.2	4.9	606.9	5.1	602.2	5.5	404.5	3.7
全　球	13 913.5		12 305.2		11 942.6		10 868.4		10 850.8	

注：另据美国农业部《世界农产品供需预测报告》，法国等28个欧盟成员2013/2014年度出口量为240万吨，2014/2015年度出口量预计为400万吨。

数据来源：Comtrade数据库。

玉米进口国较多，进口量较大的有日本、韩国、墨西哥、西班牙等，上述 4 国进口了全球约 40％的玉米。日本年均进口量保持在 1 500 万吨左右。2014 年，日本的进口量占全球总进口量的 15.4％，墨西哥占 10.6％，韩国占 10.5％，西班牙占 6.3％。埃及进口量年度间波动较大，2013 年进口 1 600 多万吨，位居全球第一，但 2014 年仅进口 5.6 万吨（表 4）。2012 年中国进口了 520.8 万吨玉米，居全球第六，2013、2014 年进口量有所下降，但高粱、大麦、玉米酒糟（DDGs）等玉米替代品进口猛增。

表 4　2010—2014 年全球主要玉米进口国进口量及所占比重

单位：万吨、％

国 别	2014 年		2013 年		2012 年		2011 年		2010 年	
	进口量	占比	进口量	占比	进口量	占比	进口量	占比	进口量	占比
日 本	1 503.2	15.4	1 439.9	12.5	1 489.3	14.7	1 528.3	16.2	1 618.6	17.9
墨西哥	1 039.3	10.6	714.2	6.2	950.6	9.4	946.5	10.1	783.9	8.7
韩 国	1 022.1	10.5	872.2	7.5	822.0	8.1	775.8	8.2	854.1	9.5
西班牙*	614.0	6.3	545.6	4.7	596.6	5.9	466.5	5.0	384.8	4.3
埃 及	5.6	—	1 612.1	13.9	606.2	6.0	704.2	7.5	517.6	5.7
全 球	9 777.1		11 563.8		10 160.8		9 407.9		9 023.3	

注：另据美国农业部《世界农产品供需预测报告》中的数据，西班牙等 28 个欧盟国家 2013/2014 年度进口量为 1 592 万吨，2014/2015 年度进口量预计为 860 万吨。

数据来源：Comtrade 数据库。

（二）中国玉米进口高速增长，饲用替代品进口迅猛增加

2001—2009 年中国一直是玉米净出口国，最高年份 2003 年出口量高达 1 639 万吨。2010 年，中国首次成为玉米净进口国，此后进口量迅猛增加，由当年的 157.3 万吨飙升至 2012 年的 520.8 万吨，2013、2014 年进口量略有下降，但仍居高位，分别为 326.6 万吨和 259.9 万吨。美国一直是中国最大的玉米进口来源地，2010—2012 年自美国进口量占中国玉米进口量的 95％以上，2013 年降至 90.9％。近年来，中国从乌克兰进口玉米迅速增加，2014 年中国从其进口 96.4 万吨，占中国玉米进口总量的 37.1％，从美国进口的比重则下降为 39.6％。由于 2012 年中国和乌克兰签署的"贷款换粮食"协议生效，2015 年 1—9 月，乌克兰超越美国成为中国第一大玉米进口来源地，占中国玉米进口总量的 84.9％。

值得注意的是，2010 年以来玉米替代品进口增势迅猛。2010—2014年，玉米、高粱、大麦、玉米酒糟（DDGs）进口量从 718.7 万吨增至1 920.1万吨，年均增长 27.8%。2015 年 1—9 月，中国进口玉米 453.5万吨，同比增加 1.8 倍；进口高粱 809.6 万吨，增加 1.2 倍；进口大麦872.1 万吨，增加 1 倍；玉米、高粱、大麦、DDGs 合计进口 2 662.8 万吨，同比增长 81.4%。在当前技术条件下，高粱、大麦和 DDGs 按特定比例替代玉米，可以充分满足畜牧业生产对能量和蛋白质的需求（表 5）。

表5　2005—2014 年中国玉米及替代产品进口量

单位：万吨

年份	玉米	DDGs	大麦	高粱	合计
2005	0.4	0.1	217.9	0.9	219.3
2006	6.5	0.1	214.1	0.9	221.6
2007	3.5	0.2	91.3	0.3	95.3
2008	5.0	0.7	107.6	1.3	114.6
2009	8.4	65.5	173.8	1.7	249.4
2010	157.3	316.4	236.7	8.3	718.7
2011	175.4	168.6	177.6	0.0	521.6
2012	520.8	238.2	252.8	8.7	1 020.5
2013	326.6	400.2	233.5	107.8	1 068.1
2014	259.9	541.3	541.3	577.6	1 920.1
2015 年 1—9 月	453.5	527.6	872.1	809.6	2 662.8

数据来源：中国海关统计。

（三）未来走势

根据 OECD/FAO 预测，到 2024 年以玉米为主的粗粮出口量将达到1.85 亿吨，年均增长 1.5%，粗粮贸易量占产量的比重仍将保持在 13%左右。

消费方面，据国家粮油信息中心预测，受宏观经济形势、国家加大调控力度等影响，预计 2015 年中国玉米需求将有所回暖，总消费量将达1.96 亿吨，其中饲料用粮约 1.29 亿吨，工业消费约 4 900 万吨。

进口方面，虽然近期中国下调了玉米临储价格，但由于进口玉米配额内关税只有 1%，进口高粱、大麦、DDGs 实行 2%、3%、5% 的单一关税管理，缺少关税配额管理措施保护，未来进口玉米及其替代品仍具备一定价格优势，进口压力仍然较大。

三、玉米市场价格变动与走势分析

（一）国际市场玉米价格从大起大落到持续下行

受生物质能源发展、投机资本以及气候变化等因素的影响，全球玉米市场价格变动的不确定性加大。生物质能源发展增加了对玉米的非传统需求，打通了玉米市场与能源市场的价格通道，使石油市场的波动更加直接快速地传导到玉米市场。2001—2004年，国际市场玉米价格相对平稳。2005—2007年波动上涨，由2005年初的每吨不足100美元涨至2007年12月的179美元。2008—2012年出现3次大起大落，2008年的高点出现在6月的281美元，2011年的高点出现在4月的321美元，2012年的高点出现在7月的330美元。2013年起价格持续震荡下行，年底跌破200美元，年内跌幅达35%；2014年9月继续跌至163美元，达到3年来的低谷；此后继续低位运行，保持在170美元左右（图3）。芝加哥商品交易所（CBOT）玉米期货合约价也显示了与现货价同样的趋势。

图3　2005—2015年美国墨西哥湾2号黄玉米离岸价格变化

数据来源：FAO价格数据库。

（二）中国玉米生产成本不断走高，国内外价差持续拉大

中国农户平均耕地规模0.5公顷，玉米生产规模小，单产水平不高。而美国玉米农场平均规模为101公顷。中国玉米生产成本不断上升，与全

球玉米主要出口国的成本差距进一步拉大。以美国为例，2014年美国每亩玉米生产成本为696.8元，亩产量为711.4千克，而中国每亩玉米生产成本为839.5元，亩产量仅为500千克。加之美国玉米种植补贴较高，中国与美国农户玉米种植收入差距巨大。

近年来，在生产成本不断增长和临时收储政策推动下，玉米国内市场与国际市场的价差不断拉大，中国进口玉米的压力不断加大，产业发展受到国际市场低价玉米的挑战越来越大。自2013年起，中国配额内进口的美国玉米到港税后价与国内玉米广州港口价价差开始逐渐加大，到2013年底价差已逾每吨500元。2015年4月中旬以来，以配额外65%关税进口的美国2号黄玉米税后价持续2个多月低于中国国内价，其中5月份配额外进口的价差最高达每吨200多元。2015年9月，随着玉米临时收储价格的下调，中国国内玉米市场价格持续下跌，在临储政策调整1个多月后的10月，配额内进口玉米的到岸税后价与国内市场价差虽有所缩小，但仍达每吨600元（图4）。

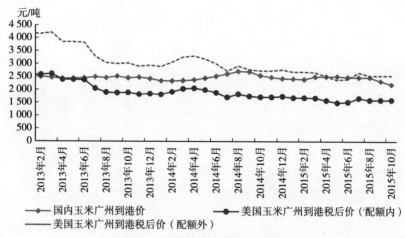

图4 2013—2015年国内外玉米价差

数据来源：中国粮食信息网。

（三）未来走势

根据OECD/FAO预测，由于供给充裕，消费需求增幅下降，未来一段时间玉米价格下行的可能性高于上行，特别是全球主要经济体经济增速放缓、主要玉米生产国连年丰收，玉米价格回升的可能性不大。

2015年，由于中国调整玉米临时收储政策，国内玉米市场价格出现明显的下滑趋势，新玉米开秤收购价明显低于上一年度，国内玉米市场"东北政策高价和华北市场低价"将成为常态。在国内玉米供应充足、工业需求疲软、玉米及替代品进口影响加大的背景下，近期国内玉米市场价格预计将延续总体弱势运行的态势，国内外价差可能会有所缩小，但仍将保持较高水平。受价差拉动，玉米及其饲用替代产品的进口压力依然较大，未来我国玉米产业健康发展仍将面临严峻挑战。

（徐宏源、赵军华、杨静、黄飞；2015 年第 10 期）

2015 上半年农产品贸易形势分析及下半年展望

2015 上半年，我国农产品进口、出口额双双下降。谷物、食糖等在库存充裕的情况下进口量在高位大幅增加，食用油籽、棉花棉纱等进口量保持较高水平。国际市场需求增长缓慢、全球大宗农产品价格持续走低是上半年我国农产品贸易额罕见下降的主要原因。预计下半年国际市场价格将持续低迷，谷物、油籽、食糖、棉花、棉纱等进口压力仍然较大，需妥善应对。

一、贸易特点

（一）进出口贸易额双下降，进口降幅高于出口

2001—2012 年我国农产品进口额年均增长 23%，2013、2014 年有所回落但增速仍为 5.7% 和 3.1%。2015 年上半年，受食用油籽、植物油、棉花、畜产品等进口减少影响，进口额大幅下降，带动贸易额下降。1—6 月，我国农产品进出口额 901.9 亿美元，同比下降 7.6%。其中，出口 329.8 亿美元，下降 2.3%；进口 572.1 亿美元，下降 10.4%；贸易逆差 242.3 亿美元，同比缩小 19.5%（表 1）。

表 1　2010 年以来我国农产品贸易情况

单位：亿美元、%

年份	出口额	同比	进口额	同比	贸易总额	同比	逆差	同比
2010	493.9	24.8	725.7	37.7	1 219.6	32.2	231.8	76.7
2011	607.4	23.0	948.9	30.8	1 556.3	27.6	341.4	47.3
2012	631.9	4.0	1 124.4	18.5	1 756.2	12.8	492.5	44.2
2013	678.4	7.4	1 189.0	5.8	1 867.5	6.3	510.6	3.7
2014	719.6	6.1	1 225.4	3.1	1 945.0	4.2	505.8	−0.9
2015 年 1～6 月	329.8	−2.3	572.1	−10.4	901.9	−7.6	242.3	−19.5

（二）谷物净进口高位迅猛增加，主要表现为饲料产品进口增势强劲

谷物进口在近年逐年大幅增加的基础上，上半年继续高速增长，玉米、大麦、高粱等饲料产品进口大幅增加。上半年，谷物进口1 629.3万吨，同比增长66.5%；净进口1 605万吨，增长68.3%。其中，大米进口量增长7.5%，玉米进口量增长92.5%，大麦进口量增加1.2倍，高粱进口量增加1.6倍（表2），只有小麦进口量下降45.1%。另外，除谷物产品外，木薯（主要是干木薯）进口592.4万吨，增长17.6%，玉米酒糟（DDGs）进口244.2万吨，下降24.8%。

表2 2015年1—6月我国谷物贸易量

单位：万吨、%

产品	进口量	同比	出口量	同比
谷物	1 629.3	66.5	24.3	−3.0
小麦	141.4	−45.1	6.2	−32.8
玉米	265.1	92.5	0.7	19.8
大米	142.8	7.5	11.7	45.3
大麦	536.5	120.8	—	—
高粱	535.6	164.1	0.3	−26.1

（三）出口总体低迷，水产品水果出口下降，蔬菜出口增速放缓

由于对日本、欧盟、中国香港、韩国等主要市场出口下降，对美国、东盟出口增速放缓，上半年我国优势农产品出口总体低迷。2015年1—6月对日本、欧盟、中国香港和韩国的出口由上年同期的增长2.5%、6.5%、10.7%和9.5%转为下降9.1%、2.2%、2.7%和15.1%，对美国、东盟的出口增速由上年同期的4.3%和8.7%降至0.1%和8.6%。就具体产品来看，水产品、水果的出口下降，蔬菜出口增幅放缓。1—6月水产品出口95.8亿美元，下降2.4%，顺差扩大3.9%；水果出口24.1亿美元，下降4.9%，逆差12亿美元，扩大3倍；蔬菜出口62.6亿美元，增长5.2%，增幅同比减少3.8个百分点，顺差扩大5.6%。

（四）农产品贸易额大幅下降，主要原因是国际市场大宗农产品价格持续走低

受供需宽松影响，谷物、食糖等全球大宗农产品价格下行，联合国粮农组织（FAO）统计的前6个月全球食品价格指数分别下降10.8%、

14％、18.7％、19.2％、20.7％和21％。从具体产品贸易情况看，上半年我国进口份额最大的食用油籽进口量增长2.4％，但进口额同比下降20.7％。在食用油籽、植物油、棉花、奶粉等大宗产品进口价格下跌带动下，上半年我国农产品进口额下降10.4％，再加上出口额小幅下降2.3％，导致我国农产品贸易额下降近一成，贸易逆差缩小。

二、主要产品分析

（一）谷物

自2009年净进口178.2万吨、2011年小麦、玉米、大米三大谷物全面净进口以来，谷物净进口量呈加速增长趋势，2012、2013、2014年增加到1 316.9万吨、1 358.2万吨和1 874.7万吨，2015年上半年继续迅猛增加，前6个月净进口1 605万吨，同比增长68.3％。除小麦进口下降外，玉米、大米、大麦、高粱进口均比上年同期增加。

由于国际市场价格持续下行，国内外价差扩大是净进口迅猛增加的主要原因。2013、2014年世界谷物产量处于历史高位，国际市场谷物价格呈下降趋势，2015年上半年继续走低，企业进口动力增强。一是玉米进口大幅增加。从玉米价格变化看，2014年7月和9月出现了配额外进口税后价低于国内市场价，2015年4月15日以来美国2号黄玉米配额外进口税后价再次低于国产玉米价格，且持续2个多月，5月最高价差达每吨200多元，导致上半年玉米进口增长九成多（图1）。二是高粱、大麦在2014年进口578万吨、541万吨分别增加4.4倍、1.3倍的基础上，1—6

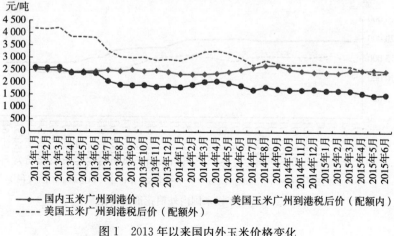

图1　2013年以来国内外玉米价格变化

月进口继续大幅增加 1.2 倍和 1.6 倍。三是国际大米价格持续下跌，6 月份中越、中泰大米每吨价差分别达 1 300 元和 1 100 元以上，上半年大米进口同比增长 7.5%。

（二）食用油籽和植物油

国际市场食用油籽价格优势显著，进口动力强劲，2015 年上半年进口继续在高位保持增长。1—6 月，食用油籽进口 3 832.6 万吨，同比增长 2.4%。其中，大豆在 2014 年创纪录进口 7 140 万吨增长 12.7% 的基础上，2015 前 6 个月进口 3 515.5 万吨，增长 2.8%；油菜籽在 2014 年进口 508.1 万吨增长 38.7% 的基础上，2015 上半年进口 234.3 万吨，下降 13.1%。

国内食用油供大于求，价格下跌，企业进口动力减弱。2015 上半年食用植物油进口 353.6 万吨，同比下降 16.2%。其中，棕榈油进口 247.4 万吨，下降 13.7%；菜籽油进口 42.6 万吨，下降 18.4%；豆油进口 15.2 万吨，下降 67.5%。

（三）棉花

在去库存压力下，我国从 2014 年开始实行目标价格管理，2015 年将棉花目标价格由每吨 19 800 元下调至 19 100 元。在市场机制作用下，国产棉价格更多由市场决定，国内外价差缩小，收窄到 2 000 元/吨左右（图 2），企业进口动力减弱。棉花进口量同比虽然下降，但仍保持较高水平；棉花替代产品棉纱进口增加。2015 年上半年，棉花进口 108.4 万吨，同比下降 29.4%；棉纱进口 118.4 万吨，增长 20%。

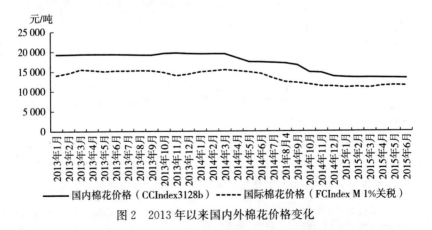

图 2　2013 年以来国内外棉花价格变化

（四）食糖

在价差驱动下，食糖进口近年来迅猛增加。2001—2009 年，年进口量在 100 万吨左右，2010 年增至 176.6 万吨，2011 年以来进口量连续超过 194.5 万吨的配额量，2013 年高达 449.8 万吨，2014 年因国内价格下跌国内外价差缩小回落到 348.6 万吨。2015 年上半年国内价格有所提高，国际价格继续走低，国内外价差再次拉大，进口再次大幅增加，共进口 231.3 万吨，同比增长 66.2%。我国糖业基础竞争力不足，加之缺乏有效的边境保护措施，食糖产业发展受到较大影响，近年来糖企亏损面不断扩大。虽然 2015 年上半年因国内价格回升至成本价附近，食糖加工厂亏损面减小，但由于甘蔗收购价不断下调，由 2012/2013 榨季的每吨 475 元下调至 2013/2014 榨季的 440 元、2014/2015 榨季的 400 元，蔗农生产积极性受到严重挫伤，2014/2015 年度蔗糖产量下降。预计 2015 年广西甘蔗种植面积将大幅减少，2015/2016 榨季我国食糖产量将继续下降（图 3）。

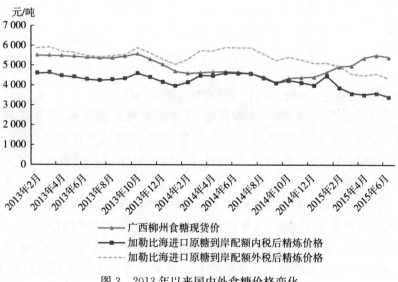

图 3　2013 年以来国内外食糖价格变化

（五）畜产品

2015 年上半年畜产品进出口额均下降，贸易逆差缩小。1—6 月，畜产品进口 101.8 亿美元，同比下降 17.4%；出口 28.5 亿美元，下降 16.4%；贸易逆差 73.2 亿美元，缩小 17.8%。从具体产品看，牛肉、猪肉进口增加，羊肉、奶粉进口高位下降。在 2013 年大幅增加 2014 年继续增长的基础上，2015 年上半年，牛肉进口 18.4 万吨，增长 17.5%；猪肉进口 32 万吨，增长 7.6%；羊肉进口 13.1 万吨，下降 23.9%；由于国内库存量较大，奶粉进口 42.4 万吨，下降 43%。

（六）水果、蔬菜、水产品

水果出口萎缩。我国水果出口价格竞争力呈下降趋势，加之国际市场需求不旺，上半年水果出口下降，加上进口大幅增加，贸易逆差扩大。1—6 月，水果出口 24.1 亿美元，同比下降 4.9%；进口 36 亿美元，增长 27.3%；贸易逆差扩大 3 倍。从产品类别看，出口下降主要源于鲜苹果和浓缩苹果汁等。

蔬菜出口增速趋缓。1—6 月，蔬菜出口 62.6 亿美元，同比增长 5.2%，增速低于上年同期；进口 2.6 亿美元，下降 3.5%；贸易顺差 60 亿美元，扩大 5.6%。

水产品贸易低迷。1—6 月，水产品出口 95.8 亿美元，同比下降 2.4%；进口 41.5 亿美元，下降 9.6%；贸易顺差 54.3 亿美元，扩大 3.9%。

三、趋势展望

（一）世界经济增长缓慢，国际市场需求低迷

世界经济复苏乏力，外需呈缓慢增长态势。据国际货币基金组织（IMF）2015 年 7 月的预测，2015 年世界经济增长速度将由 2014 年的 3.4% 下降到 3.3%，为 2009 年世界经济出现萎缩以来的最低增速；其中美国经济增速从 3.1% 下调到 2.5%，欧元区维持 1.5% 的增长率，中国从 7.4% 降至 6.8%。在世界经济增长乏力的大背景下，美国能源局上半年未能通过提高生物乙醇在汽车燃油消费中的比例，继续执行 10%；欧盟也对使用植物油生产的生物柴油使用比例做出类似限制，最终不超过 7%；较低的石油价格使生产生物燃料的盈利难度加大，生物燃料对玉米、植物油的需求受到抑制，国际市场对农产品的需求增长将主要来自饲料。总体看，国际市场对农产品的需求增长趋缓。

（二）全球农产品供给充裕，近期农产品价格上涨动力不足

由于连续两年丰收，世界农产品价格低迷，2015 年上半年主要农产品国际市场价格同比继续下跌。1—6 月 FAO 统计的全球食品价格指数降幅由 10.8% 逐步扩大到 21%。世界银行《食品价格观察》也得出类似结

论，2015 年 5 月玉米价格同比下跌 23%、大米下跌 2%、小麦下跌 36%、食糖下跌 27%、豆油下跌 19%。世界银行 2015 年 7 月预测，世界农产品价格同比将下跌 11%，比其 4 月的预测下调 2 个百分点。另据 FAO、国际谷物理事会、美国农业部等多家机构最新预测，2015/2016 年度全球大宗农产品将再获丰收。在此背景下，经济合作与发展组织（OECD）、FAO2015 年 7 月 1 日联合发布的《2015—2024 年农业展望》报告预测，未来 10 年全球农作物产量年均增长 1.5%，而需求增长将放缓，从而使农产品实际价格逐步回落，但不低于 2007 前的水平。此外，法国巴黎银行、高盛等多家机构预测国际原油布伦特现货价格近期将在每桶 60 美元左右波动，大幅低于 2014 年 6 月的 110 美元。在世界大宗商品价格走低的大背景下，预计粮棉油糖等大宗农产品国际市场价格将持续低迷。

（三）下半年我国农业面临的进口压力仍然较大，须妥善应对

一方面，我国粮食产量"十一连增"、2015 年夏粮再获丰收；另一方面，我国更加重视农业面源污染治理，正在积极采取措施控制化肥、农药等投入品数量，资源化利用畜禽粪便、农作物秸秆和农膜，力争提高农业生产与资源环境匹配度。在国际农产品供给充裕、价格持续低迷，我国劳动力工资水平、污染物治理、生态环境保护等农业生产成本不断加大的新形势下，我国粮棉油糖肉奶等大宗农产品进口将继续保持较高水平，进口增加带来的库存压力和进口价格天花板效应仍然较大。

从谷物进口趋势看，玉米进口动力依然较强，尤其是高粱、大麦等玉米替代品进口量仍然会保持高位，原因在于其不受关税配额管理措施约束，我国仅对其实施 2% 和 3% 的低关税，进口成本较低，进口量不易调控。由于国内外食糖价差继续扩大，企业进口动力增强，预计下半年食糖进口量将继续保持较高水平。棉花棉纱因国际价格低迷，进口动力仍然很强，国内价格难有明显起色。

考虑到大量进口谷物、食糖等大宗农产品给国内产业发展、农民增收带来的挑战，应尽可能加大大宗农产品进口调控力度和农业支持力度，在多双边农业谈判压力不断增加的困难条件下确保有限的关税和国内政策支持空间，并积极利用 WTO 规则和赋予的权利，及时启动贸易救济措施。

（徐宏源、赵军华、黄飞、施展、杨静；2015 年第 7 期）

2013 年我国农产品贸易形势分析及展望

2013 年，我国农产品贸易继续保持增长，农产品贸易总额 1 867 亿美元，同比增长 6.2%。其中，进口 1 189 亿美元，增长 5.7%；出口 678 亿美元，增长 7.2%；贸易逆差 510.4 亿美元，扩大 3.7%。就具体产品来看，谷物净进口量在上年大幅增加的基础上继续增长，大豆、植物油进口高位稳中有长，棉花、食糖在库存积压的同时继续大量进口，牛羊肉及奶粉等畜产品进口增势强劲。2014 年我国农产品进口预计将继续增长，农业产业发展将面临较大进口压力。

一、2013 年农产品贸易主要特点

(一) 农产品进口虽然增速有所回落，但继续保持较快增长

近十多年来，我国农产品进口快速增长，2002—2012 年进口额由 124.7 亿美元增至 1 124.7 亿美元，年均增长 24.6%。特别是 2011 年和 2012 年，在大豆、棉花、植物油、食糖等产品进口量继续大幅增长、创历史新高的同时，小麦、玉米、大米三大谷物产品进口大幅增长，导致两年的农产品进口额同比增长分别高达 30.8% 和 18.6%。2012 年小麦、玉米、大米三大谷物产品进口量同比增加 1.9 倍、2 倍和 3.1 倍。

2013 年农产品进口额增速虽然比上年回落 13 个百分点，但仍保持了近 6% 的增长速度，我国农产品进口动力依然强劲 (表 1)。

表 1 2011—2013 年农产品贸易变化情况

单位：亿美元、%

年份	贸易总额		出口		进口		贸易逆差
	总额	同比增长	总额	同比增长	总额	同比增长	
2011	1 555.9	27.6	607.2	23.0	948.7	30.8	341.5
2012	1 757.3	12.9	632.5	4.2	1 124.8	18.6	492.3
2013	1 866.9	6.2	678.3	7.2	1 188.7	5.7	510.4

（二）大宗农产品全面净进口态势强化，资源型产品进口继续增加

随着 2011 年大米由净出口转为净进口，我国粮棉油糖等主要大宗农产品呈现全面净进口，这一态势在 2013 年得到进一步强化。

2013 年，食用油籽进口量高位增长，净进口 6 696.5 万吨，同比增长 10%；食用植物油继续大量进口，净进口 910.5 万吨。食糖净进口 449.8 万吨，增长 20%，再创历史新高。棉花净进口量保持高位，进口 450 万吨，同比下降近 20% 但仍超过 2011 年的 353.8 万吨；同时棉纱进口 209.9 万吨，同比大增 40%。

谷物净进口量在上年大幅增长之后继续保持增长。谷物净进口 1 358 万吨，同比增长 3.1%。从产品结构看，小麦进口量大幅增加，大米进口量有所回落，玉米进口量下降近 40%，但仍均呈净进口，三大谷物净进口量分别为 526 万吨、179 万吨、319 万吨。小麦净进口量的增长基本抵消了大米、玉米净进口量的下降。此外，作为用生产生物乙醇的副产品，用作饲料的玉米酒糟（DDGs）进口迅猛增长，全年进口 400 万吨，增长 70%。

2013 年，奶粉、牛羊猪禽肉等畜产品进口也大幅增加，净进口额 129.9 亿美元，同比增长 50%。

大宗农产品是资源集约型农产品。根据净进口量和当年单产水平测算[①]，2013 年我国粮棉油糖四大产品净进口量相当于 8.62 亿亩耕地播种面积的产出量，比 2000 年增加 5 倍（表 2）。

表 2 2000—2013 年大宗农产品净进口量折算面积

单位：万亩

年份	谷物	棉花	油籽	油脂	食糖	合计
2000	−3 174.2	−66.2	12 173.3	5 322.9	54.2	14 310.0
2001	−1 441.8	184.5	14 245.1	4 010.1	198.6	17 196.6
2002	−3 492.7	109.6	9 349.9	10.238.2	159.2	16 364.1

① 谷物包括小麦、玉米、大米和大麦，油籽包括大豆和油菜籽，油脂包括豆油、菜油和棕榈油；食糖单产数据来自《2013 年中国统计年鉴》，其他产品单产来自农业部种植业司数据库，2013 年单产以 2012 年计，空缺值以平均数计；大豆出油率按 17% 折算，油菜籽出油率按 36% 折算，棕榈油按进口等量菜油折算油菜籽面积，甘蔗出糖率按 12.5% 折算，稻谷按 70% 折算大米。

（续）

年份	谷物	棉花	油籽	油脂	食糖	合计
2003	−6 154.5	1 510.9	18 711.5	19 150.1	126.1	33 344.2
2004	2 167.8	2 837.0	16 738.0	21 781.2	207.9	43 732.0
2005	−688.6	3 638.1	23 282.8	18 820.8	193.8	45 246.9
2006	−501.7	4 592.0	26 410.9	19 213.5	207.7	49 922.5
2007	−2 324.9	3 048.6	32 004.5	28 848.0	182.5	61 758.8
2008	93.8	2 581.0	33 613.7	25 291.5	120.9	61 701.0
2009	784.5	2 038.1	41 444.6	27 888.3	176.3	72 331.9
2010	1 660.6	3 809.4	47 602.9	22 057.3	305.3	75 435.6
2011	1 566.2	4 059.8	43 855.9	19 976.2	516.2	69 974.3
2012	4 144.7	5 547.1	50 191.9	25 143.7	647.3	85 674.7
2013	4 017.7	4 621.3	54 984.7	21 754.0	786.9	86 164.5

（三）价差驱动型进口特征显著，进口价格"天花板"效应增强

由于 2012 年进口量大、库存充足，加之农业丰收，2013 年我国食糖、棉花、籼米等产品供需几无缺口或缺口很小，这些产品的进口主要受内外价差驱动。巨大的国内外差价成为刺激企业争相进口国外产品的主要动力。

鉴于全球市场供给充足、主要出口国生产成本低，2013 年国际棉花、食糖、大米价格持续低迷，与国内同类产品存在较大价差。但我国关税水平低，棉花、食糖、大米的到岸税后价仍大幅低于国内价格。越南大米到港价比广州市场早籼米低 800 元/吨，进口棉花到岸税后价比国产棉花销售价低 3 000 元/吨，进口原糖精炼后税后均价比我国蔗糖税后成本价低 1 500元/吨（图1、图2）。

值得注意的是，棉花、食糖不仅以配额内关税进口的税后价格低于国内价格，而且以配额外关税进口的税后价格也低于国内价格。以配额外关税税率的进口增势强劲，2013 年食糖以配额外 50％税率进口 260 万吨，棉花1—10月以配额外 40％税率的进口量超过 63 万吨。

价差驱动下的棉花、食糖大量进口，一方面导致国内库存积压，另一方面导致国内价格下行压力加大，进口价格"天花板"效应显著。受进口食糖价格影响，2013 年底，国内 5 大批发市场蔗糖均价跌破 5 000 元/吨，

广西甘蔗收购价在年初每吨下调 25 元的基础上再次下调 35 元,蔗农净收入损失 30 亿~40 亿元。我国农业正在进入成本与价格快速上涨时期,由生产规模决定的基础竞争力与主要出口国存在很大差距,缺乏关税保护、进口"天花板"效应增强的问题将日益突出。

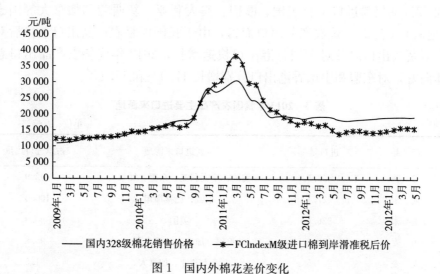

图 1　国内外棉花差价变化

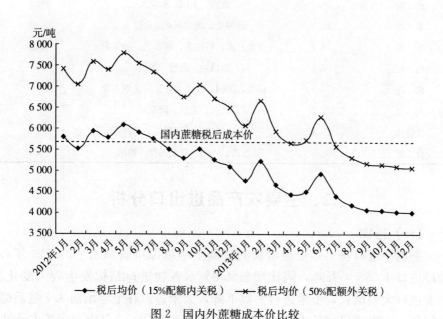

图 2　国内外蔗糖成本价比较

（四）进口来源地集中，优势农产品出口总体向好

2013年，我国自美国、巴西、东盟和欧盟等前四大进口来源地进口的农产品合计746.6亿美元，占同期农产品进口总额的62.8%。就具体产品而言，92.9%的谷物、96.3%的猪肉、100%的羊肉、96.8%的牛肉和93%的奶粉进口来自美国、欧盟、澳大利亚、新西兰和加拿大等国家（地区）（表3）。就农产品出口而言，由于我国恢复农产品出口退税后对东盟蔬菜出口以及对中国香港出口快速增长，2013年优势农产品出口总体向好，对东盟和中国香港出口分别增长17.9%和17.4%。

表3　2013年我国农产品主要进口来源地

单位：万吨、%

产　品	进口量	主要进口来源地	占总进口比重
谷　物	1 458.5	美国、澳大利亚、东盟、加拿大	92.9
大　米	227.1	东盟、巴基斯坦	100.0
玉　米	326.6	美国	90.9
小　麦	553.5	美国、加拿大、澳大利亚	95.8
大　麦	233.5	澳大利亚、加拿大	91.5
猪　肉	58.4	欧盟、美国、加拿大	96.3
羊　肉	25.9	新西兰、澳大利亚、乌拉圭	100.0
牛　肉	29.4	澳大利亚、乌拉圭、新西兰、加拿大	96.8
奶　粉	86.4	新西兰、欧盟、美国	93.0
棉　花	450.0	印度、美国、澳大利亚、乌兹别克等	83.0
大　豆	6 337.5	巴西、美国、阿根廷	94.9
植物油	1 020.1	东盟、加拿大、阿根廷、巴西等	89.8
食　糖	454.6	巴西、古巴、危地马拉、韩国	94.5

二、主要农产品进出口分析

（一）谷物

谷物净进口在上年快速增长的基础上继续保持较高水平。2013年谷物净进口1 358.4万吨，同比增长4.8%。谷物进口结构发生较大变化。小麦进口大幅增长，玉米进口大幅下降，大米进口在上年增加3.1倍后略有回落。小麦进口增长主要是因为国内主产区受灾，3月以来优质专用小

麦国内外价差不断拉大，进口动力增强。小麦进口 553.5 万吨，增长 49.6%；玉米进口 326.6 万吨，下降 37.3%。大米进口 227.1 万吨，下降 4.1%。另外，玉米酒糟（DDGs）进口 400.2 万吨，增长 68%（表 4）。

表 4　2013 年我国谷物进出口量

单位：万吨、%

产品	进口量	同比	出口量	同比	净进口量	同比
谷物	1 458.5	4.3	100.1	−1.5	1 358.4	4.8
小麦	553.5	49.6	27.8	−2.6	525.7	53.9
玉米	326.6	−37.3	7.8	−69.8	318.8	−35.6
大米	227.1	−4.1	47.8	71.4	179.3	−14.2
大麦	233.5	−7.6	0.1	−76.5	233.4	−7.5

（二）食用油籽和食用植物油

食用油籽进口继续增长，但进口增速放缓。食用油籽进口 6 783.5 万吨，同比增长 8.9%，再创年度新高。其中，大豆进口 6 337.5 万吨，增长 8.5%；油菜籽进口 366.2 万吨，增长 25%。

食用植物油进口 922.1 万吨，同比略有下降。由于加拿大油菜籽大幅增产，加之国内菜油现货价格高于豆油和棕榈油，丰厚的压榨利润促使国内油厂进口菜籽油和油菜籽。2013 年菜籽油进口 152.7 万吨，同比增长 29.9%（表 5）。

表 5　2013 年食用油籽和植物油进口情况

单位：万吨、亿美元、%

产品	进口量	同比增长	进口额	同比增长
食用油籽	6 783.5	8.9	414.0	9.7
大　豆	6 337.5	8.5	379.9	8.6
油菜籽	366.2	25.0	24.2	23.8
豆　粕	1.7	−63.3	0.1	−33.9
食用植物油	922.1	−3.9	89.4	−17.2
豆　油	115.8	−36.6	12.8	−44.0
菜籽油	152.7	29.9	19.1	25.8
棕榈油	597.9	−5.7	49.0	−24.6

（三）棉花和食糖

棉花和食糖进口受内外价差驱动特征明显，导致库存积压、价格下行，对国内产业影响加深。2013年因国内实行滑准税配额发放同国储棉抛售按比例搭配的政策，加之2012/2013年度高达1 136.7万吨的期末库存（国家棉花市场监测系统数据）需要消化，进口有所回落，但在巨大价差推动下进口量仍保持高位。全年进口棉花450万吨，同比下降16.9%。棉纱进口迅猛增加，达209.9万吨，增长37.5%。

因巴西、泰国等主产国丰收，2013年全球食糖供给过剩加剧，国际糖价持续下跌，国内外价差进一步拉大，我国食糖进口在上年创历史纪录的基础上继续增加。2013年平均到岸价2 769.7元/吨，比上年同期下跌25.8%。若按15%配额内关税计算，再加上增值税和外贸代理、运输、加工等费用，进口食糖精炼后的均价约为4 227元/吨，比我国蔗糖5 700元/吨（按475元/吨甘蔗价格推算）的税后成本价低1 500元左右。若按50%的配额外关税计算，税后均价为5 361元/吨，仍比国内蔗糖税后成本价低300元。受价差驱动，2013年进口食糖454.6万吨，同比增长21.3%，超配额进口260万吨。大量进口造成食糖库存严重积压。据中国糖业协会数据，目前我国食糖库存总量达1 000余万吨。

（四）畜产品

2013年受国内动物疫病、成本持续上涨等因素影响，养殖户存栏规模大幅下降，加之国内市场对畜产品的需求持续增长，进口增速加快。2013年，畜产品进口额195.1亿美元，同比增长30.9%。

肉类进口激增。牛肉、羊肉和猪肉进口均超过以往年份历史高位。其中牛肉进口29.4万吨，同比增加3.8倍；羊肉进口25.9万吨，增加1.1倍；猪肉进口58.4万吨，增长11.7%；禽肉进口59.2万吨，增长13.2%。

奶粉进口大幅增长。2013年，奶粉进口86.4万吨，同比增长49.3%。

（五）水产品、蔬菜和水果

水产品出口形势向好。2013年，水产品出口202.6亿美元，同比增长6.7%。其中对东盟出口23.8亿美元，增长11.8%；对中国香港出口23.8亿美元，增长15.7%。水产品进口86.4亿美元，增长8%。

蔬菜出口保持较好增长势头。2013年，蔬菜出口115.8亿美元，同比增长 16.2%。传统出口市场保持增长，其中对东盟出口 30.6 亿美元，增长 47.3%；对欧盟出口 11.5 亿美元，增长 6%；对韩国出口 8.4 亿美元，增长 2.7%。

水果出口保持小幅增长。2013 年，水果出口 63.2 亿美元，同比增长 2.3%。除对东盟出口 22.9 亿美元，增长 12.9% 外，其余传统市场增速放缓。其中对美国、日本和欧盟的出口额分别下降 7.3%、3.8% 和 4.6%。水果进口 41.6 亿美元，同比增长 10.5%。

三、2014 年农产品贸易发展趋势展望

(一) 全球经济复苏向好

据国际货币基金组织的《世界经济展望》预计，2014 年全球经济复苏向好，全球经济增长率预计从 2013 年的 3% 提高到 3.7%，发达国家的经济增长率将由 1.3% 增至 2.2%，其中美国经济增长率将由 1.6% 增至 2.6%，欧元区将由负增长 (-0.4%) 转为小幅增长 (1%)。发展中国家和新兴市场将继续保持快速增长，预计 2014 年经济增长率将达到 5.1%。

(二) 世界农产品供给充足，农产品价格面临下行压力

主要大宗品种供应比较充足，产量预期乐观。据联合国粮农组织预测，2013/2014 年度全球谷物产量将达到 25 亿吨，比上年度增长 8.4%。全球谷物库存预计为 5.72 亿吨，比上年度增加 6 800 万吨，增长 13.4%。谷物库存消费比将达到 23.5%，比上年度提高 2.6 个百分点。谷物贸易量预计为 3.18 亿吨，比上年度增加 840 万吨，增长 2.7%。总之，2014 年国际主要农产品供给充足，除肉、奶产品价格稳中趋涨外，全球大宗农产品价格预计呈稳中下行态势。

(三) 国内主要农产品供需将保持紧平衡，面临的进口压力加大

我国粮食产量实现"十连增"，农产品生产规模和生产能力再上新台阶；新形势下，为防止粮食生产出现滑坡，我国将更加重视粮食安全，粮食生产将继续稳定发展；同时，农产品质量安全也将被放在更加突出的位置，我国将更加重视农业面源污染的治理，更加重视资源环境的保护和农业的可持续发展。整体而言，2014 年我国粮食等主要农产品供需将继续保持紧平衡，利用国际市场适度进口既是政策选择的必然，也是农业现实发展的必然。但随着工业化和城镇化进程的加速，农资价格及物流成本进一步增加，农业劳动力成本、土地成本和环境成本不断提高和显性化，我

国农产品价格存在上行的动力，与国际农产品价格差距扩大的趋势难以改变，农产品进口压力有可能进一步加大。预计 2014 年农产品进出口贸易将继续较快增长。考虑到我国已经成为世界上农产品市场开放度最高的国家，关税水平低，棉糖产品以配额外关税税率进口增势趋强，大宗农产品进口对国内农业产业的影响将加大。因此，应进一步加强进出口调控力度，采取更加有力的措施确保进口适度增长，妥善应对日益加大的进口影响。

（倪洪兴、徐宏源、赵军华、吕向东、庞玉良、徐锐钊、马建蕾、黄飞、刘丽佳；2014 年第 1 期）

2014 年鲁浙苏三省农产品贸易特点

2014 年，山东、浙江、江苏 3 个沿海农产品贸易大省贸易总额 698.2 亿美元[①]，占全国农产品贸易总额的 35.9%。其中，出口额 254.9 亿美元，占全国的 35.4%；进口额 443.3 亿美元，占全国的 36.2%。3 省农产品贸易各有特色，山东农产品出口额占全国的近 1/4，继续领跑全国，进口额居全国第二位；浙江农产品出口额位居全国第四；江苏农产品出口额居全国第六，出口增幅高于全国 8 个多百分点，进口额居全国第三位。

山　东　省

2014 年，全省农产品进出口贸易总额 427 亿美元，居全国第一位，同比增长 4.2%。其中，出口 157.3 亿美元，增长 3.5%；进口 269.7 亿美元，增长 4.5%。全年农产品贸易逆差 112.4 亿美元，同比扩大 5.9%。

2014 年，山东省农产品贸易有以下几个特点：

一是出口波动增长，出口市场稳定。出口方面，全年有 8 个月同比增长且增幅比较平缓。5 大传统出口市场中，除对美国、日本出口基本持平外，其他主要市场出口均增长。其中对日本出口 45.2 亿美元，占全省农产品出口总额的 28.7%；对欧盟出口 25.6 亿美元，增长 6.4%；对东盟出口 19.7 亿美元，增长 6.3%；对韩国出口 16.2 亿美元，增长 6.7%；对美国出口 13.5 亿美元。5 大市场合计出口 120.2 亿美元，占全省农产品出口总额的 76.4%。新兴市场中，对俄罗斯出口增长较快，2014 年出口 5.7 亿美元，增长 15.6%。

二是出口企业以外资和内资民营企业为主，出口规模较大的企业增加。2014 年，外资企业和内资民营企业继续占据全省农产品出口主导地位，民营企业出口增长较快，所占比重连续两年过半。其中外资企业农产

---

① 综述部分数据来源于中国海关数据库，以农业部统计口径计算。各省数据分别来源于本省商务厅，统计口径与农业部统计口径有差别。

品出口 66.8 亿美元，同比下降 1.5%，占全省农产品出口总额的 42.4%，较上年下降 2.2 个百分点；内资民营企业出口 80 亿美元，增长 8.6%，占 55.3%，提高 2.7 个百分点。

全省有农产品出口业务的企业 3 991 家，较上年增加 28 家。其中出口 1 000 万美元以上的企业 373 家，比上年减少 8 家，合计出口额占全省农产品出口总额的 61.9%；出口 5 000 万美元以上的企业 35 家，增加 6 家，合计出口额占全省农产品出口总额的 18.4%；出口过亿美元的企业有 7 家，增加 1 家，合计出口 10.6 亿美元，占 6.7%。

三是肉食品出口取得较大突破，所占比重略增。肉食品出口市场开拓有较大突破，带动了肉食品出口快速增长。出口肉食品质量安全水平稳步提升，逐步跨越了日本、欧盟、美国等发达国家（地区）设置的技术性贸易壁垒，顺利通过了新加坡、韩国、蒙古、加拿大、印度尼西亚等官方对山东出口肉类企业质量管理体系的检查。潍坊乐港食品股份有限公司生产的熟制鸭肉产品，顺利通过加拿大官方 431 项检测，首次进入加拿大市场，并带动我国 11 家热加工禽肉企业、10 家禽肉屠宰企业获得加拿大注册。这是我国禽肉产品首次进入加拿大，对全国禽肉企业拓展北美等新兴高端市场起到了积极的示范作用。同时，两家兔肉企业重返俄罗斯市场。肉食品出口所占比重增长 0.2%。

四是果品出口价格上涨，其他主要出口农产品价格均下跌。果品及其制品出口价格上涨 3.1%，花生及其制品下跌 17.4%，肉食品下降 3%，水产品下跌 2.6%，蔬菜下跌 2.1%。出口价格下降主要是因为国际市场供给充裕：世界花生主产国丰收，导致国际市场花生供应充足，价格持续走低；2013 年以来我国大蒜市场量足价低，导致 2014 年大蒜出口价格同比下跌 10.9%。

五是大豆进口快速增长，进口额超农产品进口总额一半。2014 年大豆进口增速较快，进口量是 2013 年大豆产量的 75 倍，进口额占全省农产品进口总额的 57%，进口对山东作为大豆加工大省的支撑作用越来越明显。主要原因，一是大豆压榨能力大幅提升，企业加工规模不断扩大，加工技术和装备水平快速提高，对大豆的需求越来越旺盛；二是进口大豆比国产大豆价格便宜且含油率高，压榨效益高；三是随着我国消费水平的提高，对植物油、畜产品的需求量也越来越大，带动了对大豆的需求不断增加。由于近年来国内大豆产量呈下降趋势，而国内需求日趋旺盛，导致对进口大豆的依赖程度逐步加深。

六是棉花进口连续两年量额齐跌，棉纱进口增加。自 2013 年棉花进口量、额齐降 12.4% 和 19.1% 后，2014 年又继续下降 24.6%、25.1%。纺织行业低迷、市场需求不旺是棉花进口回落的主要因素。同时，国储棉竞拍使市场供应充足，严格的进口配额管理，有效调控了棉花的进口。由于进口棉花品质下降，棉企改进口棉花为进口棉纱线，也是导致棉花进口下降的原因之一。

浙　江　省

2014 年，全省农副产品贸易总额 181.2 亿美元，同比增长 3.8%。其中，出口 102.8 亿美元，增长 2.1%；进口 78.4 亿美元，增长 6.1%。全省 WTO 统计口径农产品加水产品出口 53.5 亿美元，同比增长 2.8%，继续列全国第四位。

2014 年全省农产品出口主要呈现以下几个特点：

一是优势农产品出口有增有减，产品结构进一步优化。从农产品出口情况看：畜产品出口 7 亿美元，同比增长 4.7%；茶叶出口 5.1 亿美元，下降 11.7%；罐头出口 4 亿美元，下降 4.9%，其中柑橘罐头出口 2 亿美元，下降 5.7%；蔬菜出口 3 亿美元，下降 1.9%；蚕丝出口 0.8 亿美元、下降 10.2%；花卉出口 0.5 亿美元，下降 6.8%；中药材出口 0.5 亿美元，增长 23.6%。深加工农产品出口所占比重逐步提高，商品结构进一步优化。如出口蔬菜中，鲜蔬菜的比重越来越小，已经不到 20%，而冷冻和加工的蔬菜已经接近 2/3；小包装茶叶出口比例增加，价格趋涨。

二是出口企业比较效益下降，但对拉动农民增收的贡献仍然很大，农产品出口的社会效益远远高于出口企业自身的效益。受原材料价格、劳动力成本和能源、运输费用普遍上涨，汇率波动导致换汇成本增加以及商检费用提高等因素影响，农产品出口的综合成本增幅高于出口价格增幅，出口企业的整体效益均有不同程度下降，生猪、柑橘罐头、部分蔬菜以及初级加工农产品的利润下滑明显。以蔬菜为例，2014 年上半年出口冷冻蔬菜的原材料成本同比上涨 42%，支付职工的工资增长 22%，检测费用增长 10% 以上，出口企业的利润空间进一步缩小。另一方面，农产品出口对农业增效、农民增收以及推进农业全产业链发展做出了贡献。据测算，全省 2014 年按 WTO 口径计算的出口农产品，可直接创造 42 万多个就业岗位；水产品出口可直接创造 20 多万个就业岗位。农产品出口的社会效益远远超过了出口企业的自身效益。

三是农产品出口机遇与挑战并存，出口市场需求、贸易壁垒呈现"双加大"趋势。国际市场对农产品的需求回暖逐步显现，水产品出口恢复性增长且势头良好，但农产品出口仍面临复杂局面。近年来，面对国内经济增长下行和物价上涨双重压力、世界宏观经济运行复杂的形势，影响农产品出口的不稳定因素增多：农业生产物化成本提高、农产品收购价格上升、人民币汇率波动加大、国际市场价格波动频繁、传统劳动密集型产业出口订单和产能向周边国家转移趋势明显等。近年来贸易保护主义抬头，技术性贸易壁垒有制度化趋势。2014 年，美国食品和药物管理局（FDA）已拒绝浙江省输美农产品 20 多批次，包括水产品、水果干、食用菌、宠物食品等。随着我国农产品出口规模扩大，可能引发发达国家更多的贸易限制措施。发达国家利用消费者对食品安全的关注，不断提高农产品的市场准入门槛，技术壁垒已趋向制度化、法律化，对我国农产品出口的负面影响将持续存在。受非洲"艾博拉"疫情导致的部分口岸封港、非洲政局动荡、日元贬值等因素影响，9 月以后出口到非洲、日本的农产品下降幅度较大。

江 苏 省

2014 年，全省农产品贸易总额 139.4 亿美元，同比增长 1.9%。其中出口 36.1 亿美元，增长 14.5%，增幅高于全国农产品出口增幅 8.2 个百分点；进口 103.3 亿美元，下降 1.9%，进口额仍居全国第三位。贸易逆差 67.2 亿美元，比上年减少 9.8%。受国际国内农产品价格及市场需求因素影响，农产品进口呈现结构性变化，大豆、木薯、大麦、油菜籽、棕榈油、猪肠衣等产品进口增加，羊毛、棉花、菜籽油、豆油等产品进口减少。

一是四大出口支柱产业稳定增长。2014 年，农产品出口量、额齐增，分别增长 24.4% 和 14.5%。全省园艺、畜禽、特色粮油和水产品四大支柱产业出口合计 30.1 亿美元，占全省农产品出口总额的 83.5%，比上年提高了 1.7 个百分点。园艺产品出口 10.8 亿美元，增长 5.1%；其中蔬菜出口 7.9 亿美元，增长 8%，占园艺产品出口额的 73.5%。畜禽产品出口 7.3 亿美元，增长 23%。特色粮油制品出口 8.2 亿美元，增长 38.3%。水产品出口3.9亿美元，增长4.8％。出口千万美元以上的农产品74种，共出口31亿美元，占全省农产品出口总额86％，比上年提高4.4个百分点。其中，休闲食品、豆粕、保鲜蒜头、猪肠衣、羽毛羽绒、宠物食品等重点出口产品出口额均超过1亿美元。

二是规模以上企业和民营企业活力增强。2014年，全省有出口实绩农产品出口企业1 419家，其中出口千万美元以上企业72家，比上年增加7家，合计出口额占全省农产品出口总额的55.7％，提高8.2个百分点；出口超过1亿美元的企业有3家。从企业性质上看，民营企业出口增速依然高于外资企业和国有企业。民营企业出口17.6亿美元，接近全省出口额一半，同比增长17.9％。

三是出口市场集中度提高。对东盟、日本、美国、欧盟和韩国5大主要市场出口均增长，共出口农产品27.1亿美元，占全省农产品出口总额的75％，比上年提高1.4个百分点。东盟是第一大出口市场，出口额7.7亿美元，占全省农产品出口总额的20％以上。对日本、韩国出口增幅分别为24.8％和20.4％。对新兴市场出口有增有减，对俄罗斯出口增长23.3％；对澳大利亚出口下降8.2％；对巴西出口下降32.3％。对中国台湾、中国香港出口分别增长40.9％和31.1％。

四是一般贸易增速快于加工贸易。2014年，全省农产品一般贸易出口29.9亿美元，同比增长13.4％，占全省农产品出口总额的82.9％，处于主导地位；加工贸易出口5.2亿美元，同比增长4％，占全省农产品出口总额的14.5％。

（王岫嵩、李蔚青、胡志华、王婉、许关桐、王辉芳、王珂；2015年第2期）

美国味精反倾销和反补贴
案对我国的启示

2014年11月26日，美国商务部（DOC）发布反倾销令，宣布对中国出口到美国的味精征收20.09%～39.03%的反倾销税，对印度尼西亚出口到美国的味精征收6.19%的反倾销税。了解该案背景、程序和主要内容，对于我国受进口冲击较大的产品及时采取"两反一保"等贸易救济措施，有效应对国外的贸易救济措施调查，切实维护产业利益，具有启示和借鉴意义。

一、案件相关背景

2013年9月16日，日本味之素北美公司（Ajinomoto North America Inc.，以下简称诉方）分别向DOC和美国国际贸易委员会（ITC）申诉，称从中国和印度尼西亚进口的味精存在倾销和政府补贴行为，中国的倾销幅度为64.77%～204.69%，印度尼西亚的倾销幅度为50.32%～58.67%，补贴幅度也超过2%，并对美国产业造成实质损害，请求发起反倾销和反补贴调查。2014年4月，诉方撤销反补贴调查申诉，DOC终止相关反补贴调查。

诉方是美国国内唯一生产味精的企业。2010年和2012年，美国的味精产量分别为6万吨和2.9万吨，消费量分别为6.9万吨和6.5万吨[①]。据美方统计，2010—2013年，美国从中国进口的味精数量分别为1.25万吨、2.57万吨、2.59万吨和2.66万吨，金额分别为1 696万美元、3 716万美元、3 689万美元和3 348万美元；2011—2013年（2010年未从印度尼西亚进口），从印度尼西亚进口的味精数量分别为100吨、4 000吨和4 500吨，金额分别为9.6万美元、570万美元和604万美元。

----

① 此数据系由业内专家提供。鉴于保护商业秘密，美国调查机关没有公开其国内味精产量和消费量等数据。

二、案件调查主要程序和内容

根据《1930 年关税法案》及其修正案，美国负责反倾销的机构有两个。一个是 DOC，负责调查和裁决进口产品是否低于公平价值在美国市场上倾销，并计算出倾销的幅度。另一个是 ITC，负责调查和裁决进口产品是否对本国同类产业造成了实质性的损害。DOC 需在收到申请书后 20 天内审查诉方的申请资格，并在 40 天内决定是否立案调查并发布公告。ITC 在收到申请书后 7 日内开展产业损害调查，并在 45 天内公布初步裁定结果。如果 ITC 的裁决是肯定的，案件调查继续进行。DOC 应在 160 天内完成倾销幅度初裁调查，并在 235 天内公布最终裁定及反倾销税率。ITC 应在 280 天内公布产业损害终裁调查。最后，如果 DOC 和 ITC 都作出肯定性终裁，DOC 将在 287 天内发布反倾销命令，由海关执行。如果 ITC 的初裁是否定的，ITC 和 DOC 都要终止调查，诉讼程序结束。

（一）DOC 发动调查

在收到诉方的申诉书后，DOC 审查确认了诉方的申诉资格①。DOC 于 2013 年 10 月 31 日发布反倾销调查立案公告，并通告涉案国政府和涉案企业。

（二）ITC 初步损害调查及裁定

在确定进口是否给国内产业带来实质损害时，ITC 要充分考虑进口对国内同类产品产业的影响。调查结果如下：

1. 进口替代作用明显

美国对味精的消费量在增长。美国国内产业是第一供应来源，中国是第二大来源，印度尼西亚居第三，从其他国家的进口很少。美国国内产业生产能力比较稳定，而中国有巨大产能，进口产品和美国内产品有明显的可替代性。

---

① 根据美国法律规定，反倾销和反补贴调查应由代表国内产业的申请人提出，支持者的产量需占支持者和反对者的总产量的 50% 以上；支持者的产量不足国内同类产品总产量的 25% 的，不得提出反倾销调查。诉方味之素北美公司是美国国内唯一生产味精的企业，自然得到足够的产业支持。

2. 进口量明显增长

连续 3 年的调查年度内，美国味精进口大幅增长，进口量增幅明显高于美国消费量增幅。进口产品在美国消费中的份额明显增长。

3. 进口抑制了国内价格

从进口数据分析，进口产品价格低于美国内产品价格。同时，从供需关系和成本分析，进口产品对美国内产品价格上涨造成抑制。

4. 进口对美国产业产生负面影响

美国国产味精销售量、市场份额、产能和产能利用率均下降；工人数量、工作时间和工资上升，而生产率降低；库存积压；国内产业的经营收入下降；尽管依旧有投资和研发活动，但是因为产能利用率低，这些活动已经受到抑制。

2013 年 11 月 18 日，ITC 做出损害初裁，认定从中国和印度尼西亚进口的味精对美国国内产业造成了实质损害。同时，ITC 将损害初裁结果与理由通知了 DOC。

（三）DOC 初步倾销调查及裁定

倾销初裁调查阶段的主要内容包括：

1. 确定强制应诉企业①

为确定强制应诉企业，DOC 发送了相关问卷。我国包括梅花集团的 5 家子公司在内的 9 家公司及时返回了问卷。DOC 选定山东菱花味精股份有限公司（简称山东菱花）和廊坊梅花生物技术有限责任公司（以下称梅花集团）为强制应诉企业。之后，山东菱花因未填写问卷而退出强制应诉企业名单。

2. 确定调查期

根据法律规定，该案反倾销调查期②为 2013 年 1 月 1 日至 6 月 30 日。

---

① 限于有限的财力和精力，DOC 一般从出口数量前 2～4 名的企业中抽取个别企业进行核查，这些企业被称为强制应诉企业。通常情况下，DOC 根据这些企业的自身数据裁定的税率较低甚至零税率。其他排名靠后的企业被称为单独税率企业，DOC 将加权平均强制应诉企业的反倾销税率（不包括零税率）统一裁给这些企业。至于那些没有应诉或者拒绝配合的企业，DOC 将根据原告提供的数据，通常裁以畸高的惩罚性税率。

② 对市场经济国家的调查期为正式收到申请书当月起算前 4 个季度；非市场经济国家则为前 2 个季度，此为原则性规定，利益攸关方可向 DOC 申请更改调查期，但 DOC 有权决定是否接受。

3. 确定调查产品范围

该案确定味精为调查产品，无论是混合还是溶于其他物质中，只要干物质中含 15% 以上味精成分的产品均在调查之列。

4. 确定调查方式方法

一是明确调查期间仍将中国视为非市场经济国家。二是选定替代国企业。DOC 首先根据经济发展水平和是否大量生产同类产品等因素选定印度尼西亚和泰国为替代国①，然后根据生产产品相同、加工过程类似和没有政府补贴等条件选定印度尼西亚的布迪（PT Budi Acid Jaya Tbk cf Indonesia）公司作为替代公司。三是认定单独税率和统一税率②的企业并明确两种税率计算方法。福建建阳武夷味精有限公司、梅花集团、内蒙古阜丰生物技术有限责任公司和宝鸡阜丰生物技术有限责任公司等 4 家公司因为提出了申请且证明了不受政府控制，获得单独税率地位。山东菱花因没有配合调查和其他企业因未应诉被裁以较高的统一税率。四是确定正常价值和出口价格比较方法。具体包括通过比较加权平均正常价值和加权平均出口价格来计算倾销幅度、以市场经济国家企业的购买价来评估生产要素价格等。

2014 年 5 月 8 日，DOC 发布公告，初步裁定从中国进口的味精存在倾销行为。中国厂商的倾销幅度为 52.24%～52.27%。同时，DOC 将倾销初裁结果通知了 ITC。

（四）DOC 最终倾销调查及裁定

案件终裁调查阶段，DOC 派员赴梅花集团的 3 家子公司进行了实地核查。在听证会上，各方对运费、信用证佣金、能源投入、副产品成本分配、是否应使用印度尼西亚数据核算燃煤价值、是否应该使用印度尼西亚国内价格估算原材料玉米的价值等诸多细节进行核实和辩论。

2014 年 9 月 29 日，DOC 宣布倾销调查终裁结果，认定来自中国和印

---

① 根据美国法律规定，我国属于非市场经济国家，在计算我国企业的倾销幅度时，不用我国企业的生产成本或国内销售的价格计算，而用某一个市场经济国家的相关数据进行替代计算。

② 根据美国法律，所有非市场经济国家的企业都被视为国家控制企业，因而给予统一税率。但是，如果某非市场经济国家的出口商证明其出口无论是法律上还是事实上都不受政府控制，那么可以给予其单独税率，其他未应诉或无法证明其不受政府控制企业则给予统一税率。

度尼西亚的进口味精存在倾销行为，中国企业倾销幅度为 8.3% ~ 8.32%。同时，DOC 将倾销调查终裁结果通知了 ITC。

（五）ITC 最终损害调查及裁定

ITC 收到 DOC 的肯定性倾销调查终裁通知后，继续损害最终调查。ITC 举行了听证会，听取诉方、涉案企业等各方意见。

2014 年 11 月 17 日，ITC 宣布对中国和印度尼西亚味精反倾销的产业损害终裁结果，认定来自两国的进口产品对美国内产业造成实质损害。同时，ITC 将损害终裁结果通知了 DOC。

（六）DOC 发布反倾销令

2014 年 11 月 26 日，DOC 宣布对梅花集团、福建建阳武夷味精有限责任公司、内蒙古阜丰生物技术有限责任公司和宝鸡阜丰生物技术有限责任公司等应诉企业征收 20.09% 的反倾销税，对包括山东菱花在内的未配合调查或未应诉企业征收 39.03% 的反倾销税。

此倾销税率之所以与终裁结果不一致，是因为 DOC 将计算细节公开后，诉方反映计算有误，DOC 核实后作出调整。

三、对我国的启示和借鉴意义

综观该案，美国味精生产商只有 1 家，产业规模较小。但是，一旦产业界提出贸易救济调查申请，美国调查机关立即启动相关程序。这种将维护产业利益放在首位的做法值得我国思考和借鉴。

（一）维护产业利益是采取贸易救济措施的根本出发点

采取贸易救济措施是 WTO 规则赋予的权利，也是我国"两反一保"条例赋予的法定手段。其立法宗旨就是在相关产业受到进口损害时采取补救措施以维护产业的利益。因此，采取贸易救济措施是开放条件下相当普遍和普通的经济行为。据 WTO 统计，1995—2013 年各国发起的贸易救济措施调查数量高达 5 125 起，其中农产品有反倾销调查 62 起、反补贴调查 14 起、保障措施调查 62 起。仅 2013 年，各国就发起了 334 起贸易救济措施调查，发起国中发达国家和发展中国家各占一半。

目前，我国部分产业受进口冲击损害严重，亟须采取贸易救济措施。以食糖为例，2014 年 1—9 月，311 家全国规模以上制糖企业中，亏损企业 209 家。食糖产业涉及广西、云南、新疆等边疆和少数民族地区 4 000 万人口的就业、增收和社会稳定。因此，针对糖业面临的困境，当务之急是对甘蔗原糖①采取一般保障措施。

（二）积极应诉是涉案企业争取最好结果的前提

除非涉案贸易量微小且诉方指控属实，我国涉案企业应积极应诉，以维护自身权益，防止诉方滥用贸易救济措施以争取政府保护。特别是出口量较大的企业，更应该积极应诉，争取成为有效应诉方以获得较低单独税率，确保出口市场。在本案中，梅花集团成为有效应诉方后又被抽样为强制应诉企业，企业积极应诉，经过努力，该企业的反倾销税率由初裁时的52.24%降到终裁的20.09%。而山东菱花，成为有效应诉方后却放弃了应诉机会，结果被征收39.03%的较高反倾销税。

（三）完善的法律和翔实的技术分析是做好贸易救济调查工作的关键

美国贸易救济措施立法与实践已有上百年的历史，并且经过不断修订已经非常完备和成熟。从实体法方面看，本案主要依据美国《1930年关税法案》及其修正案进行调查，目的是明确权利和义务、职权和责任。例如，该案中两个调查机关职责非常清晰，配合密切。从程序法方面看，本案主要按照《美国联邦法规汇编》（Code of Federal Regulations）② 开展调查，目的是明确调查程序和内容。从技术分析方面看，调查项目分析全面翔实，而且除了涉及商业秘密的数据和内容以外，所有程序和内容都在"联邦公报"和两个调查机关的官方网站上发布，比较公开透明。鉴于此，我国需尽快建立健全贸易救济法律法规体系。相关企业也要认真研究主要进口国的贸易救济法律规定并做好技术准备，以备不时之需。

另外，美国调查机关的商业信息保密意识也值得企业借鉴。面对国外贸易救济调查时，企业既要做到积极应诉，又要做到有限配合，在律师的指导下慎重提供敏感数据和信息。

（张明杰、张永霞、李婷；2014年第11期）

---

① 我国甘蔗原糖进口量占食糖进口总量的90%以上。

② 《美国联邦法规汇编》是美国联邦政府执行机构和部门在"联邦公报"中发表与公布的一般性和永久性规则的集成，具有普遍适用性和法律效应。

WTO 一般保障措施的界定和启用

加入 WTO 后，我国农产品贸易快速发展，农产品进口在弥补国内产需缺口、促进产业结构优化的同时，也给部分产业发展造成损害①或者损害威胁，农业产业安全②面临挑战。采取保障措施是各国在进口激增导致产业受到严重损害或者严重损害威胁时普遍使用的保护性措施，是 WTO《保障措施协议》（以下简称《协议》）赋予各成员的权利，是我国《农业法》《对外贸易法》和《保障措施条例》规定的合法手段。有效利用保障措施、推动农业贸易救济常态化，对确保我国农业产业安全具有越来越重要的意义。

一、保障措施的概念、目标和原则

（一）保障措施的概念

保障措施是指当不可预见的情况导致某种产品的进口大量增加，对进口成员生产同类或直接竞争产品的国内产业造成严重损害或严重损害威胁时，进口成员采取的限制进口的措施。现行的 WTO 保障措施制度源于1994 年关税与贸易总协定（GATT）第 19 条。该条款对保障措施作了原则规定："如因不可预见的情况和一缔约方因受在本协定项下负担包括关税减让在内义务的影响，进口至该缔约方领土的产品数量增加如此之大且情况如此严重，以致对该领土内同类产品或直接竞争产品的国内生产者造成严重损害或严重损害威胁，则该缔约方有权在防止或补救此种损害所必需的限度和时间内，对该产品全部或部分终止义务或撤销或修改减让。"

---

① 损害：WTO没有"损害"的明确定义，只注明"实质性损害"，各成员主管部门应评估进口数量、市场占有率、利润等所有相关影响因素。美国反倾销法规定"实质性损害"指不是微不足道的、不是重大的或不重要的损害。

② 农业产业安全：是我国特有的一种说法，尚无权威定义，国际上没有与之完全一致的概念。农业部农业贸易促进中心研究认为，我国农业产业安全问题与改革开放相伴而生，实质上与国际上公认的产业损害问题基本衔接，农业产业安全问题突出表现为农业产业损害问题。

《协议》第 2.1 条规定："一成员只有确定正在进口至其领土的一产品的数量与国内产量相比绝对或相对增加，且对生产同类或直接竞争产品的国内产业造成严重损害或严重损害威胁时，方可对该产品实施保障措施。"

(二) 保障措施的目标

贸易自由化下的进口增加可能使进口成员整体受益，但也会给国内同类产业造成冲击，而让少数生产者承担冲击是不公平的。为此，当某一产品大量进口对国内产业造成严重损害或严重损害威胁时，进口成员暂时限制进口产品的竞争，为国内产业结构调整和发展方式转变赢得时间，以提高产品的国际竞争力。

(三) 保障措施的原则

根据《协议》，采取保障措施必须符合以下原则：

1. 非歧视原则

在某一进口成员采取保障措施时，必须针对全球范围内的进口来源地一视同仁地采取措施。

2. 逐步递减原则

如果保障措施实施期超过 1 年，进口成员应定期逐渐放宽或取消该措施；如果超过 3 年，进口成员须进行中期审查，视情撤销或加快放宽该措施。延长期内的措施不得比最初的措施更严格，且应继续放宽或取消。

3. 差别待遇原则

当原产于某一发展中成员的某一产品的进口量不足进口成员该种产品进口总量的 3% 时，进口成员不得对该发展中成员的出口产品适用保障措施。不具有发展中成员身份的出口产品，则无法享受此种待遇。

二、保障措施的主要内容

(一) 采取保障措施的条件

进口成员实施保障措施必须同时满足以下 3 个条件，缺一不可。

1. 进口数量增加

进口数量增加必须满足以下要件：①进口必须正在进行。数量的增加不是一个点，而是一段时期。致使国内相关产业受到损害的进口正在进行，进口数量正在增长，即现在发生的绝对数量之大或相对数量比例之高足以造成国内产业的严重损害或严重损害威胁。②进口数量的增加必须达到足够程度。根据在美国小麦面筋案和阿根廷鞋类案中专家组和上诉机构的裁决，不是任何程度的进口数量增长都可采取保障措施的。进口增长必须达到 4 个"足够"程度，进口成员才可以采取保障措施。一是"足够近期"；二是"足够突然"；三是"足够急剧"；四是"足够重大"。③进口数量的增加可以是绝对增加，也可以是相对增加。所谓绝对增加，是指在为期 3 年的调查基期中，某一产品进口数量的绝对值有所增长。所谓相对增加，是指在为期 3 年的调查基期中，某一产品进口数量的绝对值尽管没有明显增长，甚至保持不变或有所减少，但是相对进口成员的国内产量或需求量而言，进口产品所占市场份额上升。

2. 进口大量增加是由于不可预见的情况和进口成员履行 WTO 义务的结果

GATT 工作组在判例中将"不可预见的情况"解释为关税减让时不能也不应当预见的情况。在"捷克诉美国皮帽案"中，双方争议的焦点集中于皮帽流行式样的变化是否构成了"不可预见情况"。捷克代表指出，美国的谈判代表应当知道带丝绒的帽子会流行，因为当时已在巴黎成为时尚，会传到其他国家，因此不构成"不可预见情况"。而美国代表认为，虽然意识到皮帽流行式样会变化，但没有预见到样式改变的程度及其和关税减让共同对国内产业的影响，因此构成了"不可预见情况"。最终，GATT 工作组认同捷克代表的意见，认定不构成"不可预见情况"原则，并首次将该原则解释为关税减让时不能也不应当预见的情况。履行 WTO 的关税减让和取消进口数量限制等义务，可能导致进口激增。

3. 进口大量增加对国内同类产业造成了严重损害或严重损害威胁

进口成员必须提供证据证明进口大量增加与产业损害或损害威胁之间存在因果关系。如果产业损害由进口增长以外的因素所致，则进口成员不能实施保障措施。在产业损害调查中，主管部门应评估影响该产业发展的客观和可量化的所有相关因素，特别是进口数量、进口产品市场占有率、国内产品销售水平、总产量、生产率、设备利用率、盈亏和就业变化等。上述因素在产业损害调查时必须优先予以考量。严重损害是指，极大的全面性的减损。严重损害威胁是指，调查各种相关要素断定的显而易见的威胁，确定严重损害威胁应基于事实，而不能仅仅依据想象或推测的可能性。主管机关调查的数据必须是全面的、客观的、充分的，必须证明评估的结果足以支持严重损害或威胁的存在，要有充分的理论推理。即使有些因素没有负面影响，只要有足够的数据能够证明总的损害也可以，但必须作出说明。

（二）采取保障措施的程序

《协议》规定采取保障措施的程序主要包括调查、通知和磋商。

1. 进口成员开展调查

进口成员应根据事先制定的法定程序开展产业损害调查，并且予以公开。进口成员在采取保障措施前，应向所有利害关系方发布适当的公告，给各方提供陈述意见和抗辩的适当机会（如举行公开听证会等方式）。调查结束后，进口成员应公开调查报告，列明调查结果及结论。

2. 进口成员通知 WTO

进口成员采取保障措施时，应立即向 WTO 保障措施委员会通知以下事项：①发起调查的决定及原因；②调查结果；③采取或延长保障措施的决定。

3. 进口成员与出口成员磋商

由于采取保障措施会影响到出口成员根据 WTO 相关协议所应享有的利益，因此《协议》规定进口成员应向出口成员提供事先磋商的充分机会。磋商内容可以包括调查中所涉及的问题、拟采取的具体保障措施、贸易补偿问题等。磋商结果应及时通知 WTO 保障措施委员会。在美国对欧盟麦麸保障措施案中，WTO 争端解决机制上诉机构认为，美国没有给欧盟提供事先磋商的充分机会，因而判定美国违规。

（三）采取保障措施的形式

《协议》没有对采取保障措施的具体形式作出规定。从以往实践来看，具体形式包括修改减让、提高关税、数量限制、关税配额等。鉴于数量限制措施对贸易的扭曲作用更大，《协议》规定保障措施必须在防止或终止严重损害的必要限度内实施。除非有正当理由，否则实施数量限制时不得使进口数量低于过去 3 个有代表性年份的平均进口水平。在实施配额限制时，进口成员应当与出口成员就配额分配进行磋商。如磋商未能达成协议，则进口成员应按其他成员在前一有代表性的时期在总进口中所占的份额，按比例分配配额。如果在保障措施委员会主持下举行磋商，且进口成员证明某出口成员所占出口比例过大、不按比例分配配额的理由是正当的、不按比例分配配额对所有出口成员是公正的等情况，则配额可以不按上述比例分配。

（四）紧急情况下可以采取临时保障措施

在如果不立即采取措施会造成难以弥补的损失情况下，进口成员可不经磋商而采取临时保障措施。进口成员应根据明确证实了的进口增加已经或者正在造成严重损害或威胁的初步裁定采取临时保障措施。实施期限不得超过 200 天，并且该期限应计入保障措施总期限。临时保障措施只能采取增加关税的形式。如果随后的调查不能证实进口增加已经造成严重损害或威胁，则增加的关税应迅速退还。成员采取临时保障措施前应通知保障措施委员会，在采取措施后应尽快与出口成员举行磋商。

（五）采取保障措施的期限

成员应在防止或补救严重损害和便利产业调整必需的期限内采取保障措施，实施期限一般不应超过 4 年。如果经过调查，认为采取保障措施仍有必要，而且有证据表明产业正在调整之中，则实施期限可以延长，但总实施期限（包括临时保障措施）不得超过 8 年。发展中国家最长可至10 年。

对同一产品再次适用保障措施，间隔期应不短于第一次保障措施的实施期限，至少为 2 年。如果保障措施的实施期少于 180 天，并且在措施实施之日前的 5 年内，未对同种产品采取两次以上的保障措施，则自该措施实施之日起 1 年后，可再次适用保障措施，实施期限至多为 180 天。

（六）补偿和报复

与反倾销和反补贴措施不同，保障措施不是针对倾销、补贴等不公平竞争方式实施的。采取保障措施必然影响出口成员的正当利益，因此采取保障措施的成员必须与受影响的出口成员进行磋商，就补偿事宜达成协议。所谓补偿一般指向受影响的出口成员提供其他产品的关税减让。在紧急情况下，若延误会造成难以补救的损害时，不进行事先磋商，进口成员仍可以采取保障措施行动，但采取行动后要立即磋商。

如果相关成员之间无法在 30 天内达成补偿协议，出口成员可以对进口成员对等地终止关税减让义务，即实施对等报复。但是，如果进口成员是基于绝对进口数量的增加而采取措施，则出口成员不得在保障措施有效的前 3 年内进行报复。实施报复应在进口成员实施保障措施后的 90 天内，并在 WTO 收到出口成员的书面通知 30 天后进行，且 WTO 对此不持异议。

实践中，因保障措施而采取的补偿和报复很少。大多数进口成员均以进口绝对增长作为实施保障措施的前提，并在 3 年内结束保障措施，一般不会做出重大补偿的决定。例如，美国钢铁保障措施争端中，尽管进出口各方成员没有就补偿达成一致，中国、挪威和瑞士还是宣布在美措施实施 3 年内，或者 WTO 争端解决机构裁定美国措施违背 WTO 规则前不对美国发起报复。如果受影响的出口成员挑战"进口绝对增长"的主张，通过 WTO 争端解决程序裁决，往往需要 1 年半甚至更长时间。如果进口成员败诉，WTO 还会给予其合理期限来改正自己的措施，一般 90 天。走完整个裁决和执行步骤需要将近两年时间。在保障措施已实施了两年后，如果 WTO 裁决进口成员违反规则，进口成员大多会决定终止措施。所以，WTO 成员罕有动力和机会真正进行补偿和报复。

三、WTO 成员对农产品采取保障措施情况

自 1995 年 WTO 成立以来，截至 2014 年 6 月①全球共发起 5 268 例贸易救济调查，其中反倾销调查为 4 627 例，反补贴调查为 355 例，保障措施调查为 286 例。涉及农产品的贸易救济调查共 325 例，其中反倾销调查为 193 例，反补贴调查为 65 例，保障措施调查为 67 例。农产品保障措施调查占农产品贸易救济措施调查的 20.6%。从采取保障措施的品种看，大宗农产品是农业保障措施的核心，主要包括谷物、肉类、食糖、乳制品及水果等。

四、我国采取保障措施的程序

保障措施调查和裁决的具体程序由各成员国内法规定。规范我国保障措施调查和裁决的法律法规主要有：《农业法》《对外贸易法》《保障措施条例》《保障措施调查立案暂行规则》《保障措施调查听证会暂行规则》和《关于保障措施产品范围调整程序的暂行规则》。我国采取保障措施的程序主要有：

(一) 申请

与国内产业有关的自然人、法人或者其他组织（以下统称申请人），可以向商务部提出采取保障措施的书面申请。

---

① 目前 WTO 反倾销和反补贴数据更新至 2014 年 6 月，保障措施数据更新至 2014 年 12 月。

（二）立案

商务部对申请人的申请进行审查，决定是否立案调查。商务部没有收到采取保障措施的书面申请，但有充分证据认为国内产业因进口产品数量增加而受到损害的，可以决定立案调查。

（三）调查

调查包括进口产品数量增加的调查和产业损害的调查。对进口产品数量增加及损害的调查和确定，由商务部负责；其中，涉及农产品的保障措施国内产业损害调查，由商务部会同农业部进行。进入调查程序后，商务部门牵头成立工作组，通过调查问卷、抽样、听证会、现场核查等方式对涉案产品的贸易和产业情况开展全面调查。产业损害调查期通常为立案调查开始前的 3～5 年。《协议》没有具体规定调查期间的长度及其划分，由成员自行决定。但是成员选择的调查期间应当包括最近期间的数据，应当能反映进口和产业状况的真实变化。

（四）裁决

保障措施裁决分为初裁和终裁。有明确证据表明进口产品数量增加，在不采取临时保障措施将对国内产业造成难以补救的损害的紧急情况下，可作出初裁决定，并采取临时保障措施。临时保障措施采取提高关税的形式。在最终完成全部调查程序后，商务部将作出保障措施终裁。保障措施的实施期限不超过 4 年，经复审可以适当延长。但是一项保障措施的实施期限及其延长期限，最长不超过 10 年。

（五）公告

保障措施采取提高关税形式的，由商务部提出建议，国务院关税税则委员会根据商务部的建议作出决定，由商务部予以公告；采取数量限制形式的，由商务部作出决定并予以公告。海关自公告规定实施之日起执行。

截至目前，我国仅于 2002 年采取了一起保障措施，即对部分进口钢铁产品实施保障措施。

（张明杰、李婷、张永霞；2015 年第 5 期）

《农业与粮食系统负责任投资原则》
主要内容及对我国的影响

近年来，国际农业投资一直是国际社会关注的热点与敏感问题。2014年，世界粮食安全委员会（CFS）审议通过了《农业与粮食系统负责任投资原则》（简称 RAI）①，主要目的是推动对大规模农业投资的治理，确保粮食安全与可持续发展。我国对外农业投资刚刚起步，正面临许多新问题，应加深对 RAI 有关问题的研究，为农业"走出去"战略顺利实施提供指导意见。

一、RAI 出台背景

（一）发展中国家农业投资严重短缺，迫切需要增加外来投资

增加农业投资，是促进技术转让及提高生产效率，以及改善投入物、土地、服务、技术的获取和市场准入，最终实现粮食安全的根本性措施。但是，发展中国家农业一直面临投入短缺问题，粮食安全与营养问题并没有从根本上得到解决。联合国粮农组织（FAO）估计，在过去十几年里，发展中国家平均农业投资规模已下滑到其公共开支的 7%，非洲的发展中国家更低；官方发展援助用在农业上的比重已低于 5%；商业银行贷款规模及小额信贷的可用量也很有限，如在撒哈拉南部非洲地区用于农业发展的商业贷款比例还不到 10%。FAO 研究表明，1980—2007 年，高收入国家年人均农业资本存量年均增长 3%，而中低收入国家则下降 3%；在2005—2007 年间，高收入国家农业工人人均资本存量为 8.9 万美元，而中低收入国家仅为 2 600 美元。2005—2007 年，在 51 个中、低收入国家中，农业工人人均农业公共支出撒哈拉以南非洲只有 45 美元，南亚也只

---

① 负责任投资基本含义（FAO）：投资能够加强可持续生计，特别是小农户、边缘群体和脆弱人群的生计，为所有农业和粮食工作者创造体面的工作，根除贫困，促进社会和性别平等，推动社会参与和包容性，带动经济增长并实现可持续发展。

有 79 美元。在这种情况下，发展中国家迫切需要增加农业投入，而国外直接投资是满足其资金需要的重要来源。

（二）大规模农业投资易产生敏感问题，国际社会高度关注

近些年来，大规模农业投资的快速升温及产生的一些问题，引起国际社会的特别关注：一是大规模投资可能对土地、渔业和森林资源造成压力或破坏；二是大多数发展中国家缺乏相关法律，对外国直接投资不能做出有效监督和管理，不利于保障粮食安全、经济发展与减贫；三是投资并未对提高当地产量、保障粮食安全做出应有的贡献，FAO 研究表明，近年来在已宣布的土地交易中，有超过 3/4 的外来投资对促进农业生产没有直接影响。世界银行（WB）报告证实，在上百个农业项目中，关注粮食生产的只有约 37%，其余 63% 主要用于工业用途或经济作物、生物燃料、狩猎场、畜牧业等；四是出售、租赁或被动地出让土地对农民权益将带来影响，并可能引发复杂的经济、社会和文化问题。

（三）一些西方国家积极促进多边认同，推动有关规则制定

面对中国等新兴经济体近年来海外投资步伐加快，日本、美国等发达国家担心其既有的海外经济利益与政治利益受到侵蚀，积极推动制定新的国际投资规则，维护自身利益。早在 2009 年 7 月，G8 峰会就在其峰会宣言中对日益增长土地租赁、购买等国际农业投资行为表示关注，并表示将与相关国家及国际组织一道，提出关于国际负责任投资原则和最佳做法的联合议案。9 月，日本政府联合 WB、FAO、农发基金（IFAD）和联合国贸发会议（UNCTAD）在纽约举办了"促进负责任国际农业投资"圆桌会议，提出了"负责任国际农业投资"七项原则。2010 年 2 月，FAO、IFAD、UNCTAD 和 WB 联合起草了《负责任农业投资原则》讨论稿，3 月，日本政府在东京组织 FAO、WB、UNCTAD 专家和主要投资国代表对有关问题做进一步讨论，4 月，美国、日本政府及非盟委员会在华盛顿联合举办"负责任的农业投资"圆桌会议，FAO、国际货币基金组织（IMF）、UNCTAD 和 WB 协办，多个国家农业部部长及财政部部长出席。在一年之内，日本等国家高密度推动相关工作，参与者级别、层次高，已将单边行动转为了多边机构行动。

（四）CFS 借势发力，全面推动投资原则全球磋商进程

由于 FAO、WB 等国际机构无法在更大范围内推动技术层面的磋商工作，CFS 于 2010 年 10 月启动对 RAI 的具体制定工作，并决定以 FAO、

IFAD、UNCTAD、WB 制定的《负责任农业投资原则》为指导框架，以联合国《世界人权宣言》、国际劳工组织《国际劳工组织关于工作中的基本原则和权利宣言》、CFS《国家粮食安全范围内土地、渔业及森林权属负责任治理自愿准则》（《权属治理自愿准则》[①]）和 FAO《支持在国家粮食安全范围内逐步实现充足食物权自愿准则》等文件为基础。案文磋商进程一直比较艰难，曾因成员对一些问题存在较大分歧而导致拖延甚至一度搁浅。在欧盟主要成员、美国等西方国家主导下，经过两年多的多轮谈判，包括在 FAO 亚太、近东、非洲、拉丁美洲和加勒比、北美等各区域大会上对此进行磋商，该原则于 2014 年 10 月经 CFS 第 42 届大会审议通过。

二、RAI 主要内容

（一）目标与性质

RAI 基本宗旨是，推动有利于粮食安全和营养的负责任农业和粮食系统投资，并在确保国家和粮食安全前提下支持逐渐实现充足食物权[②]。它包含三个基本目标：一是突出强调农业和粮食系统负责任投资的核心影响要素；二是确认农业和粮食系统负责任投资中主要利益方的角色和职责；三为促进农业和粮食系统负责任投资、改善当地生计、预防和消除粮食安全与营养方面的风险提供原则性指导框架。RAI 为自愿性质，不具约束力，即应根据各国法制和制度对其酌情进行解读和运用。

RAI 用户广泛，包括国家，政府间组织及区域组织，金融机构、捐赠方、基金会和基金，研究机构、高校及推广机构，小农户及其组织，商业企业，民间社会组织，农业工人及其组织，社区，以及消费者组织等。

（二）主要内容

RAI 包括十个原则，每个原则有若干行动或措施建议。重点内容如下：

原则一，促进粮食安全和营养目标的实现。这是 RAI 的基石与宗旨，强调投资应支持各国在国家粮食安全范围内逐步实现充足食物权，即投资

---

① 2012 年 CFS 审议通过。

② 充足食物权：所有人在任何时候都能够在物质上和经济上获得足够、安全和富有营养的粮食来满足其积极和健康生活的膳食需要及食物喜好。

首先要有利于促进国家粮食安全水平的提高，对相关受益群体的人权给予尊重；要促进粮食生产率的提高及实现可持续生产，保证产品的安全、营养及多样化；要加强市场监管，提高市场公平、透明与效率，以及农业和粮食系统对市场波动的抵御能力等，从而增加农民特别是小农的收入及减少贫困。

原则二，促进可持续、包容性的经济发展，消除贫困。这是提高农民参与程度及提高能力、逐渐消除贫困的重要保证，强调投资要根据国际劳工组织核心公约的规定，尊重农民等劳动者的基本权利，并对有效实施有关的国际劳工标准给予支持，包括：废除童工；创造就业机会、改善工作条件、加强职业安全与健康保护，实现体面的就业和增加收入；改进研究、教育、能力建设、卫生、金融及提高基础设施服务水平等，促进农村发展和提高社会保护覆盖范围；对有关政策和行动给予支持，并促进农民尤其小农进行有效参与。

原则三，促进性别平等和对女性赋权。性别平等是人权保护的重要体现，也是负责任投资中应关注的问题，强调投资要保证妇女享受平等权利，得到公平对待，能有效参与相关伙伴关系与决策；承认妇女面临的不利处境与客观需求，支持其发挥积极作用，并公平与他人分享利益；消除具有性别歧视的政策或有违妇女权利的措施与做法；支持妇女平等地获得生产用地、自然资源及其他投入品，以及技术推广、贷款支持、教育培训、市场信息等服务。

原则四，鼓励青年人参与并对其赋权。有关内容与原则三类似。

原则五，尊重土地、渔业和森林权属，以及水资源获取。尊重与保护权属就是要推动实现有保障的权属和平等获得土地、渔业及森林资源的权利，对小农等权益给予充分的保障。《权属治理自愿准则》与《粮食安全和根除贫困前提下保障可持续小规模渔业自愿准则》[①] 是该原则的重要依据。例如，《权属治理自愿准则》对权属及义务的法律界定，权属转让与变更，登记与监管及纠纷处理等都进行了规定，对合理解决投资中的权属问题提出了明确要求，强调应保障合法权属权利人的权利不被剥夺，尊重人权，并避免破坏环境；在考虑大规模权属权利交易包括签订征地协议时，各国应要求有关方事先开展独立评估，了解投资对农民生计及环境等

---

① 2014 年 FAO 审议通过。

可能造成的影响。对于水资源获取，尽管在原则上有所体现，但因涉及更多敏感问题，对其未做出具体规定。

原则六，保护和可持续管理自然资源，增强抵御能力，减少灾害风险。这是实现粮食安全与营养及可持续发展的基础，强调投资应有助于预防、减少对土地、土壤、水、森林、空气和生物多样性造成的不利影响，并酌情对有关损害进行补偿；支持保护当地的遗传资源，推动重建生态系统功能；减少生产和收获后中的浪费和损失，促进废弃物或副产品的有效利用；采取措施增强农业和粮食系统对气候变化影响的抵御能力，减少或根除温室气体排放；通过农业生态及可持续集约化等方法推动传统知识与现代科学技术的结合。

原则七，尊重文化遗产和传统知识，支持多样性与创新。这是 FAO 目前大力推动，也是我国非常关注的一项工作。该原则强调，投资应对文化遗产和系统进行保护，包括传统知识、技能和做法；在保护、改进和提供遗传资源中对小农户的作用给予认可，并根据有关国家法律和国际条约，对其利用和出售这些资源在权利及权益上给予尊重；根据相关国际条约，在一定的粮食和农业遗传资源获取体系中，开展遗传资源的商业利用和利益共享，并在相互认定的商业条件下，推动创新性技术开发、技术转让和利用。

原则八，推动建立安全健康的农业和粮食系统。这是负责任投资的立足点和基本载体，强调投资有助于提高粮食和农产品安全、质量和营养价值，以及可持续提高生产力；改进对农业投入品和产成品的管理，提高生产率，减少对环境、人类及动植物的危害；通过科学指导、建立控制食品安全的战略，规避和减少农业和粮食系统中的公共健康风险；提高食品质量、安全、营养和公共健康等方面的信息交流与宣传；根据国内、国际法律，为消费者提供安全、营养、多元和文化上可接受的食物。

原则九，纳入包容、透明的治理框架、流程和申诉机制。这是保证负责任投资的外部措施。强调投资应尊重法律、依法进行，反对腐败；以包容、公平、可获得和透明的方式，在投资周期的各个阶段，保证民众能分享与投资有关的信息并寻求其支持，并按《权属治理自愿准则》要求，保证受到投资直接影响的群体积极、自由、有效地参与相关决策进程；依法进行透明、有效的申诉与调解。其中，对特殊群体土著人、受冲突影响的群体的权属权利等也提出了原则性要求。

原则十，对投资影响进行评估，并建立相关问责机制。强调通过相关机制，对受影响群体尤其最脆弱群体的潜在影响进行独立、透明的评估，这种评估包括小农户、性别及年龄等，而影响则包括经济、环境和文化方面。为做好评估工作，应建立相应的用于监测和测量的基础数据和指标，提出预防和应对潜在不利影响的措施，包括必要时停止投资活动；评估应该是动态的，评估结果应与相关利益方进行交流；在出现不利影响或违反国家法律或合同的情况下，采取措施进行有效补救或补偿。

三、对我国的影响及建议

总体看，我国对外农业投资正处于发展初期，经验不足，一些做法尚难做到与国际完全接轨，客观上需要有一个较宽松的外部环境，而 RAI 可能推动一些国家加强和完善有关法律及政策，对外来投资提出更严格要求，从而设置了较高的准入门槛。例如，要求将投资纳入当地国家粮食安全与营养框架及重点领域，注重对农业和粮食系统的实质性投资，对农民等权属权益给予充分尊重和保护，促进粮食安全及增加农民就业与收入，保护当地生态资源与环境，等等。其中，一些问题具有复杂的经济、社会及文化背景，客观上也难以对其是非曲直做出准确的判断与衡量，这极易在实际投资活动中引发争议、纠纷。因此，RAI 可能在一定时期一定程度上对我国境外农业投资产生约束作用，不利于我国农业"走出去"战略的顺利实施。也不排除个别国家和别有用心之人借 RAI 进行炒作或设置障碍，形成不利于我国对外投资的国际舆论环境。

但从长远发展看，RAI 也有我国可利用之处，对我国改进国际投资行为，加快与国际接轨，推动可持续对外投资有积极指导作用。一是全球粮农事务已经进入新的发展时期，国际社会及有关国家对粮食安全问题的关注程度不断提高，实施有效治理的态度也更加坚定和务实，本原则倡导的一些理念符合联合国可持续发展目标，也基本符合我国长远根本利益；二是农业"走出去"战略是长远大计，应长远谋划、稳扎稳打，起点要高，效果也要好，而按照国际标准或规则规范农业投资行为是大势所趋，也是我国农业"走出去"战略可持续发展的重要保证；三是我国对外农业投资起步晚，经验少，在具体操作中还存在许多问题，客观上需要规范化指导，以便促进投资按国际标准进行运作，这是提高投资管理水平、增强软实力的必由之路。

在此值得一提的是，RAI 对改善我国国内农业投资也具有一定指导借鉴作用。我国农业领域引进外资已经走过了多年历程，近年来来自国内外的各类农业投资正呈不断增长之势，如何在土地等资源开发中有效保护耕地、水等自然资源，维护农民相关权属与基本权益，促进自然资源与环境的可持续利用，是需要进一步思考的问题。RAI 在一定程度上可促进我国强化战略思维，引入国际先进理念，结合国家农业发展战略，加强对农业投资的规范化管理，保证我国农业与粮食系统安全、健康、有效及可持续发展。

基于上述认识，仅从促进我国对外农业投资角度，对做好相关工作提出以下建议：

第一，尽快细化我国农业"走出去"战略，明确重点投资地区或国家及重点投资领域。这需要顶层设计，根据国家整体经济发展与对外战略需要，对海外农业投资框架进行合理细化。

第二，引导企业熟悉和利用有关国际规则，提高投资运作的国际化水平。例如，结合投资所在国家实际情况，在项目设计、实施上，充分考虑共赢与可持续发展理念，为实现长期投资奠定良好基础。

第三，日本、美国等国家"走出去"的做法独特，经验丰富，应对其加强研究，并结合我国对外投资中所存在的问题等，对相关企业提供全面、系统培训。

第四，加强多双边外交工作，充分利用各种国际平台，扩大对我国农业"走出去"对发展中国家粮食安全及经济发展等积极成果的宣传，消除误解与担忧，营造良好的国际投资环境。

（宗会来；2015 年第 4 期）

图书在版编目（CIP）数据

农业贸易研究. 2014~2015 / 农业部农业贸易促进
中心编 . —北京：中国农业出版社，2016.1
　ISBN 978-7-109-21600-6

　Ⅰ . ①农…　Ⅱ . ①农…　Ⅲ . ①农产品贸易－国际贸易
－中国－2014~2015－文集　Ⅳ . ①F752.652 - 53

中国版本图书馆 CIP 数据核字（2016）第 084197 号

中国农业出版社出版
（北京市朝阳区麦子店街 18 号楼）
（邮政编码 100125）
责任编辑　赵　刚

北京中兴印刷有限公司印刷　　新华书店北京发行所发行
2016 年 1 月第 1 版　　2016 年 1 月北京第 1 次印刷

开本：720mm×960mm　1/16　印张：15
字数：230 千字
定价：38.00 元
（凡本版图书出现印刷、装订错误，请向出版社发行部调换）